나를
살피시는
하나님이십니다!

김양래

살 피 心

살피心

지은이 · 김양재
초판 발행 · 2017. 08. 28
6쇄 발행 | 2023. 6. 22
등록번호 · 제1988-000080호
등록된 곳 · 서울특별시 용산구 서빙고로 65길 38
발행처 · 사단법인 두란노서원
영업부 · 2078-3333 FAX080-749-3705
출판부 · 2078-3331

책 값은 뒤표지에 있습니다.
ISBN 978-89-531-2952-8 03230

편집부에서 독자의 의견을 기다립니다.
tpressduranno.com   http://www.Duranno.com

두란노서원은 바울 사도가 3차 전도여행 때 에베소에서 성령 받은 제자들을 따로 세워 하나님의 말씀으로 양육
하던 장소입니다. 사도행전 19장 8-20절의 정신에 따라 첫째 목회자를 돕는 사역과 평신도를 훈련시키는 사역,
둘째 세계선교(TIM)와 문서선교(단행본·잡지) 사역, 셋째 예수문화 및 경배와 찬양 사역, 그리고 가정·상담 사
역 등을 감당하고 있습니다. 1980년 12월 22일에 창립된 두란노서원은 주님 오실 때까지 이 사역들을 계속할
것입니다.

김양재의 큐티 노트
창세기 4

살
피
心

김양재 지음

두란노

contents

PART 2

순종하는 그 한 사람의 하나님

PART 3

100퍼센트 옳으신 하나님

PART 4

부끄러워도 오직 구원뿐

살피심은 영혼 구원을 위한
하나님의 은혜입니다

요즈음 우리들교회에서는 매 주일 요한계시록 말씀을 듣고 있습니다. 그런데 많은 성도들이 "어렵다, 무슨 말씀인지 모르겠다" 합니다. 제가 아무리 말씀을 꼭꼭 씹어 전해도 성경의 시작인 창세기에 대한 이해가 부족하면 성경의 마지막 책인 요한계시록이 어렵게 느껴질 수밖에 없습니다. 앞뒤가 잘 연결되지 않으니 구속사가 깨달아질 리 없는 겁니다. 그렇다 보니 '모든 성도가 창세기를 잘 읽어서 성경 전체를 볼 수 있는 안목을 가졌으면 좋겠다'는 마음이 간절합니다. 그런 까닭에 이번에 창세기 큐티 노트 네 번째 책을 발간하게 되어 감사하고, 기대가 많이 됩니다.

창세기 큐티 노트 1권《보시기에 좋았더라》, 2권《그럼에도 살아냅시다》, 3권《너는 복이 될지라》에 이어 발간하는 네 번째 책《살피心》은 창세기 16장부터 19장까지의 말씀을 묵상한 것입니다.

　창세기 15장에서 하나님은 아브람에게 "뭇별과 같이 많은 자손을 주겠다"고 약속하십니다. 그런데 바로 다음 16장에서 아브람은 그 하나님의 약속과 축복을 깡그리 잊어버린 채, 사래의 종 하갈과 동침함으로 육적인 아들 이스마엘을 얻게 됩니다. 하나님께서 "너는 복이 될지라" 하셨음에도 그 복을 마다합니다.

　그러나 하나님은 절대 아브람을 포기하지 않으십니다. 13년을 침묵하셨지만 다시 찾아오셔서 아브람을 살피시고 아브람을 아브라함 되게 양육하십니다. 그리고 그를 통하여 하나님의 꿈을 이루고자 하십니다. 그 꿈이란 바로 '주 예수의 은혜가 모든 자들에게 있을 때까지'(계 22:21) 영적 상속을 잇는 것입니다. 하나님은 아브라함으로 하여금 롯의 영혼 구원을 위해 기도하게 하셨고, 아들 이삭을 주셔서 예수님의 계보를 잇게 하셨습니다. 하나님은 지금도 그 꿈을 이루기 위해 우리를 부르시고, 살피십니다.

그러나 지금 여러분은 어디에 있습니까? 하나님의 살피심을 피하느라 사라처럼 장막 뒤에 숨어 하나님을 비웃고, 부르심을 못 들은 척하고 있지는 않습니까?

아브라함에게는 애물단지나 다름없던 조카 롯의 구원이 평생의 기도 제목이었습니다. 죄악이 가득한 소돔을 심판하신다고 했을 때 아브라함은 하나님 앞으로 나아가 끈질기게 중보기도를 했습니다. 그 기도 덕분에 롯이 구원받았습니다. 불바다가 된 소돔 성에서 롯은 사위도 아내도 잃은 채 부끄러운 구원을 받았습니다. 그토록 부끄러운 구원을 얻었지만 그 후의 삶은 더욱 구차합니다.

그런 롯의 인생을 생각하면 마음이 너무 아픕니다. 꼭 제 인생 같아서 너무 슬픕니다. 너무나 연약하여 죄악 가운데서도 제힘으로 빠져나오지 못하고, 자신이 택한 결론이기에 그 자리에 남아 애통해하던 모습이 저와 너무 닮았다는 생각이 듭니다. 그 롯과 같은 영혼이 바로 나 자신일 수도 있고, 내 배우자, 내 자식, 내 이웃일 수도 있습니다. 하나님께서는 그런 롯을 우리에게 맡기셨습니다. 그들을 품고 애통해하며 그들을 구원에 이르기까지 이끄는 것이 먼저 구원받은 우리가 할 일입니다.

우리의 사명은 오직 영혼 구원이어야 합니다. 우리의 인생은 오직 '기-승-전-영혼 구원'입니다. 가족을 섬기고, 직장을 다니고, 주일학교 교사를 하고, 식당봉사, 주차봉사를 하더라도, 초점은 오직 한 영혼의 구원에 맞추어야 합니다. 이제라도 우리 모두가 남은 자들의 구원을 위해 날마다 애통해하는 인생이 되기를 소원합니다. 하나님의 살피심 속에서 영적 대물림을 잘하며, 영혼 구원의 사명을 잘 감당하는 우리 모두가 되기를 축원합니다.

2017년 8월
우리들교회 담임목사 김양재

part1

내가

어느 곳에

있을지라도

chapter _ 1

. . .

믿음이 연약하고 말씀대로 살지 못해서

오늘 또 실수를 했습니다. 넘어지고 넘어져도 말씀에 힘입어

다시 일어나는 아브람의 인생을 통해

실수하지 않고 사는 지혜 얻기를 원합니다.

넘어지고 넘어져도 ————

우리는 먹고사는 문제가 해결되면 오직 자녀교육에 목숨을 겁니다. 유난히 한국 사람들과 유대인들이 그렇습니다. 특히 한국 엄마들의 교육열은 극성입니다. 이웃 나라 일본만 해도 '아무개의 부인'이라고 부르는데, 우리나라는 '아무개 엄마'로 불립니다. 이씨 왕조 때도 자식이 왕이 되면 '대비마마'들이 섭정하는 경우가 많았습니다. 예로부터 가정 안에서 여성의 권한이 그리 보장된 나라도 아닌데, 유독 자식 문제만큼은 여성의 입김이 드센 것 같습니다.

그렇다 보니 공부 잘하는 자녀를 둔 엄마들은 죄다 면류관을 쓰고 있습니다. 자식이 잘못되어도 죄다 엄마 탓입니다. 그래서 자식이 우리 엄마들의 영원한 숙제입니다. 저 역시 자식 교육에서만큼은 제대로 내려놓지 못했던 것 같습니다. 저는 나름대로 일찍 철이 들어서 모범적으로 학교를 다녔다고 생각하는데, 제 아들은 여러모로 제 기준에 못 미쳐서 날마다 탄식하지 않을 수 없었습니다. 저는 누가 시키지 않아도 스스로 공부를 잘했는데 아들은 죽어라고 시켜도 죽어라고 안 했습니다. 속이 터졌습니다. '쟤는 왜 공부해야 할 시간에 저렇게 잠을 자고 있을까?' 도저히 이해가 안 되었습니다. 깎고 깎으며 이모저모 거룩을 이루어 감에도 불구하고 자식 문제에서만큼은 거룩하기가 힘들었습니다.

누구나 다 그런 것 같습니다. 자식이 내 기대에 못 미치기에 그것이 안타깝고 속상합니다. 아니, 자식에 대한 내 기대가 지나치기에 도저히 자식을 내려놓지 못합니다. 아브람도 마찬가지입니다. 자식이 없으니 계속 하나님 앞에 대들었습니다. 창세기 12장에서 자녀를 주신다고 했는데, 10년이 지나도록 안 주시니 안달이 났습니다. 자식을 못 가져서 이렇게 난리 치는 모습을 보면 그의 믿음이나 우리의 믿음이나 별 차이가 없어 보입니다.

하나님이 보시기에 믿음의 조상 아브람의 믿음도 작은 겨자씨에 불과합니다. 그래서 '나는 믿음 좋고, 죄 없다'고 하는 사람이 가장 뻔뻔하고 중한 죄인입니다. 우리는 우리의 죄성에서 끝까지 해방되지 못합니다. 내가 예수님을 만나서 믿음이 좋아졌다고 할지라도 땅을 딛고 살아야 하기 때문에 날마다 넘어질 수밖에 없습니다. 아브람도 별수 없었습니다. 그래서 또다시 넘어지는 실수를 합니다. 무엇 때문이었을까요?

여전히 자식 문제 때문에 실수합니다

———

아브람의 아내 사래는 출산하지 못하였고 그에게 한 여종이 있으
니 애굽 사람이요 이름은 하갈이라(창 16:1)

영적 상속자를 무수한 별과 같이 아무리 많이 준다고 해도 우리의 관심
은 늘 내가 낳은 자식에게만 가 있습니다. 내 자식이 우선입니다. 어떤 말
씀도 들리지 않습니다. 내 몸에서 난 내 육적 후손이 창대케 되는 것이 내
평생소원이요, 염원이기에 오직 내 자식만 부르짖습니다. 그 육적 자식에
게 풀리지 않는 문제가 많다 보니 영적 상속자를 생각할 겨를이 없습니다.
잘난 자식이 있으면 그걸 자랑하느라 정신없습니다. 배운 것이 많을수록
교묘하게 자랑하고, 배운 것이 없을수록 대놓고 자랑합니다.

어느 학교 졸업식에서 일등으로 졸업하는 아이가 상을 받고 내려가는
데 그 만장하신 여러분 앞으로 엄마가 뛰어나가 아들과 사진을 찍더랍니
다. 사람들이 보는 데서 염치도 없이 사진을 다섯 방이나 찍었답니다. '이
일등한 애가 내 아들이다' 하고 온몸으로 자랑하고 싶었던 거지요.

그런데 이런 자랑할 아들이 없으니 사래가 살고 싶었겠습니까. 그 화려한
애굽에서 지질한 가나안으로 돌아왔는데, 자랑할 자식마저 없으니 무슨 낙
으로 살겠습니까. 내 자식 못난 것은 둘째 치고 다른 집 자식들이 공부 잘
하고 성공했다는 소리를 들으면 속상하고 배가 아픕니다. 남의 집 자녀가

예수 믿고 헌신했다는 소리를 들으면 함께 기뻐해야 함에도 그게 내 자식이 아니라서 섭섭하기 짝이 없습니다. 그래서 하나님은 자식을 가지고 우리를 훈련시키십니다. 이 훈련만 제대로 받아도 상급이 줄줄이 쏟아질 텐데 우리는 어떻게 해서라도 그 훈련을 피해 가려고 합니다.

이 말씀을 보니까 사래에게도 자식 고난을 피해 갈 길이 보입니다. 길이 없어야 하는데, 길이 없는 게 축복인데 사래에게 여종이 있었습니다. 그 분신 같은 여종을 씨받이 삼아 자식을 얻으면 되겠다 싶은 것입니다. 엘리에셀을 상속자로 점찍었다가 하나님으로부터 퇴짜를 맞았음에도 불구하고 또다시 세상적인 방법으로 상속자를 얻으려 합니다. 그래서 아브람과 사래가 또다시 실수를 합니다. 자식 문제 때문에 실수를 합니다. 하나님의 말씀을 잘 듣고, 하나님께서 그 믿음을 의로 여겨 주셨어도 금세 이렇게 실수를 하니 얼마나 기가 막힙니까.

∞ 자식 자랑을 얼마나 합니까? 남들이 늘어놓는 자식 자랑을 들으면 어떤 느낌이 듭니까?

∞ 자녀 문제로 인해 하나님 앞에서 저지른 실수가 있습니까?

∞ 하나님의 방법을 외면하고 세상적인 방법을 선택함으로써 실수한 것이 무엇입니까?

∞ 내가 반복해서 실수하는 것은 무엇입니까?

교만 때문에 '나도 속고 너도 속는' 실수를 합니다

사래가 아브람에게 이르되 여호와께서 내 출산을 허락하지 아니하
셨으니 원하건대 내 여종에게 들어가라 내가 혹 그로 말미암아 자
녀를 얻을까 하노라 하매 아브람이 사래의 말을 들으니라 (창 16:2)

사래는 "여호와께서 내 출산을 허락하지 않으셨다"고 원망을 합니다.
하나님이 강권적으로 막으셨다는 것입니다. 아브람이 "후손이 별과 같이
많아지리라"는 하나님의 약속을 믿자, 하나님은 그것을 의롭게 여기시고
아브람과 횃불 언약까지 체결하셨습니다. 이 사실을 사래가 모를 리 없잖
아요. 그런데 사래는 "하나님이 계시긴 뭐가 계셔. 계시다면 왜 내게 출산
을 허락하지 않아!" 하고 하나님을 원망하며, "우리끼리 알아서 하나 만들
자"고 나섭니다. 사래의 자존적인 교만이 하늘을 찌릅니다.

우리도 사래와 다를 바 없습니다. 믿음이 연약하니 하나님의 약속을 믿
지 못합니다. 인내하며 때를 기다리지 못합니다. "하나님이 계시다면 우리
아이들이 지금 이러고 있겠어?", "내가 그렇게 기도를 하는데, 왜 우리 아
이들이 이 모양 이 꼴이야. 하나님은 없어!" 다들 이럽니다. 그래서 자기가
해결하겠다고 나섭니다. 이것이 자존적인 교만입니다. 그 교만은 결국 큰
실수를 불러일으킨다는 것을 명심해야 합니다.

사래는 아브람에게 "여보, 내 여종과 동침하세요. 그러면 혹시 우리에

게 자식이 하나 생기지 않겠어요?" 하고 제안합니다. 아브람으로서는 생각지도 못했던 아이디어입니다. 그래서 두말 않고 사래의 말을 듣습니다. 이런 모습을 보노라면 영적 상속자를 낳고 안 낳고는 여자들의 손에 달려 있는 듯합니다. 참으로 믿음의 가정에서 아내의 역할이 참 중요하다는 생각이 듭니다.

'사래'란 '다투는 여인', '나의 공주'라는 뜻입니다. 그래서 사래는 완전히 공주 과[輛]입니다. 그런데 아이를 못 낳는 문제 때문에 자존심이 엄청 구겨져 있었습니다. 당시는 자식을 못 낳는 것이 커다란 수치였습니다. 그리고 그 책임이 오직 여자에게 있다고 여겼습니다. 그러니 사래의 자존심이 얼마나 상했겠습니까. 자신의 처지가 너무 비참하다고 생각했습니다. 수천 년이 지난 지금도 별반 다를 게 없는 것 같습니다. 예수를 믿는다고 하면서도 아이 못 낳으면 비참하고, 돈 못 벌면 비참합니다.

사래에게 자식이 없는 것이 얼마나 고난이었으면 남편에게 자기 종과 동침하라고 했겠습니까? 사래는 대를 잇고자 살신성인의 자세로 나섰습니다. 남편에게 첩을 취하라고 했으니 아이 못 낳는 아내로서 이보다 더 큰 희생은 없어 보입니다. 그러나 이런 자기 헌신은 자존적인 교만에 불과합니다. 나도 속고 남도 속이는 헌신입니다. 남들이 보면 너무 멋있지 않습니까. 그러나 "내가 그로 말미암아 자녀를 얻을까 하노라" 하는 명분 속에는 '내가 세움을 입을까 하노라' 하는 속셈이 자리 잡고 있습니다.

그 헌신은 아브람을 위한 것도, 대를 위한 것도 아니었습니다. 스스로 남편에게 여자를 취하라고 했으니 아브람은 물론이거니와 시댁 식구들이 감동하지 않았겠습니까? 나의 자존적인 교만을 충족시키기 위한 자기 헌신이란 바로 이런 것입니다. 헌신하는 척하며 자기를 세우는 것입니다. 교회 안에도 이처럼 자기 헌신을 하며 자존적 교만에 빠진 중직자들이 적지 않습니다. 하나님께서는 결코 이런 헌신을 기쁘게 받지 않으십니다.

아내가 갑자기 "내 여종하고 잠자리를 같이하라"고 하니 아브람의 눈에도 보이는 게 없습니다. 하나님께서 보여 준 밤하늘의 뭇별도, 약속하신 큰 상급도 다 뒷전이 되고 말았습니다. 아브람의 믿음도 별수 없었습니다. 아브람이 엘리에셀을 상속자로 삼겠다고 했을 때 하나님은 "네 몸에서 날 자가 상속자"라고 분명히 말씀하셨습니다. 그때 곧바로 "네" 하고 순종했던 아브람입니다. 아브람은 그 말씀을 진정으로 믿었고, 하나님께서는 그 믿음을 의롭게 여기셨습니다. 그런데 그 아브람의 믿음이 바닥을 드러낸 것입니다.

"'네 몸에서 날 자가 상속자'라고 했으니 아브람 당신 씨면 됐지, 씨받이면 어때요?"

사래가 이처럼 하나님 말씀을 교묘하게 문자적으로 해석해서 자기 맘대로 갖다 붙이자 아브람도 순식간에 현혹됩니다. 그래서 성경을 읽기만 하면 안 됩니다. 문자 그대로 읽고, 내 지식으로 해석하고, 내 하고 싶은 대로 적용하면 안 됩니다. 깊은 묵상이 필요한 거에요. '왜 하나님께서는 이때를 택하셨을까?', '왜 예수님은 이곳에 가셨을까?', '왜 야곱은 이랬을까, 왜 다윗은 저랬을까?'를 깊이 생각해야 합니다.

하나님의 일은 방법도, 목적도, 결과도 다 좋아야 합니다. 목적이 아무리 좋다고 해도 방법이 나쁘면 또 실수를 하게 됩니다. '혹 그로 말미암아 자녀를 얻을까 하노라' 하는 사래의 태도는 '선악과를 따먹어도 괜찮지 않을까' 하는 하와의 태도와 다름없습니다. "선악과를 따먹으면 반드시 죽으리라"는 하나님의 말씀에 하와는 "죽을까 하노라"(창 3:3)라고 자기 생각을 보탰습니다. 말씀에 자기의 욕심을 가감했습니다. 그러니 "먹으면 눈이 밝아져 하나님처럼 된다"는 뱀의 꼬임에 혹할 수밖에 없었습니다. 그 결과는 어떻게 되었습니까? 하나님이 되기는커녕 여호와의 낯을 피하게 되었습니다. 그로 인해 인류에게 원죄의 형벌이 시작된 겁니다.

그런데 지금 사래는 더욱 교묘합니다. 하와와 달리 너무나 희생적이고 헌신적으로 보입니다. "대를 잇기 위해서 내가 자존심을 다 내팽개쳤다"는 것입니다. 그러니까 아브람이 분별을 못합니다. 여자는 그 재질이 뼈이다 보니 확실히 남자보다 뛰어난 데가 있습니다. 남자들이 생각 못하는 것을 생각해 냅니다. 영악합니다. 그래서 시댁에 말하는 게 다르고, 남편에게 말하는 게 다르고, 친정에 말하는 게 다릅니다.

사래는 남편을 위해서 자식을 낳으려는 게 아니었습니다. '내가 세움을 입을까' 해서였습니다. 그 때문에 남편에게 부정한 짓까지 허락합니다. 사래는 물론이거니와 그런 말에 솔깃한 아브람에게 믿음의 조상으로서의 모습은 온데간데없습니다.

우리가 자식을 잘 키우려고 애쓰는 것도 다 내가 인정받기 원해서입니다. 남들 보고 손가락질하는 것도 내가 인정받길 원해서입니다. 내 자아가 세움 받기를 간절히 원하고, 결국 내 자아가 죽지 않아서 이렇게 인간적인 방법을 택하는 것입니다. 내가 죽지 않았기 때문입니다. 아직도 이 땅에서 갖고 싶은 게 너무너무 많기 때문입니다.

우리들교회에 새로 부임한 목사님이 소그룹 모임에서 "신학을 하면 본인도 남도 나름대로 십자가의 길을 가는 것으로 인정해 주는 부분이 있는데, 우리들교회에 오니까 나도 속고 남도 속이는 헌신에 아무도 안 속더군요" 하는 나눔을 했습니다. 비단 이 목사님뿐이 아닙니다. 우리들교회의 웬만한 리더들은 누가 뭐라 하지 않는데도 스스로 자신들의 속임수 헌신에 대해 줄곧 회개합니다.

영적 상속은 하갈에 의해서, 종에 의해서 이어지면 안 됩니다. 영적 상속은 자유자의 아들을 세우는 것이지, 종의 아들을 세우는 것이 아니기 때문입니다.

> 28 형제들아 너희는 이삭과 같이 약속의 자녀라 29 그러나 그때에
> 육체를 따라 난 자가 성령을 따라 난 자를 박해한 것같이 이제도
> 그러하도다 30 그러나 성경이 무엇을 말하느냐 여종과 그 아들을
> 내쫓으라 여종의 아들이 자유 있는 여자의 아들과 더불어 유업을
> 얻지 못하리라 하였느니라(갈 4:28-30)

여종과 그 아들을 내쫓으라고 합니다. 한마디로 영적 상속자만 인정하신다는 것입니다. "자식, 자식" 자식 타령 그만하라는 것입니다. 그만 슬퍼하고 그만 집착하라는 겁니다. 자식이 속을 썩인다고, 자녀가 없다고 한탄

하지 말고 이제는 영적 상속자를 낳고 키우기 위해 나아가라는 것입니다. 천국에서는 그 숫자만 셉니다. 내 자녀 몇 명 잘 키웠나 셈하는 것이 아니고, 주님 앞으로 몇 명을 인도했나, 이것만 셈하십니다. 그러니 내가 굳이 하갈에 의해, 종에 의해 육적인 자녀를 얻고 육적인 세움을 받을 필요가 없습니다.

자식을 빙자해서 세움을 받고자 하는 자존적인 교만을 보아야 합니다. 이것은 자기 욕심에 대한 헌신이지 하나님에 대한 헌신이 아닙니다. 이것이야말로 하나님보다 앞서는 교만입니다. 그런데 우리는 오히려 연민에 빠집니다. 사래가 너무 불쌍하게 느껴집니다. "내가 오죽하면 이러느냐." 우리는 만날 이런 자기 연민에 빠집니다. 나는 자식을 낳기 위해서 별 수고를 다 하는데 그것을 알아주지 못하니 섭섭하기 이를 데 없습니다. 그러나 하나님은 그런 수고할 시간 있으면 다른 사람을 주님께로 인도하라고 하십니다.

존 파이퍼 목사는 "자기 연민은 자존심이 고통에 반응하는 방식"이라고 말했습니다. 언뜻 보기에 자기 연민은 자기희생처럼 보이지만 실상은 '도움이 필요하다'는 표현입니다. '나는 이것이 너무너무 필요해'라는 마음은 상처 받은 자아로 인해 비롯되는 것입니다. 상처가 많을수록 필요한 게 많습니다. 집착하는 게 많습니다. 이것 아니면 안 된다는 게 많습니다. 그러나 자존심 때문에 도움을 요청하지 못해서 더욱 고통을 겪게 되고, 그것이 결국 자기 연민으로 나타나는 것입니다. 그래서 자기 연민은 상처 받은 자아에게 흔히 나타나는 솔직하지 못한 감정입니다.

자기 연민의 심리적 저변에는 다른 사람들이 자신을 '도움이 필요한 사람'으로 보는 게 아니라, '영웅'으로 보아 주기를 바라는 욕망이 있습니다. 스스로 무가치하다고 생각하는 게 아니라, 내 가치를 남이 몰라준다고 생각합니다. '나는 영웅이 되고 싶은데 사람들이 내 가치를 몰라줘서…' 이 것이 자기 연민의 뿌리입니다. 환영 받지 못한 자존심이 보이는 반응이 자기 연민입니다. 그래서 나도 속고 남도 속이기 쉽습니다. 여기에 속으면 안 됩니다. 속으면 실수합니다. 결혼도, 사업도 그래서 실수합니다.

∞ 자존적인 교만으로 헌신하며 나를 스스로 세운 적은 없습니까?

∞ 자식을 잘 키우려고 애쓰는 이유는 무엇입니까?

∞ 예수님을 믿은 이후 가치관이 달라졌습니까? 어떤 면에서 달라졌습 니까?

∞ 자기 연민에 빠져 나도 속고 남도 속인 적이 있습니까?

'묻자와 가로되' 하지 않으니 실수합니다

———

창세기 16장 2절 후반부에 "아브람이 사래의 말을 들으니라"고 합니다. 잠시 망설이거나 갈등한 흔적이 전혀 보이지 않습니다. 원어 성경에는 그 냥 '말을 들었다'는 정도가 아니고, '깊은 감동을 받았다'는 뜻을 내포하고 있습니다. 상속자가 없어서 하나님을 원망하며 "나의 상속자는 엘리에셀이니이다" 했을 때 "네 몸에서 날 자가 네 상속자가 되리라"라는 말씀을 듣고는 곧장 순종했던 아브람이었습니다. 그때까지만 해도 하나님께 '묻자와 가로되' 하던 아브람입니다. 그런데 여기서는 아브람이 하나님께 물었다는 이야기도 없고, 하나님 말씀을 들었다는 얘기도 없습니다. 즉시 "사래의 말을 들으니라"라고만 기록되어 있습니다. 딴 이유가 없습니다. 죽자살자 자식 갖기를 원하고, 내가 원하는 것은 반드시 갖고 싶었으니 사래의 말에 혹해서 단번에 넘어간 것입니다.

아브람이 왜 이렇게 금세 넘어갔을까요? 아브람도 자기 연민이 있고, 그 점에서는 사래 못지않았습니다. 사래는 그동안 아브람에게 별로 요구한 게 없습니다. 사래가 누구입니까? 자존적인 교만이 하늘을 찌르는 '공주'가 아닙니까? 그런데도 남편 아브람을 따르느라 살기 좋은 갈대아 우르에서 떠나왔습니다. 바로에게 팔려 갈 뻔하고, 아브람이 롯에게 재산과 좋은 땅을 양보할 때도 가만히 있었습니다. 그러니 아브람은 사래가 고마워 죽습니다. 그래서 자식 하나 못 낳아도 불평 한 번 하지 않았습니다.

그런 아내 사래가 자신의 종 하갈과 하룻밤 동침하라고 하니 아브람은 속으로 또 얼마나 좋았겠습니까? 자식을 얻을 기회도 기회지만 그동안 하나님께 양육되느라 '딴 짓' 한 번 못하고 살았던 아브람입니다. 막말로 임도 보고 뽕도 따게 된 것입니다. 아브람으로선 아내 사래의 신신당부 같은 제안을 거절할 이유가 없는 것입니다. 너무너무 신나지 않았겠습니까?

이럴 땐 딱 잘라야 하는데, 유혹에 휘둘리지 말아야 하는데, 어느 남자가 마다하겠습니까. 아내가 살신성인의 자세로 "여보, 하갈한테 들어가~"

그러면 "싫어!" 할 남자가 어디 있겠습니까. "…어, 그래, 알았어, 여보" 이러지요. 머리라도 긁적이면 다행입니다. 다들 못 이기는 척하지만 속으로는 쾌재를 부릅니다. 다 그렇게 넘어갑니다.

아브람이라고 별수 있었겠습니까? 싫은 척, 마지못해 하는 척하면서도 사래 맘이 변하기 전에 냉큼 사래의 말을 들은 것입니다. 더군다나 아브람은 자식에 대한 열망이 남달랐습니다. 자식을 못 낳는 아내 사래를 빙자해 그 욕망을 숨기며 살아왔을 뿐입니다.

예수회 학자인 로베르토 수사가 가톨릭 신자들의 고해성사를 분석한 결과에 따르면, 남자가 저지르는 죄의 1, 2, 3위가 정욕, 탐식, 나태라고 합니다. 여자는 교만, 시기, 분노랍니다. 과연 그렇지 않습니까?

여자는 자존적인 교만 때문에 날마다 내 남편과 남의 남편을 비교하고, 내 자녀와 남의 자녀를 비교합니다. 여자가 한번 비교하기 시작하면 온 집안이 파투가 납니다. 그래서 정욕보다 더 무서운 죄가 교만입니다. 그런데 남자들은 정욕이 먼저입니다. 정욕에 끌려 다니다 보니 교만할 겨를이 없습니다. 그래서 여자들의 눈에는 남자들이 미련해 보입니다. 그럼에도 하나님은 남자를 쓰십니다.

여자들이 하는 일이라곤 눈만 뜨면 교만하고 시기하고 분노하는 것밖에 없습니다. 교만을 부리느라 얼마나 이말 저말을 퍼뜨리고 다니는지 모릅니다. 저도 여자지만 정말 여자들이 그렇습니다. 교만은 패망의 선봉이고 멸망의 앞잡이라고 했습니다. 비록 미련할지언정 남자를 여자 위에 세운 것도 다 그런 이유에서입니다.

그런데 사래의 교만과 아브람의 정욕이 딱 맞아떨어지다 보니 부부가 '힘을 합쳐' 큰 실수를 저지릅니다. 예외가 없습니다. 이런 문제 앞에서 그 누가 예외일 수 있겠습니까. 정말 눈물 흘리며, 이 죄의 고개를 또 한 번 넘어 갈 수밖에 없는 것입니다.

∞ '묻자와 가로되'의 인생을 살고 있습니까?

∞ 하나님을 원망한 사건이 있습니까? 무슨 일로 원망했습니까? 그 원망
  의 결과는 어떠했습니까?

∞ 사람 말에 혹해서 큰 실수를 한 적이 있습니까?

기다리지 못해서 실수합니다

———

> 아브람의 아내 사래가 그 여종 애굽 사람 하갈을 데려다가 그 남편
> 아브람에게 첩으로 준 때는 아브람이 가나안 땅에 거주한 지 십 년
> 후였더라(창 16:3)

'10'은 완전수입니다. 가나안 땅에 거주한 지 '십 년 후'에 이 일이 벌어 졌다는 것은 아브람과 사래가 기다릴 만큼 기다렸다는 것입니다. 이제 더 이상은 못 기다리겠다는 뜻입니다. 앞으로도 15년을 더 기다려야 아들(이

삭)이 주어지는데, 하나님의 때는 아직도 아닌데 아브람과 사래는 기다릴 만큼 기다렸다고 판단했던 것입니다. 그래서 하갈을 통해서라도 자식을 얻으려는 조급함을 보입니다.

그러나 하나님이 보시기에 지금 이들에게 필요한 것은 아들이 아니고 믿음입니다. 밤하늘의 뭇별과도 같이 수많은 영적 상속자를 주신다는 하나님의 말씀을 믿는 것입니다. 그런데 아브람과 사래는 하나님이 뭘 원하시는지조차 모릅니다. 우리도 다를 바 없습니다. 하나님이 원하시는 게 뭔지, 우리에게 필요한 것이 뭔지 제대로 알지 못합니다. 그래서 날마다 "아들 달라, 돈 달라" 합니다. 돈보다, 자식보다 더 필요한 것은 믿음입니다. 하나님은 돈 많은 우리를 원하시지 않습니다. 능력 있는 우리를 원하시지 않습니다. 믿음이 있는 우리를 원하십니다.

그렇다면 믿음이란 무엇입니까? 열심히 교회 다니며 봉사하고, 헌신하며, 선교하는 것이 믿음의 전부가 아닙니다. 제아무리 열심히 헌신하며, 선교하고, 봉사해도 순종하는 것보다 못합니다. 순종만큼 찬란한 믿음은 이 세상에 없습니다. 하나님 입장에서는 순종보다 더 기쁜 것이 없습니다. 하나님께서 기다리라고 하시면 기다려야 합니다. 그것이 순종이고 성숙한 믿음입니다.

맥스 루케이도 목사가 쓴 《소망 있는 기다림》이라는 책에 이런 내용이 있습니다.

엄마가 일곱 살 난 아들과 바다로 가기 위해 기차 여행을 하고 있는데, 아이가 "얼마나 더 가야 돼요?" 하고 질문을 합니다. 부모는 아이에게 이런 질문을 받으면 설명하기가 참 난감합니다. "400킬로미터를 더 가야 해"라거나 "서너 시간은 더 가야 해" 하며 구체적으로 말해 봤자 시간과 거리에 대한 개념이 없는 아이는 엄마의 말을 전혀 이해하지 못합니다. 그래서 지혜로운 엄마는 "네가 동화책을 세 번 읽을 만큼 간단다" 하고 설명했습니다. 그러자 아이가 "네, 알았어요" 했습니다. 그런데 동화책을 세 번 다 읽을 때까지도 목적지에 도착하지 않으니 아이가 또 물어봅니다. 엄마는 이러고저러고 설명해 주다 결국 이렇게 말합니다.

"그냥 엄말 믿어~!! 넌 자세한 거 신경 안 써도 돼. 쫌 있으면 바다에 확실히 도착한다니깐!"

이 엄마의 마음이 하나님의 마음입니다.

그렇습니다. 믿음이 있다면 하나님께 두 번 다시 여쭐 필요가 없습니다. 그저 믿고 기다리면 됩니다. 하나님이 지혜가 없어서 구체적으로 설명 못하시는 것이 아닙니다. 무슨 설명을 해도 우리가 알아듣지 못하기에 "기다리라"고 하시는 것입니다. 그렇게 믿고 기다려야 하는데, 아브람과 사래는 그렇지 못했습니다. 창세기 15장에서 "알겠습니다" 하고 분명히 대답하고는 16장에 와서 그때를 못 기다리고 하갈과 동침을 한 것입니다. 하나님이 얼마나 기가 막히셨겠습니까.

우리는 엄마가 무슨 말을 해도 알아듣지 못하는 아이나 다름없습니다. 기다리라고 하는데, 기다리지 못합니다. 우리 믿음이 그렇습니다. 다만 아브람마저 이런 모습을 보이니 그나마 위로가 됩니다. 자기 목숨 지키겠다고 마누라 팔고, 아들 못 가져서 안달복달하고, 아내의 여종과 동침하고…

아브람이야말로 형편없는 인간 아닙니까? 그러나 믿음의 조상 아브람이 이런 인생을 살았으므로 우리에게 은혜가 됩니다. 아브람이 우리와 다를 바 없는 인생을 살았음에도 믿음의 조상이 되었으니 100퍼센트 죄인인 우리에게도 희망이 있는 것입니다. 그의 삶이 우리의 본보기가 되고, 그의 삶을 우리 삶에 적용할 수 있는 것입니다. 너무 잘나고 위대한 사람은 우리와 다른 세계에 살기에 흉내조차 낼 수 없고, 적용할 거리조차 없습니다. 그래서 성경이 구속사인 것입니다.

예수님도 인간으로 오셔서 나와 똑같은 성정으로 똑같은 인생을 사셨습니다. 예수님은 처녀의 몸에서 잉태되었기에 당시 사람들로부터 무시당했습니다. 나사렛 목수의 아들로 오셨기에 더욱 무시 받았습니다. 마구간에서 태어났기에 태생부터 천한 신분이었습니다. 예수 믿는다는 것 자체가 이렇듯 남에게 멸시 천대를 받는 것입니다. 믿음생활 제대로 하려면 그런 각오부터 해야 합니다. 칭찬 받을 생각만 하면 십자가를 질 수 없습니다.

∞ 지금 내게 가장 필요한 것은 무엇입니까?

∞ 믿음보다 내게 더 중요한 것이 있습니까? 있다면 그것은 무엇입니까?

∞ 때를 기다리지 못하고 서두르는 바람에 실수한 적이 있습니까?

∞ 인내하며 하나님의 때를 기다리고 있는 것은 무엇입니까?

∞ 예수 믿는 것 때문에 멸시와 천대를 받은 적이 있습니까?

책임을 회피해서 실수합니다

―――

4 아브람이 하갈과 동침하였더니 하갈이 임신하매 그가 자기의 임신함을 알고 그의 여주인을 멸시한지라 5 사래가 아브람에게 이르되 내가 받는 모욕은 당신이 받아야 옳도다 내가 나의 여종을 당신의 품에 두었거늘 그가 자기의 임신함을 알고 나를 멸시하니 당신과 나 사이에 여호와께서 판단하시기를 원하노라 6 아브람이 사래에게 이르되 당신의 여종은 당신의 수중에 있으니 당신의 눈에 좋을 대로 그에게 행하라 하매 사래가 하갈을 학대하였더니 하갈이 사래 앞에서 도망하였더라(창 16:4-6)

아브람의 씨를 받아 임신한 하갈이 사래를 무시하자 사래는 하갈을 학대하고, 결국 하갈은 도망을 가 버립니다. 그들 사이에 끼어 있는 아브람은 "당신 맘대로 하세요" 하며 책임을 회피합니다. 무시와 회피, 학대와 도망이 이어집니다. 잉태를 해서 잠깐은 기뻤으나 그로 인해 불화가 시작되고 분쟁이 일어납니다. 하나님의 방법대로 하지 않으면 인간관계는 결국 무너지게 되어 있습니다.

하나님의 방법대로 결혼하지 않으면, 불신결혼을 하면 절대로 그 관계가 바로 설 수 없다는 걸 알아야 합니다. 축첩한 집안치고 화목한 경우가 없습니다.

한편, 사래 입장에서는 너무나 억울합니다. 남편 때문에 평생을 희생하며 살았습니다. 어느 날 갑자기 일가친척이 다 있는 갈대아 우르에서 데리고 나와 갖은 고생 다 시키더니, 급기야 아내인 자기를 바로에게 팔아넘기려 한 남편입니다. 그런 지질한 남편이 대를 잇고 싶어 해서 자기가 아끼던 여종까지 침실에 넣어 줬는데, 지금 그 남편이 등을 돌리고 책임을 회피하고 있습니다. 그 바람에 여종까지 자신을 멸시합니다. 그렇게 잘해 줬건만 돌아오는 건 멸시와 조롱뿐입니다.

이 세상의 문제가 다 이렇습니다. 도덕과 윤리가 있어도 어쩔 수 없습니다. 하나님이 그 중심에 계셔야 진정한 도덕이고 윤리입니다. 하나님 없이 자기가 주인 되어서 행하는 도덕과 윤리는 더없는 교만입니다.

그러니 사래도 여기서 바닥이 드러납니다. 세상적인 윤리의 잣대로는 사래같이 바른 여인이 없습니다. 행위가 너무 기특하고, 남편을 위해 자기를 희생하는 모습을 보노라면 아름답기까지 합니다. 그러나 성경은 '행위가 아니라 믿음'이라는 것을 쉴 새 없이 가르치고 있습니다. 행위가 아무리 좋아도 믿음이 없으면 항상 문제가 생길 수밖에 없습니다.

하갈이 여주인의 허락 아래 여주인의 남편과 동침을 했는데, 아기를 가지게 됐습니다. 한 번 동침해서 덜컥 임신이 됐겠습니까? 하룻밤만 보낸 게 아니라 임신이 확인될 때까지 계속 동침했을 것입니다. 그러는 동안 하갈은 아브람의 사랑이 자기에게로 넘어왔다고 생각했을 것입니다. 그러니 사래가 우습게 보였을 것입니다. 과거에는 비록 아브람의 본부인이었고, 자신의 주인이었다 하더라도 이제는 입장이 바뀌었다고 착각했을 것입니다. 사래도 하지 못한 임신을 했으니 눈에 뵈는 것이 없었을 것입니다. 당연히 사래를 멸시했습니다. 사람은 힘이 있으면 이렇게 교만해집니다. 힘이 좀 생기면 약한 사람을 학대합니다. 누구도 예외가 없습니다. 우리는 뭣 좀 안다고 교만하고, 뭣 좀 있다고 교만을 부립니다. "난 너무 겸손해" 하면서 교만을 부립니다. 인간은 그렇게 교만한 존재입니다. 누구나 자존적인 교만을 품고 있습니다.

결국 아브람의 가정은 쑥대밭이 됩니다. 이게 누구 때문입니까. 아브람 때문입니까? 하갈 때문입니까? 결국 다 사래가 저지른 일 아닙니까? 누굴 탓하겠습니까? 사래가 이것이 자기 문제인 줄 깨달아야 하는 것입니다. 그런데 사래는 자기 죄를 모릅니다. 자기 잘못을 모르니 남 탓만 합니다. "얘가 이래도 되냐? 이런 앨 내버려 둘 거냐? 내가 받는 모욕을 당신이 받아야 하는 거 아니냐?"며 아브람에게 따집니다. 그런데 이때 아브람의 태도가 어떻습니까? "당신 여종이니 당신이 알아서 하세요" 합니다. 하갈이 자기 자식을 잉태했거나 말았거나, 사래가 하갈을 죽이거나 살리거나 자기하고는 상관 없다는 태도입니다. 너무나 어처구니없지 않습니까?

이런 무책임한 인간이 수천 년 전에만 있었던 게 아닙니다. 지금 내 곁에도 있습니다. 우리는 피차 책임질 줄 모릅니다. 인간의 책임 회피는 아담과 하와로 그 뿌리가 올라갑니다. 하나님께서 "먹지 말라는 선악과를 왜 먹었냐?" 했을 때 아담이 뭐라고 대답했습니까? "하와가 먹어도 된다고 해서 먹었다"고 변명하며 책임을 회피했습니다. 책임 회피는 자신이 죄 아래 있음을 보여 주는 것입니다. 누구에게나 이 죄된 본성이 있기에 책임을 전가하고 변명합니다. 무슨 문제만 생기면 "당신 탓이다!" 이렇게 나옵니다. 변명도 인간의 죄성입니다.

우리 인간이 다 이렇습니다. "너 때문에 뭘 못 하겠다"는 말이 입에 붙은 우리입니다. 그러니 자식들로부터도 존경 받지 못합니다. 가정에서든 직장에서든 공동체에서든 존경 받으려면 항상 "내 탓이요, 내 탓이요" 할 수 있어야 합니다. 부부 간에도, 부모 자식 간에도 책임지는 그 한 사람, 공동체에서도 책임지는 그 한 사람이 바로 진정한 리더입니다. 책임지는 한 사람이 있으면 집안이 살아나고 공동체가 살아납니다. 그러나 책임을 회피하면 우리는 결국 아브람처럼 또 실수할 수밖에 없습니다.

누군가를 학대하는 사람은 자신의 행위를 정당화할 수 있는 권세까지 가지고 있습니다. 그래서 자기보다 약한 사람을 학대합니다. 하갈이 아브람의 권세를 업고 여주인인 사래를 멸시하자, 사래 역시 남편 아브람의 권세를 업고 하갈을 학대합니다. 믿음 없이 권세를 가지면 이토록 선한 것이 없습니다. 그러나 학대를 받다 보면 진정으로 나를 사랑하는 사람이 누구인지를 알게 됩니다. 사래도 하갈에게 학대를 받다 보니 그나마 아브람이 자기편이라는 걸, 아직도 자기를 위해 준다는 것을 알게 되었습니다. 그래서 사래와 아브람 사이에 이전보다 더 튼튼한 삼겹줄이 형성되었습니다.

사업이 망하고, 건강이 무너지면 그 누구도 도움이 안 됩니다. 고난당할 때 진정으로 위로해 주고 묵묵히 지켜 주는 사람이 누가 있겠습니까? 돈 잃고 건강 잃으면 검은 머리 파뿌리 되도록 백년해로하자 약속한 배우자도 하루아침에 떠나 버릴 수 있습니다. 그 곁을 지켜 줄 이는 오직 하나님뿐입니다. 이 땅이 아무리 학대해도 하나님만 있으면 내게 기쁨이 됩니다. 이 세상에 부러울 게 없어집니다.

환난당하고 고통당해도, 하나님이 붙잡아 주는 걸 믿고 가는 사람들은 그래서 늘 든든합니다. 우리는 종의 자식이 아닙니다. 자유자의 자식입니다.

우리들교회 소그룹 모임의 리더 중에 미국에서 박사학위를 받고 한국에 와서 한 연구소의 연구원으로 일하는 분이 있습니다. 이분은 자신이 근무하는 연구소의 프로젝트 때문에 지방의 한 국립대학으로 출장을 자주 다니는데, 그 지방의 숙소 컴퓨터에는 이전에 투숙했던 사람들이 다운로드해 놓은 음란 동영상이 있다고 합니다. 이분은 예수님을 영접한 후 자기가 포르노 중독자라는 것을 깨닫고 그걸 끊기 위해 갖은 노력을 하던 중이어서 처음엔 무시하고 쳐다보지도 않았습니다. 그런데 출장을 자주 가서 혼자 잠을 자는 일이 많다 보니 차츰 '볼까 말까' 갈등하게 되었고, 마침내 유혹에 넘어져 보고 말았습니다. 환경에 장사 없다고, 출장 가면 해이해져서 번번이 시험에 넘어졌습니다. 이 사실을 누구한테도 털어놓지 못하고 죄의식에 사로잡혀 있던 중 자신이 섬기는 소그룹 모임에서 도박 중독으로 힘들어하는 지체를 붙여 주시는 바람에 자신의 이런 중독을 오픈하게 되었습니다.

"소그룹 모임의 리더까지 되었지만 여전히 시험이 올 때마다 넘어진다. 이런 나를 '하나님께서 사랑하셔서' 연구 결과가 제대로 나오지 않는 절대치의 심판을 주셨다. 다시는 동영상을 안 보겠다"며 소그룹 모임에서 눈물을 쏟아 가며 죄 고백을 하고 회개를 했습니다.

그런 일이 있은 후 이분이 또 출장을 가게 되었습니다. 이번에는 '모임에서 오픈까지 했으니 지난번처럼 절대 넘어지지 않으리라' 굳게 결심하고, '컴퓨터에 있던 음란 동영상도 다 삭제해 버리고 출장 기간 동안 이른 아침에 산에 올라가서 큐티를 해야지' 하고 근사한 계획까지 세웠습니다. 그런데 그날 저녁 출장지에 도착하고 보니 문제가 생겼습니다. 출장 전에 미리 한 대학원생에게 작업 지시를 해 둔 것이 전혀 진척되지 않아 일정에 큰 차질을 빚게 된 것입니다. 그래서 부랴부랴 작업에 매달렸는데, 새벽 2시가 되도록 진도가 안 나갔습니다. 아침까지 해도 해결이 안 될 것 같아 '왜 이런 사건을 주시는가? 내가 동영상을 안 봤더니 짠하고 하나님이 해결해 주셨다, 뭐 이런 간증을 했으면 좋겠는데 하나님이 나를 버리셨구나' 하는 생각이 들었습니다. 그리고 좌절감에 빠진 채 작업도 제대로 마무리 못하고 숙소로 돌아와서는 '내가 뭐 하러 힘들게 이렇게 육신의 정욕과 싸워야 하나' 하면서 다시 음란 동영상을 봐 버렸습니다. 넘어지고 또 넘어지고, 실수를 하고 또 실수를 한 것입니다.

피곤과 죄책감에 휩싸여 겨우 잠이 들었다가 아침에 눈을 뜨니 큐티도 하기 싫었습니다. 그런데 연구실에서 "작업이 잘 마무리되었다"는 연락이 와서 반갑고 감사한 마음에 얼른 큐티책을 폈더니 그날 주시는 말씀이 빌립보서 2장 5-11절이었습니다. '자신을 비워 종의 형체인 인간의 모습으로 오셔서 죽기까지 복종하신 예수 그리스도의 마음을 품으라'는 말씀을 읽고, 이분이 '내가 품어야 할 예수 그리스도의 마음은 무엇인가?'를 묵상했답니다. 그리고 나눔의 마지막에 이렇게 썼습니다.

저는 이번 출장을 다녀와서 포르노 중독을 다 이겼다고 소그룹 모임에서 자랑하고 싶었습니다. 그리고 이른 아침 산에 올라가 맑고 정결한 마음으로 큐티를 했다고 이야기하고 싶었습니다. 그러나 하나님은 "산꼭대기 높은 곳에서 의인의 모습으로 드리는 큐티보다, 이렇게 지질하게 모텔 방에 누워서 드리는 죄인의 큐티를 더 원한다"고 말씀하셨습니다. "또 시험에 넘어져서 포르노를 보았다"고 죽어도 오픈하고 싶지 않은데, 죽기까지 복종하신 예수님의 마음으로 또다시 공동체 앞에서 저의 죄를 오픈하라고 하십니다. 정말 죽기보다 하기 싫은 고백인데, 이런 죄인에게서 영광을 받으시겠다는 하나님의 은혜가 너무 감사해서 이렇게 용기를 내어 저의 죄를 고백합니다. 여러 중독의 문제로 우리들공동체를 찾으신 여러분에게 저의 고백이 작은 위로와 용기가 되기를 소망합니다.

이런 죄가 있기에 이분은 예배 때마다 웁니다. 자기 잘못은 하나도 없다고 하는 사람은 아무리 폐부를 찌르는 설교를 해도 눈물 한 방울 안 흘립니다. 이분은 남잔데도 말씀을 나눌 때마다 눈물을 흘립니다. 그렇습니다. 하나님은 우리의 연약함 때문에 우리를 자녀로 삼으십니다.

"우리는 주님을 늘 배반하나 내 주 예수 여전히 날 부르사…"라는 찬송가(290장) 가사처럼 그 참되신 사랑을 베푸시는 이 주님 때문에 우리가 살아갈 수 있습니다. 나에게 선한 것이 있어서 예수 믿는 게 아닙니다.

∞ 책임을 회피한 적 있습니까? 책임 회피의 결과는 어떠했습니까?

∞ 멸시를 받거나 학대당한 적이 있습니까? 누군가를 멸시하거나 학대한 적은 없습니까? 그 대상은 누구입니까?

∞ 어떠한 문제가 생겨도 내 탓임을 인정합니까?

∞ 내가 환난당하고 고통당해도 하나님이 나를 붙잡아 주신다는 것을 믿습니까?

∞ 몇 차례 노력에도 내가 아직 끊지 못하고 있는 중독은 어떤 것입니까?

저는 믿지 않는 가정에서 태어나 성인이 될 때까지 주변에 믿는 사람이 전혀 없는 환경에서 자랐습니다. 미션스쿨인 중·고등학교를 다니면서도 "하나님을 믿느니 차라리 나를 믿겠다"며 잘난 척을 했습니다.

결혼을 앞두고 배우자를 고르는데 나름대로 학력 수준, 직장 경험, 부모님을 모실 것, 예쁘고 야할 것 등 10가지 기준을 정해 놓고 그에 맞는 여자를 찾았습니다. 그래서 10가지 조건 중에 9가지를 만족시키는 지금의 아내를 만났습니다. 모태신앙인인 아내는 교회 출석을 조건으로 저와 결혼해 주었습니다. 그러나 교회에 출석하겠다는 약속은 결혼하기 위한 수단이었을 뿐 결혼 후에는 교회에 출석하지 않았습니다.

제가 고등학교 2학년 때 사업에 실패한 아버지가 동생과 저를 친척집에 남겨 두고 어머니와 함께 야반도주를 했습니다. 그러나 저를 돌봐주기로 한 친척들은 오히려 집에 있는 쓸 만한 물건들을 다 들고 가 버렸습니다. 저는 그때의 상처로 인해 세상적으로 성공하는 것이 인생의 목적이 되었습니다. 결혼 후에도 가족은 아랑곳하지 않고 오직 성공만을 위해 명절에도 회사에 출근했습니다. 제가 성공하는 것만이 실패를 보상 받고, 가족의 고생을 보상해 주는 길이라고 생각했습니다. 그러나 제 인생을 걸었던 회사가 부도가 나자 몹시 좌절이 되었습니다.

그 무렵 저는 '가정의 평화를 위해' 아내를 따라 교회에 출석하기 시작했는데, 말씀이 들리지도 믿어지지도 않았습니다. 어느 분이 '땅 차지'라는 제목의 목사님 설교를 듣고 나서 "남편이 땅이고, 가장 어려운 땅이 내 자녀라고 하는데 무슨 귀신 씻나락 까먹는 소리냐"고 했다는데, 저도 그랬습니다. 목사님의 설교가 도대체 무슨 말인지 알아들을 수가 없어서 설교 시간에 거의 졸았습니다. 그래도 교회는 다녀야 한다고 하기에 새벽예배, 주일예배, 수요예배를 빠지지 않고 출석하고, 매주 토요일에는 교회 청소를 하면서 행위로 열심을 냈습니다. 사례처럼 공주 같은 아내에게 영웅이 되고 싶어서였습니다.

그러면서 오직 성공하기 위해 벤처기업을 시작했습니다. 하지만 경영이 어려워지자 집에 생활비를 가져다줄 수가 없어서 아내 몰래 금융기관 19군데서 대출을 받았습니다. 그러나 회사 사정은 더 나빠질 뿐이었습니다. 그즈음 제가 열심히 교회 다니는 것이 살신성인의 자세로 희생하는 것 같지만 자존적인 교만에 불과하며, 결국 나도 속고 아내도 속이며 제 자신을 세우려 했던 것임을 깨닫게 되었습니다.

경매로 집이 넘어갈지도 모르는 상황이 되어서야 아내가 그 사실을 알게 되었습니다. 아내는 제가 집에 들어가면 다짜고짜 화를 내고 소리를 지르는가 하면, 자살을 하겠다고 벽에 머리를 박고, 칼을 들고 손목을 긋겠다고 난리를 쳤습니다. 저는 그런 아내를 보면서 공황 상태에 빠져서 모든 사고가 정지되고 아무것도 생각할 수 없는 무기력한 상태가 되었습니다. 밤이면 영원히 깨어나지 않으면 좋겠다는 생각으로 잠이 들곤 했습니다. 매일 싸우는 상황이 괴로워 아내가 이혼하자는 말에 상담소를 찾아가

기도 했지만 이혼 상담소가 아닌 법무사에게 잘못 찾아가 상담을 해 주던 사람의 설득으로 그냥 집으로 돌아오기도 했습니다. 10가지 조건 중 9가지가 맘에 들어 결혼했지만 서로 실수를 인정하지 않고 오로지 무시하고 변명하며 책임을 회피했습니다.

세상 욕심에 젖어 인생을 낭비하고 방황하다가 쥐엄열매조차 주는 이가 없는 환경이 되어서야 말씀이 들리기 시작했습니다. 처음 공동체에 들어갔을 때 웃음기가 전혀 없는 저를 보고 어느 집사님이 "자폐환자인 줄 알았다"고 할 정도로 인간관계가 다 망가진 상태였습니다.

그런 저의 영혼을 하나님께서는 마가복음 1장 1절 "하나님의 아들 예수 그리스도의 복음의 시작이라"는 말씀으로 깨워 주셨습니다. "너를 위해서 그 길을 예비하고 갔다"는 말씀이 깨달아지며 인격적으로 주님을 만나게 되었습니다. 고난이 축복이기에 하나님께서 강권적으로 제게 주신 고난도 받아들여졌습니다. 그래서 벤처기업을 접고 새로운 직장에 취업했습니다. 양육훈련을 통해서 영적 상속자를 낳는 게 중요하다는 것도 깨닫게 되었습니다.

아브람이 갈등도 없이 사래의 말을 들었던 것처럼 저도 얼마 전 하나님께 묻지도 않고 저를 인정해 주는 사람을 의지하여 직장을 옮기게 되었는데 최근 4개월간 월급을 받지 못하고 있습니다. 또 실수를 한 것입니다. 돈에 집착해서 하갈에 의해 세움 받고자 한 사래처럼 하나님을 앞선 교만 때문이었습니다. 이렇게 실수를 하고 또 실수를 해도 구원열차를 타고 공동체에 묶여 가는 것이 제 인생에 있어서 최고의 축복입니다.

말씀으로 기도하기

"나는 믿음 좋고, 죄 없다"고 하는 사람이 가장 무서운 죄인이라고 합니다. 인간은 죄성에서 좀처럼 해방될 수 없습니다. 예수님을 만나서 믿음이 좋아졌다고 할지라도 땅을 딛고 살아야 하기 때문에 우리는 날마다 넘어질 수밖에 없습니다.

여전히 자식 문제 때문에 실수합니다(창 16:1)

다른 집 자식들이 예수 잘 믿고 공부 잘한다는 소리를 들으면 축하하는커녕 속이 상하고 배가 아픕니다. 육적 상속이 급하기에 영적 상속은 아직도 뒷전입니다. 잘난 자식 때문에 자식 자랑하기 바쁘고, 문제 자식 때문에 속이 뒤집어져서 영적 상속자를 생각할 겨를도 없습니다. 여전히 풀지 못하는 자식 문제 때문에 실수할 수밖에 없는 인생을 긍휼히 여겨 주옵소서.

교만 때문에 '나도 속고 너도 속는' 실수를 합니다(창 16:2)

왼손이 하는 일을 오른손이 모르게 하라고 하셨지만 헌신을 하면서도 늘 생색이 납니다. 은근히 나를 드러내고 싶고, 내 수고와 실력을 사람들한테 인정받고 싶습니다. 그러나 칭찬은커녕 그 누구도 몰라주니 섭섭하기 짝이 없습니다. 자존적 교만에 빠진 저를 불쌍히 여겨 주옵소서. 나도 속고 남도 속이는 헌신에서 벗어나, 더욱 낮은 자세로 교회와 지체들을 섬기기 원합니다.

═══ '묻자와 가로되' 하지 않으니 실수합니다(창 16:2)

돌이켜 보니 결혼을 하면서도, 사업을 하면서도 한 번도 '묻자와 가로되' 한 적이 없습니다. 하나님께 여쭌 적도 없고, 하나님 말씀을 들은 적도 없습니다. 오직 내 정욕과 탐심으로 행했습니다. 그로 인해 문제가 생기면 하나님을 원망했습니다. 이제라도 사람 말을 듣지 않고 하나님의 말씀에 귀 기울이며 살아가는 인생이 되기를 원합니다. '묻자와 가로되'의 인생이 될 수 있도록 붙잡아 주옵소서.

═══ 기다리지 못해서 실수합니다(창 16:3)

하나님은 때를 기다리라고 하시지만, 하루하루 인내하며 살아가는 것이 너무 힘듭니다. 자식은 자식대로, 배우자는 배우자대로 나날이 문제를 일으킵니다. 그들이 제자리로 돌아오기를 기다리는 것이 너무나 힘이 듭니다. 기다리다 지쳐서 결국엔 '내 맘대로 인생'을 살았습니다. 그러다 또 돌부리에 걸려 넘어졌습니다. 하나님께서 기다리라고 하시는 뜻을 알기 원합니다. 말씀에 순종하는 성숙한 믿음을 허락하옵소서.

═══ 책임을 회피해서 실수합니다(창 16:4-6)

돈 때문에 자식 때문에 남들한테 무시 받고 멸시 받는 것이 너무나 싫습니다. 내 잘못도 아닌데 주눅 들어 살아야 하는 것이 너무 힘듭니다. 하루에도 몇 번씩 이 집구석을 떠나 버릴까 궁리합니다. 내 자식, 내 배우자의 문제가 나로 인한 것임을 알기 원합니다. "내 탓이요" 하는 인생이 되기를 원합니다. 환난당하고 고통당하다 보니 그동안 제가 믿고 의지하던 사람들이 모두 떠나가 버렸습니다. 진정으로 나를 위로해 주고, 묵묵히 지켜 주시는 분은 오직 하나님뿐이시라는 것을 비로소 알았습니다. 헛된 것을 믿고 추종하던 저를 용서하옵소서. 오직 하나님만이 저를 붙잡아 주신다는 것을 믿는 믿음을 허락하옵소서.

영혼의 기도

아버지 하나님, 아브람이 또 실수를 했습니다. 어떻게 아브람이 또 저런 실수를 할까 납득이 안 되지만, 돌이켜 보니 제게도 풀리지 않는 자녀 문제가 있음을 고백합니다. 내 연민에 빠져서 나도 속고 남도 속는 헌신을 희생이라고 착각하는 인생을 살았습니다. 헌신한다면서도 누가 저를 알아주지 않으면 섭섭해 하고, 저를 세우기에 급급했습니다. 영웅이 되려고 했습니다. 그런 저를 불쌍히 여겨 주옵소서. 그럼에도 저를 버리지 않으시고, 티끌보다 못한 저를 택해 주셔서 이처럼 함께 천국행 열차에 태워 가시니 감사합니다.

주님의 은혜로 천국행 열차를 탔지만, 천국까지 가는 길이 너무나 멀고 험난해서 오늘도 떼를 쓰고 몸부림을 칩니다. 육신의 정욕과 이생의 자랑이 해결 안 돼서 날마다 실수를 하고 넘어집니다. 그럼에도 이 열차에 잘 탑승해 있기를 원합니다. 창문 밖에 제아무리 아름다운 풍경이 펼쳐져 있고, 금은보화가 있다 해도 내리지 않고 끝까지 함께하기를 원합니다. 천국에 도착하는 그날까지 잘 기다릴 수 있도록 인내를 허락하옵소서. 돈 많고 잘나서가 아니라, 오직 하나님의 은혜로 주어진 천국행 티켓이기에 생색내지 아니하고, 교만 부리지 아니하고, 종노릇 잘하며 천국까지 도달할 수 있기를 원합니다.

주님, 배신으로 망가진 인간관계가 아직도 내 탓, 내 책임이라는 생각이 안 듭니다. 툭 치면 변명이 나오고, 책임을 회피합니다. 불쌍히 여기시고, 책임지는 그 한 사람 때문에 천국까지 잘 갈 수 있도록 붙잡아 주옵소서. 가진 것 없어서 멸시 받고, 무시 받는 인생이지만 이 땅에서도 천국을 누리기 원합니다. 자녀 때문에, 교만 때문에 기다리지 못하고, 책임을 회피함으로 또 실수한다 하더라도 끝까지 붙잡아 주옵소서. 넘어지고 또 넘어져도 주님만 부르고, 주님만 의지하며 나아가고자 합니다. 우리의 손을 붙잡아 주옵소서. 예수님 이름으로 기도합니다. 아멘.

chapter _ 2

●
●
●

말씀대로 살지 못하고, 죄성을 버리지 못하니
하나님의 눈길이 늘 두렵기만 합니다. 그래서 오늘도
숨을 곳만 찾는 인생입니다. 불꽃같은 눈으로 우리를 살피시고,
우리의 죄를 심판하시는 하나님의 마음을 알기 원합니다.

나를 살피시는 하나님 ─────────

몇 해 전 말씀을 전하면서 부부들에게 "하루에 한 번이라도 서로 1분 이상 쳐다보라"고 권한 적이 있습니다. 그랬더니 그 1분을 못 쳐다보겠다고, 너무나 어색하다고들 했습니다. 그토록 사랑해서 결혼했어도 1분 동안 서로 쳐다보기가 힘든데, 평생 스물네 시간을 어떻게 바라볼 수 있겠습니까. 제아무리 사랑해도 그렇게 할 수가 없습니다. 혹 그런 사람이 있다면 의부증이나 의처증 환자로 오해 받기 십상입니다.

그런데 역대하 16장 9절에 "여호와의 눈은 온 땅을 두루 감찰^{監察}하사 전심으로 자기에게 향하는 자들을 위하여 능력을 베푸시나니 이 일은 왕이 망령되이 행하였은즉 이후부터는 왕에게 전쟁이 있으리이다"라고 했습니다.

유다의 유명한 성군 아사 왕에게 준 말씀입니다. 아사 왕은 집정 초기에 하나님의 도우심으로 우상을 타파하고 개혁을 아주 멋지게 해냈습니다. 그런데 개혁을 성공시킨 다음에는 하나님을 싹 옆으로 제쳐 놓고 아람 왕 벤하닷을 의지했습니다. 그러자 선견자 하나니는 "왕이 망령되이 행하였 은즉 이후부터는 왕에게 전쟁이 있으리이다"라고 예언했습니다. 아사 왕은 이 말을 듣고 선견자 하나니를 옥에 가두고 백성을 학대했습니다. 이후 아사 왕은 발에 병이 들어 위독할 지경이 되었는데, 그가 '하나님을 의지하지 않고 의원을 의지했'고 성경은 기록하고 있습니다(대하 16:10-12). 그런데 이 말씀이 아사 왕에 대한 마지막 기록입니다. 믿음이 아무리 좋아도 마지막 기록이 중요합니다.

우리에게 믿음이 있다면 시공을 초월하여 온 땅을 감찰하시는 하나님을 알아야 합니다. 고통의 때에도, 힘든 때에도, 내가 죄를 지을 때도 하나님이 나를 보고 계시다는 믿음을 가져야 합니다. 이런 믿음을 가지면 감찰하시는 하나님을 모르는 사람과는 행동과 생각이 근본적으로 다를 수밖에 없습니다. '감찰한다'는 말은 '돌본다'는 뜻이기도 하지만 '심판한다'는 의미이기도 합니다. 이 말은 하갈이나 아사 왕 같은 사람에게만 적용되는 말이 아닙니다. 믿음이 온전한 사람에게만 적용되는 것도 아닙니다. 전도서 12장 14절에 "하나님은 모든 행위와 모든 은밀한 일을 선악 간에 심판하시리라"고 했습니다. 하나님은 우리 모두를 두루 살피기도 하시지만, 우리의 모든 행위를 두고 선악 간에 심판하기도 하십니다. 그래서 더욱 좋으신 하나님입니다.

아브람은 사래의 교만으로 인해 또 실수를 하고 말았습니다. 하나님의 약속을 끝까지 기다리지 못하고 하갈을 들여서 아들을 잉태케 했는데, 축복은커녕 쪽박을 차게 되었습니다. 하갈도 결국 도망이라는 극단적인 선택을 합니다. 그럼에도 불구하고 하나님은 끝까지 하갈을 살피십니다.

하나님은 우리를 살피시는 분입니다

7 여호와의 사자가 광야의 샘물 곁 곧 술 길 샘 곁에서 그를 만나

8 이르되 사래의 여종 하갈아 네가 어디서 왔으며 어디로 가느

냐 그가 이르되 나는 내 여주인 사래를 피하여 도망하나이다

(창 16:7-8)

'어디서 와서 어디로 가는가?'는 우리 인생에게 주어진 영원한 숙제입니다. 그 누구도 알 수 없는 문제를 하나님의 사자가 묻습니다. 여러분은 어디서 와서 어디로 가고 있습니까? 인생의 출발지와 도착지를 모르면 그 인생은 헛될 수밖에 없습니다. 허무한 인생입니다. "살아 보니까 결국 허무하더라"는 말밖에 할 것이 없습니다. 모든 일이 그렇습니다. 제아무리 시작이 좋아도 끝이 안 보이면 그것은 결국 실패한 것입니다. 출발을 아무리 잘해도 도착해야 할 곳을 모르면 방황할 수밖에 없습니다. 아무 곳으로

51

나 갑니다. 하나님을 모르고 성경을 모르면 인생의 출발지와 도착지를 알수 없습니다.

하갈이 어디서 왔습니까? 하나님의 사자가 물었을 때 하갈은 아브람집에서 막 도망 나온 길이었습니다. 믿음 좋은 집에 거하고 있다는 게 얼마나 축복인지도 모르고, 단지 사래의 학대가 두려워 그 집을 떠나온 것입니다. 애굽의 종노릇하다가 아브람 덕분에 축복의 땅으로 와서 아브람의씨까지 잉태하게 된 하갈인데, 그래서 아브람 집에 잘 붙어 있는 게 축복인데 그 집을 뛰쳐나온 것입니다.

전도서 10장 4절에 "주권자가 네게 분을 일으키거든 너는 네 자리를 떠나지 말라 공손함이 큰 허물을 용서받게 하느니라"고 했습니다. 배우자가분을 내어도 집을 떠나지 말라는 것입니다. 그것이 공손이고, 그런 공손함이 있으면 큰 허물도 용서받을 수 있다는 것입니다. 그래서 부부싸움을 해도 짐 싸들고 집 나가면 안 됩니다. 싸워도 인상 쓰지 말고, 밥 먹을 거 다챙겨 먹고, 절대로 먼저 집 나가지 말아야 합니다. 붙어 있어야 합니다. 그러면 반드시 이길 것입니다.

아무리 문제가 많아도, 힘든 식구가 아무리 못 살게 굴어도 그들과 함께 있어야 합니다. 나 홀로 광야에 있는 것보다 그게 훨씬 낫습니다. 가정은 내가 죽을 때까지 지키고 있어야 할 곳입니다. 행여 감정 절제가 안 되어 문을 부수고밖으로 나갔다고 해도 해지기 전에는 꼭 들어가야 합니다. 밖에서 단 하루라도 밤을 새우면 안 됩니다. 그래야 이 영적 전쟁에서 이길 수 있습니다.

내가 있어야 할 곳을 떠나는 것도 인간의 죄성 때문입니다. 하나님은

"아담아, 네가 어디 있느냐"며 아담을 찾으셨습니다. 가인을 향해서는 "네 아우 아벨이 어디 있느냐"며 아벨을 찾으셨습니다. 원죄 이후 인간의 마음 속에는 하나님의 눈을 피해 도망가려는 본성이 자리 잡았습니다. 하나님 으로부터 도망가고 싶어 하는 죄성이 누구에게나 있습니다.

그런데 지금 하갈이 어디로 가려고 합니까? 7절에 보니 '광야의 샘 곁 곧 술 길'이라고 했습니다. 술 길은 애굽으로 가는 경계선입니다. 그곳만 지나면 애굽에 도달하게 됩니다. 하갈은 애굽 여자입니다. 세상 여자예요. 세상에서 종노릇하던 여자를 믿음의 종노릇하라고 불렀는데, 다시 세상 종노릇하러 애굽으로 가는 것입니다. 축복의 땅, 약속의 땅을 코앞에 두고 잠시 받는 고난을 참지 못해 세상을 향해 도망간 것입니다. 믿음생활 좀 하려니 끊어야 할 것, 내려놓아야 할 것이 너무 많아서 '에라, 모르겠다' 하 고 믿음을 포기하고 다시 술독에, 게임에 빠져 버린 꼴입니다.

도망가서 하나님의 눈에서 벗어나면 죄도 훨씬 편한 마음으로 짓게 됩 니다. 하나님의 감찰에서 벗어나면 결국 죄에 빠져 살 수밖에 없습니다. 중독에서 벗어날 수 없습니다.

날마다 도망가는 사람은 자녀도 그렇게 도망가는 인생을 살 수밖에 없 습니다. 부모가 중독에 빠져 있으면, 그 가정에서 자란 자녀들은 부모의 중 독을 혐오하면서도 결국엔 자라서 똑같은 중독자가 되는 경우가 많습니다.

"아빠는 왜 그렇게 만날 화난 것처럼 행동하고 우리에게 소리를 질러?"

아이가 알코올중독자인 아빠에게 이런 질문을 하면 아빠는 "직장에서 안 좋은 일이 있었다"는 식으로 합리화합니다. 사실은 술에 취해 있으면서도 그렇게 말합니다. 그런 환경에서 자란 아이는 친구들이 "너희 아빠가 만날 술을 먹어서 너는 참 힘들겠구나?" 하면 아이는 "아니야, 우리 아빠가 지금 직장이 맘에 안 드셔서 그런가 봐. 일자리가 바뀌면 괜찮을 거야" 하고 합리화합니다. 자기 아빠에게 배운 그대로 합리화하는 것입니다.

이런 과정을 통해 아이는 아버지가 지니고 있던 중독자의 자기기만과 전형적인 중독의 논리를 자연스럽게 터득하게 됩니다. 집안에서 부모의 행동을 공유하기 시작하는 것입니다. 집안에서 부부가 남편의 도박 때문에, 빚 때문에 늘 똑같은 싸움을 되풀이하면 부모의 싸움을 말릴 힘이 없는 자녀는 아무도 자신을 해칠 수 없는 장소로 피해 가서 '돈 많이 가지고 혼자 사는 상상'에 빠진답니다. 부모와 마찬가지로 자신의 고통을 마비시키려고 노력하고, 고통을 멈추기 위해 상상 속에서 사는 것입니다. 어떠한 문제가 일어나도 진실되게 직면하지 못하고, 상상 속에서 합리화만 하는 것입니다.

담배 피우는 사람은 담배 피우는 사람이 편하고, 술 좋아하는 사람은 술꾼 친구가 제일 좋지 않습니까? 왜 그럴까요? 같은 언어를 쓰는 사람들이 편하기 때문입니다. 중독은 이렇게 전염되고, 대물림됩니다.

크레이그 네켄이 쓴《중독의 심리학》이라는 책에 따르면, 폭식하는 사람들은 음식을 먹는 동안 안전함을 느낀다고 합니다. 또한 섹스 중독자는 포르노 잡지를 보면서 자기의 고통과 괴로움을 마비시킨답니다. 인간은 영적 존재이기 때문에 자연스레 초월을 갈망하면서 중독이 주는 황홀감에 이끌리게 된다는 것입니다. 중독이 주는 황홀감이 신과 연결되었다고 착각한답니다. 그러나 그런 방식으로 연결되려는 노력은 결국 절망과 두려움과 비통함을 낳게 되고, 영성과 인간성을 점점 잃게 합니다.

크레이그 네켄이 상담을 진행하면서 만난 한 중독자는 해가 뜰 무렵이면 또 하루를 살아야 한다는 암담함 때문에 매일 아침 엉엉 울었다고 합니다. 하지만 이것은 실낱같은 회복의 희망이 보이는 경우랍니다. 중독의 회복은 중독자의 내면에서 시작되고, 자신이 중독자임을 스스로 인정하는 순간부터 시작되기 때문입니다. 자신을 괴롭히던 것이 물질이나 환경이 아님을 인정하면서부터 회복이 시작되는 것입니다. 자신이 중독자라는 걸 인정하는 게 치료의 시작입니다. 섹스 중독, 술 중독, 게임 중독, 도박 중독…. 우리들교회에선 수많은 중독자들이 눈물을 흘리며 "내가 중독자"라고 날마다 고백합니다. 이것을 스스로 인정하고 오픈하니 치유가 저절로 일어납니다.

∞ 나는 어디서 와서 어디로 가고 있습니까?

∞ 내가 지금 도망하다시피 해서 떠나온 곳은 어디입니까?

∞ 핍박과 멸시에도 불구하고 내가 지키고 있어야 할 곳은 어디입니까?

∞ 벗어나기 힘든 중독이 있습니까? 그 중독에서 벗어나기 위해 어떤 노력을 하고 있습니까?

하나님은 고통 중인 우리를 살피십니다

———

여호와의 사자가 그에게 이르되 네 여주인에게로 돌아가서 그 수
하에 복종하라(창 16:9)

하갈이 목숨을 걸고 사래로부터 도망쳐 나왔는데, 여호와의 사자가 다시
돌아가라고 합니다. 돌아가면 죽을지도 모르는데 말이지요. 게다가 "복종
하라"고 합니다. '복종하라'는 직역하면 '네 자신을 괴롭히라', '학대에 네
자신을 놓아라'라는 뜻입니다. 멸시하는 사래가 싫어서 도망쳤는데, 다시
돌아가서 멸시를 받으라는 것입니다.

하나님은 사래의 인격을 인정해서 하갈로 하여금 복종하라는 것이 아
니었습니다. 하갈더러 자신의 자리에서 복종하라는 명령입니다.

질서란 위대한 것입니다. 여자는 강한 뼈이고, 남자는 바람에 흩날리
는 흙먼지 같은 존재입니다. 여자가 남자보다 여러 면에서 강인하고 탁월
합니다. 그러나 연약한 자를 들어 쓰시는 하나님은 남자를 머리로 세웠습
니다. 여자가 아무리 뛰어나도 남자가 머리라는 걸 인정해야 합니다. 남자
라는 인격에 복종하는 게 아니고 위치에 복종하는 것입니다. 하나님은 그
렇게 질서를 세우시고, 그 질서로 우리를 다스리십니다. 그 질서를 어기는
것은 불순종입니다. 아내가 더 잘났다고 집안을 이끌어 가면 그 가정은 무
너지게 되어 있습니다.

사도 바울의 원래 이름은 '큰 자'라는 뜻의 사울이었습니다. 그런데 예수를 믿고 나서 '작은 자' 바울로 이름을 바꿨습니다. 거기서 더 나아가 예수 그리스도의 '종', 즉 '둘로스'라고 고백했습니다. '둘로스'는 생사여탈권이 주인에게 있고, 새 한 마리 값도 안 되는 비천한 종, 배를 타고 가다가 바다에 버려져도 누가 뭐라 하지 않는 그런 종입니다. 바울처럼 "나는 새 한 마리 값도 안 되는 종이다"라는 정도의 비천함을 가져야 나에게서 예수 그리스도를 나타낼 수 있지 않겠습니까.

다행히도 하갈은 돌아가라는 하나님의 말씀이 저주가 아니라 '나를 살리기 위한 축복의 말씀'임을 깨달았습니다. 한때는 아브람의 씨를 잉태했기에 사래와 맞먹고 싶었던 하갈이지만, 자신이 '새 한 마리 값도 안 되는 종'임을 인정하고 주인과 종의 관계, 하나님의 질서에 순종하기로 한 것입니다.

하갈이 말씀에 순종하여 돌아가기를 결정하니 하나님은 세 가지 약속을 주십니다.

> 10 여호와의 사자가 또 그에게 이르되 내가 네 씨를 크게 번성하여 그 수가 많아 셀 수 없게 하리라 11 여호와의 사자가 또 그에게 이르되 네가 임신하였은즉 아들을 낳으리니 그 이름을 이스마엘이라 하라 이는 여호와께서 네 고통을 들으셨음이니라(창 16:10-11)

하갈의 자식들이 크게 번성할 것이라고 약속하십니다. 자손을 셀 수 없을 정도로 많이 주겠다고 축복하십니다.

두 번째 약속은 아들을 주신다는 것입니다. 더욱이 여호와의 사자가 그 이름까지 지어 주셨습니다. 그리고 하나님께서 하갈의 고통을 들었다고 합니다. 하갈이 하나님께 자신의 고통을 호소했다는 것입니다. 하갈이 기도를 했다는 뜻입니다. 하나님은 곤경에 처한 자의 기도는 그 누구라도 들어주십니다.

하나님께서 "사래의 여종 하갈아"라고 부르셨을 때 하갈은 "나는 내 여주인 사래를 피하여 도망하나이다"(창 16:8)라고 대답했습니다. 하갈은 자기 주제를 알고 있었습니다. 비록 도망쳐 나왔지만 자기가 사래의 종이라는 걸 인정하고 있었습니다. 이렇게 솔직하게 고백하니 하나님께서 그 기도에 응답하시고, 아들 이스마엘을 주시는 축복을 주셨습니다.

> 그가 사람 중에 들나귀같이 되리니 그의 손이 모든 사람을 치겠고
> 모든 사람의 손이 그를 칠지며 그가 모든 형제와 대항해서 살리라
> 하니라(창 16:12)

그런데 하갈이 낳을 아들 이스마엘이 들나귀같이 되리라고 합니다. 들나귀는 사람이 없는 들이나 광야에 사는 길들여지지 않은 야생 나귀입니다. 성경에서는 지각이 없는 허망한 사람을 '들나귀 새끼 같다'(욥 11:12) 하고, 끊임없는 욕정으로 가득 찬 사람을 '광야에 익숙한 들암나귀'(렘 2:24)에 비유했습니다. 그 들나귀 같은 아들이 장차 모든 사람을 칠 것이라고 합니다. 뿐만 아니라 모든 사람의 손이 그를 칠 것이라고 합니다. 치고받

는다는 것입니다. 그래서 모든 형제와 대항하게 된다고 합니다. 끊임없이 전쟁과 분쟁을 일으키는 아들이라는 것입니다.

하나님은 아브람에게 밤하늘의 뭇별과 같이 많은 영적 상속자를 주겠다고 분명히 약속하셨는데, 느닷없이 하갈을 통해 폭력적인 아들을 주신다고 합니다. 하갈 입장에서는 좋다 말았지만, 그래도 그게 어딥니까? 들나귀 같은 아들을 주면서도 "죽으리라" 하지 않고, "살리라" 하셨습니다. 죽지 않고 잘 산다는 것입니다. 그리고 크게 번성하리라고 하셨습니다. 너무나 나쁜 짓을 많이 하지만 번성하고, 죽지 않는다고 약속하셨습니다.

'여호와의 사자'는 성육신하신 예수님을 예표합니다. 하나님께서 비천한 모습으로 찾아오셔서 비천한 하갈을 차별하지 않고 마주하신 것입니다. 비록 하나님께서 직접 말씀하신 것은 아니지만 여호와의 사자가 와서 그것도 9~12절에서 네 번씩이나 천한 여종인 하갈에게 하나님의 약속을 전했습니다. 지금까지 사래와는 대화 한 번 한 적 없던 하나님이십니다. 그래서 감격한 하갈이 뭐라고 고백합니까?

> 13 하갈이 자기에게 이르신 여호와의 이름을 나를 살피시는 하나
> 님이라 하였으니 이는 내가 어떻게 여기서 나를 살피시는 하나님
> 을 뵈었는고 함이라 14 이러므로 그 샘을 브엘라해로이라 불렀으
> 며 그것은 가데스와 베렛 사이에 있더라(창 16:13-14)

믿음 없는 종의 신분에 불과하던 하갈이 "나를 살피시는 살아 계신 하

나님"이라고 고백했습니다. 또 그것을 영원히 기억하기 위해 그 자리에 있던 샘의 이름을 '브엘라해로이'라고 불렀습니다. 귀하게 여길 이유가 하나도 없는 자신에게 하나님이 사자를 보내고 약속의 말씀을 주시니 하갈이 감격할 수밖에 없습니다. "어떻게 감히 나 같은 것이 하나님을 만나고…." 감격에 못 이겨 하나님을 만난 그 우물에 기념비적인 이름을 붙임으로써 고통 중에 자신을 살피시는 하나님께 찬송과 영광을 돌렸습니다.

그런데 하나님께서 하갈을 이렇게 축복하시면 이제 사래와 아브람은 어떻게 되는 걸까요? 그들에게 영적 상속은 물 건너간 것일까요? 영적 상속은 이제 하갈과 그의 아들 이스마엘에게 넘어간 걸까요?

∞ 지금 고통 중에 있습니까? 그 고통의 원인은 무엇입니까? 그 고통을 하나님께 아뢰었습니까?

∞ 하나님의 질서에 잘 순종하고 있습니까? 순종이 잘되지 않는 나의 문제는 무엇입니까?

∞ 내가 '새 한 마리 값도 안 되는 종'만큼 비천한 존재라는 것을 인정합니까?

∞ 불순종에도 불구하고 내가 누리고 있는 육적 축복은 무엇입니까?

∞ 내가 영원히 기억해야 할 '브엘라해로이'는 무엇입니까?

하나님은 속지 않으시고 죄악을 살피십니다

---

15 하갈이 아브람의 아들을 낳으매 아브람이 하갈이 낳은 그 아들
을 이름하여 이스마엘이라 하였더라 16 하갈이 아브람에게 이스마
엘을 낳았을 때에 아브람이 팔십육 세였더라(창 16:15-16)

하나님께서 약속하신 대로 하갈은 아브람의 아들을 낳습니다. 그리고
하나님께서 지어 주신 대로 그 이름을 이스마엘이라고 합니다. 그런데 우
리가 여기서 분명히 인식해야 할 것은, 아무리 믿음 좋은 부모가 낳은 자
식이라도 육신에 의한 출생으로는 언약의 영적 상속자가 될 수 없다는 것
입니다. 이스마엘이 아무리 잘나가고 번성해도 그는 결국 날마다 형제를
치는 '들나귀'에 불과합니다. 크게 번성하고 자기 하고픈 대로 살아도 결
국 형제와 원수가 되어서 삽니다. 믿음의 형제와 원수가 된다는 것은 말씀
이 들리지 않는 인생임을 의미합니다. 이스마엘은 제아무리 아브람의 피
를 받은 아들이라도 하나님의 약속으로 말미암은 아들이 아닙니다. 아브
람과는 상관이 있을지 몰라도, 하나님과는 아무런 상관이 없습니다. 육적
인 후손은 될지언정 영적인 후손은 될 수가 없습니다. 육신의 혈통에 불과
합니다. 믿음이 4대, 5대로 이어져도 하나님과는 상관없는 자녀들이 많습
니다. 아버지가 장로여도 어쩔 수 없는 경우가 있습니다.

그럼에도 하나님은 아브람의 씨를 귀하게 여겨서 이스마엘을 축복하

셨습니다. 단지 아브람의 후손인 것만으로 이렇게 귀하게 여기십니다. 하물며 예수 그리스도 씨가 있는 우리는 얼마나 귀하게 여기시겠습니까. 이스마엘은 육체를 따라 난 자입니다. 하나님의 계획대로, 하나님의 말씀대로 태어난 영적 상속자가 아니었기에 아브람은 여전히 약속의 자손을 기다려야 했습니다. 그 약속의 자손은 아브람이 100세가 되었을 때 경수가 끊어진 사라를 통해, 인간의 능력으로는 불가능한 방법에 의해 기적적으로 오게 됩니다. 그러니 내 힘으로, 내 뜻대로 할 수 있는 게 없습니다. 육적으로 쑥쑥 낳고, 세상적으로 잘 키운다고 약속의 자손이 되는 게 아닙니다. 좋은 음식 먹여서 건강하게 키우고, 좋은 학교 보낸다고 약속의 자손이 되는 게 아닙니다. 영적 후손, 영적 상속자는 하나님의 계획으로 주어지는 것입니다.

그런데 이 육적 후손이 영적 상속자보다 먼저 열매를 맺는 것이 늘 문제입니다. 이스마엘이 이삭보다 먼저 태어난 것처럼 야곱의 자손 중 요셉 자손이 북이스라엘의 조상이 되어서 맞은편에 사는 남유다의 유다 자손을 평생 괴롭혔습니다. 육의 자손들이 영적 자손보다 일찍 열매를 맺어서, 영적 자손들의 영성을 흔들어댑니다. 이 세상에서 제일 무서운 싸움은 이삭과 이스마엘의 싸움입니다. 그래서 내가 가장 치열하게 싸워야 할 영적 전쟁의 대상은 바로 내 곁에 있습니다. 이스마엘 같은 내 가족, 내 이웃입니다.

하나님께서는 이쪽저쪽 형편과 수준에 맞게 우리의 죄악을 두루 살피시지만 특별히 문제가 많은 사람을 더욱 살피십니다. 그래서 하갈은 물론 선견자 하나니를 옥에 가두고 의원을 더 의지한 아사 왕을 감찰하신 것입니다.

그렇다면 하나님은 사래를 어떻게 살피셨나요? 15-16절의 이 짧은 구절에 아브람의 아들을 낳았다고 하갈의 이름이 세 번이나 기록되어 있습니다. 그러나 사래에 대한 언급은 단 한 마디도 없습니다.

사래는 하갈을 통해 아들을 낳아 자신이 세움을 입고자 했습니다. 그러나 하나님의 방법이 아니었기에 전혀 세움을 입지 못했습니다. 그런 사래에 대해 하나님은 침묵하십니다.

내 자식이 일류 대학을 가더라도 하나님의 방법대로가 아니라면 내 자식을 통해 내가 세움을 입지 못합니다. 어릴 때부터 일류 대학 보내려고 과외시키고 학원 보내느라 하나님 품에서 멀어지게 하면, 그 자녀가 일류 대학에 들어가더라도 부모는 결코 세움 받기 힘듭니다. 세움은커녕 자녀로부터 무시당할 수 있습니다. 그런 경우를 많이 봤습니다. 이스마엘의 자손처럼 하나님 품으로 영원히 돌아오지 않을 수도 있습니다. 이스마엘이 따로 없습니다. 하나님 없이도 계속 번성하면 그 눈에 하나님이 보이지 않습니다. "내가 이래 봬도 믿음의 몇 대 손이다" 하고 부르짖으며 오히려 믿는 사람을 멸시하고 핍박하고 원수처럼 여깁니다. 그럼에도 죽지 않고 잘만 삽니다.

그러니 믿는 우리는 헷갈릴 수밖에 없습니다. 그러나 여기에 속으면 안 됩니다. 이 세상은 너무 짧습니다. 평생 고생하더라도 천국을 소망하며 믿음의 자녀로 살아야 합니다.

아브람은 믿음의 조상이고 복의 근원입니다. 세상 모든 족속의 조상이자 복의 근원으로 부르심을 받았는데, 이렇게 깨어진 가정을 가지고 어떻게 복의 근원이 되겠습니까. 여종을 통해 자식을 낳는 게 당시로서는 관행이었다 하더라도 아브람은 하나님 자녀로 부름 받았기에 안 믿는 사람들이 죽었다 깨어나도 못할 적용을 했어야 합니다. 좁은 길, 십자가의 길을 걸어야 했습니다. 사래가 하갈과의 동침을 제안했어도 거절해야 했습니다.

사래 또한 마찬가지입니다. 아브람에게 그런 제안을 하지 말아야 했고, 하갈이 부득이 잉태를 했으면 학대하지 말아야 했습니다.

부부가 이처럼 하나님의 언약을 무시하고 자기 정욕대로 행했으니 어찌 복의 근원이 되겠습니까? 복의 근원이란 십자가 지는 인생을 말합니다. 희생하지 않고는 복의 근원이 될 수 없습니다. 집안에 며느리가 들어와도 내가 희생하지 않으면 복의 근원이 될 수 없습니다. 아니, 며느리 앞에서 희생하라니요? 그게 말이나 됩니까? 그래서 복의 근원이 십자가인 것입니다.

이 실수는 아브람과 사래에게 평생 올무가 되었습니다. 아브람이 하갈 사건을 통해 저지른 실수는 믿음의 초창기 때와는 차원이 다릅니다. 그 실수로 낳은 이스마엘 때문에 지금 이 세대에까지 이스라엘과 이스마엘이 원수가 되었습니다. 당대에서 끝나지 않고 지금껏 중동 분쟁으로 이어지고 있습니다. 이스마엘이 지금껏 나를 괴롭히는 이유는 아브람에게서 비롯된 것입니다. 사래의 자존적 교만이 빚어낸 죄의 결과입니다.

오늘 잘못된 결정이 집안 대대로 올무와 짐이 될 수 있습니다. 지금 내가 겪고 있는 고난도 결국 나의 실수에 의한 것입니다. 오늘 잘못한 나의 결정이 우리 가족의 일생을 좌우합니다. 한순간의 잘못된 결정으로 불신결혼을 하고, 자녀를 육적으로 양육합니다. 그러나 이 모든 실수가 평생의 짐이 될 수 있습니다.

하갈도 자식을 갖고 싶었기에 사래의 제안을 얼른 받아들였을 것입니다. 사래도 자식 타령을 하며 나발을 불었습니다. 그러나 이 두 여인을 구속사적인 관점으로 보면, 하늘과 땅 차이입니다. 하갈은 결국 자식을 내려놓지 못했습니다. 자식이 너무 잘생기고 좋으니까 약속의 땅을 떠났습니다. 내 자식밖에 모르니 영적 상속은 자기와는 아무 상관이 없었습니다. 이게 바로 하갈입니다. 그에 비해 사래는 어땠습니까?

아브람과 사래는 하나님께서 더 훈련을 시키시므로 이삭을 산제사로 드립니다. 자식을 내려놓습니다. 이처럼 자식을 내려놓는 것이 가장 큰 믿음의 본이요, 최고의 롤 모델이 됩니다. 자식을 내려놔야 영적 상속의 열매가 많이 맺힌다는 걸 아브람과 사래가 보여 주었습니다. 같은 아브람의 씨이지만 사래가 낳은 이삭은 대대손손 축복의 자손이 되고, 하갈이 낳은 이스마엘은 대대손손 원수의 입장에 서게 됩니다.

우리는 아브람과 사래의 실수와 순종을 객관적으로 보아야 합니다. 하나님은 우리에게 늘 책임을 물으시는 분입니다. 같은 실수를 해도 믿는 사람은 불신자보다 더 큰 책임을 져야 합니다. 그러므로 하나님께서는 사래에게 더 혹독하게 죄의 책임을 물으십니다. 하갈보다 더 혹독하게 다루십니다. 대장간의 대장장이가 쇠를 달구고 두들겨 연장을 만들듯 그렇게 연마해 가십니다. 그렇게 두들겨 맞는 것이 고난입니다. 그런데 이 날마다의 고난이 우리의 능력이 됩니다. 고난이 축복입니다. 그래서 하나님이 나를 살피시며 혹독하게 다루시는 것에 감사해야 합니다.

성경은 쉴 새 없이 행위가 아니라 믿음이라고 강조합니다. '사래가 시킨 대로 했을 뿐인데 하갈이 무슨 죄가 있어 선택 받지 못하는가? 이스마엘이 뭘 잘못해서 영적 상속자가 못 되는가?' 싶지만, 죄가 많아도 말씀을 붙잡고 자기의 부족을 아는 사람이 영적 상속자가 됩니다. 아무리 의로워도 자기 죄를 모르는 사람은 영적 상속자가 못 됩니다. 구원은 행위가 아니고 믿음이기 때문입니다. 그런데 우리는 끊임없이 행위로 판단합니다. 그러니 창세기 16장을 보면 별로 교훈될 것이 없어 보입니다. "어, 이상하네, 이스마엘도 잘됐네?" 합니다. 물론 잘됩니다. 잘되지만 거기까지입니다. 하나님은 진리이시고, 두루 살피시는 분이기에 결코 속지 않으십니다. 우리도 행위에, 겉모습에 혹하면 안 됩니다.

우리들교회 일대일 양육자의 나눔을 소개합니다. 결혼한 지 8년 만에 시험관 아기 시술을 받고 아기를 얻은 이분이 두 분의 동반자를 양육하게 되었는데, 그중 한 분은 7년간 네 번의 시험관 아기 시술 끝에 겨우 아기를 가졌고, 또 한 분은 인공수정을 네 번이나 하며 임신을 애타게 기다리는 분입니다. 시험관 아기 시술을 받으면 생존율을 높이기 위해 '선택유산'을 하게 되는데, 이 양육자 분이 나눔을 하면서 "나도 과거에 시험관 아기 시술을 받고 선택유산해서 아기를 낳았다"고 했더니 가르침을 받는 동반자 한 분이 "낙태하셨네" 하더랍니다.

그 말을 듣고 가슴이 쿵하고 내려앉았답니다. 이 양육자는 자식이 없는 고난을 8년이나 겪다가 시험관 아기 시술을 받고 겨우 쌍둥이를 얻게 되어 감사함은 있었지만 선택유산이 죄라는 생각은 추호도 한 적이 없었습니다. 그저 의사들이 하는 시술의 한 종류로만 생각했습니다. 그래서 그동안 누가 낙태했다는 이야기를 들으면 "나는 그런 죄 짓지 않게 해 주셔서 감사합니다" 했습니다.

그런데 동반자의 말을 듣고 정신이 번쩍 들었습니다. 무엇이 하나님의 방법인지에 대해 고민하고 묻지 않았음을 알게 되었습니다. 그리고 그제야 이분은 자기 죄를 깨닫게 되었습니다.

사래와 아브람이 하갈을 통해 자식을 얻으려 한 것도 그 당시에는 그 누구도 죄라 하지 않았습니다. 그러나 하나님은 그 믿음 없는 행위를 살펴셨습니다. 아브람이 원했고, 사래가 택했고, 하갈이 잉태함으로 얻은 아들이라 해도 그 이스마엘이 영적 상속자가 되지 못했습니다. 내 모든 인생도 아브람이나 사래와 다를 바 없습니다. 내가 고통 중에 기도하여 잉태하고 낳았을지라도, 하나님의 방법으로 시작하지 않았으면 육의 자손에 불과합니다. 하지만 지금부터라도 깨닫고 회개하면 그 어떤 육의 자손이라도 영의 자손으로 바꿔 주실 것을 믿습니다.

사래는 하나님의 감찰을 피하지 않고 묵묵히 자기 죄를 보며 살았습니다. 그리고 13년 후에 영적 상속자인 이삭을 낳았습니다. 그러나 든든한 육적 상속자를 얻은 하갈은 이스마엘과 함께 영원히 제 갈 길로 떠나 버렸습니다. 여러분은 어느 길을 택하시겠습니까?

∞ 하나님께서 약속하신 대로 주신 축복이 있습니까? 그것은 무엇입니까?

∞ 내가 가장 치열하게 싸우고 있는 영적 전쟁의 대상은 누구입니까?

∞ 하나님의 침묵을 경험한 적이 있습니까?

∞ 자녀로부터 무시당한 적이 있습니까?

∞ 내 평생 올무가 된 나의 가장 큰 실수는 무엇입니까?

우리들 묵상과 적용

저는 어렸을 때부터 늘 집을 떠나고 싶었습니다. 아버지는 알코올중독에다 여자 문제로 늘 어머니를 괴롭혔습니다. 그로 인해 우리 세 딸들은 절대로 엄마 속을 썩여서는 안 된다는 무언의 압력 속에 짓눌려 살았습니다. 그래서 저는 가족이 삶의 희망이자 원동력이라는 말을 세상에서 제일 싫어했습니다.

제 인생의 목적은 일찍부터 나 자신의 행복이었습니다. 그리고 제가 가장 행복해지는 길은 영화감독이 되는 것이라 믿고, 12년간 영화감독이 되기 위해 온갖 노력을 기울였습니다.

몇 년 전에 엄마와 살기 싫다고 나가서 살던 아버지가 치매로 쓰러져 병원에 입원을 시켰습니다. 그런데 친척들은 멀쩡한 사람을 입원시켰다며 아버지를 데리고 가더니 일방적으로 어머니에게 이혼을 통보해 왔습니다. 이혼장이 날아온 날은 바로 제 결혼식 전날이었습니다. 이튿날 결혼식을 하는 내내 겉으로는 웃고 있었지만 속은 공황상태 속에서 제정신이 아니었습니다. 게다가 그 일 이후로 언니를 우상 삼던 엄마가 더 이상 언니가 엄마의 자랑이 되지 못한다며 매사에 잔소리하고 불평을 늘어놓았습니다. 저는 그런 엄마를 감당하기가 너무 힘들었습니다.

그즈음 남편은 결혼생활 초기에 영화 일로 외국에 나갔다가 방탕한 생활을 한 것이 양심에 걸린다며 외도 사실을 고백했습니다. 아버지에 대한 상처와 두려움이 있는 저는 남편의 고백을 듣고 배신감에 사로잡혔습니다. 시시때때로 사소한 일에 분노가 폭발하여 물건을 부수고, 남편에게 "너 때문에 내 인생에 되는 일이 없다", "나가라"며 퍼부어대곤 했습니다.

'세상에 믿을 건 나 자신밖에 없다'는 확고한 신념으로 저는 더욱더 영화감독이 되기 위한 준비에 매달렸습니다. 하지만 거의 4년을 준비한 영화가 좌절되고 말았습니다. 다시 시작하면 된다고 스스로 다독였지만 단한 줄도 시나리오를 쓸 수가 없었습니다. 늘 위안과 즐거움을 주던 영화, 책, 드라마를 봐도 재미가 없었고, 무슨 일을 해도 즐거움도 감동도 슬픔도 아무것도 느낄 수가 없었습니다. 제 영혼은 너무나 메말라 마지막 풀한 포기마저 다 죽어 버린 황무지처럼 느껴졌습니다.

같은 회사에서 영화를 준비 중인 친구에게 이런 저의 상태를 얘기했더니 그 친구는 자신의 이야기를 들려주었습니다. "예수를 믿으면서 인생의 목표가 영화감독이 아니라 사람을 살리는 것이 되었다"는 것과 "고통 주는 아버지를 미워했지만 그 속에서 자신의 악한 모습을 보게 되었다"고 말입니다. "부모의 잘못이 어째서 내 탓이냐"고 반박하는 제게 그 유명한 창세기의 아담과 하와 이야기를 해 주었습니다. 선악과를 따먹으면서 하나님처럼 눈이 밝아져 옳고 그름을 따지며 다른 사람을 판단하는 원죄가우리 모두에게 있다는 것이었습니다.

신기하게도 그 말을 듣는 순간, 제가 엄마 때문에 괴로운 것은 엄마가잘못했고 틀렸다고 늘 엄마를 비판하는 제 마음 때문이라는 생각이 들었습니다. 그리고 마음이 편안해졌습니다. 엄마만 생각하면 늘 치밀어 오르던 울화가 사라진 것입니다.

그 친구는 제게 김양재 목사님의《큐티하는 자는 복이 있나니》라는 책을 선물로 주었습니다. 평소 같으면 관심도 없었을 책인데, 제 맘에 일어난 변화가 너무 신기해서 책을 읽게 되었고 재미있어서 손에서 놓아지지 않았습니다. 마태복음 5장 3절의 '심령이 가난한 자'가 바로 저라는 생각이 들었고, 제힘으로 할 수 있는 일이 아무것도 없다고 느껴지는데도 오히려 마음이 편안했습니다.

그러나 처음 우리들교회에 와서 예배를 드리던 날, 목사님께서 "인생의 목적은 행복이 아니고 거룩이다"고 하셔서 불만스러웠습니다. 하지만 두 번째 참석한 예배에서 창세기 9장 11절 "내가 너희와 언약을 세우리니 다시는 모든 생물을 홍수로 멸하지 아니할 것이라"는 구절을 읽는데 갑자기 목이 메고 눈물이 쏟아졌습니다. 예배가 끝날 때까지 눈물이 멈추지 않았고, 새가족 모임에 가서 집사님들의 간증을 들으며 '나도 살아나리라'는 희망을 가지게 되었습니다.

이후로 예배에 참석하고 성경 말씀을 보면서 인생이 어디서 와서 어디로 가는지 몰랐기에 헛된 인생을 살아 허무했던 것을 깨닫게 되었습니다. 하나님은 살아 계시고 저를 이끄셨다는 것을 알게 되었습니다. 남편의 외도도 제가 하나님을 믿지 않아서 저를 부르시기 위해 남편이 수고한 사건이라는 것을 알게 되었습니다. 아직도 사소한 일로 남편에게 화를 내고 싸우곤 하지만 목사님이 "부부싸움을 하더라도 밥 잘 먹고 집 나갈 생각하지 말라"고 하셔서 이혼 생각은 완전히 접고 싸우니 교회를 멀리하던 남편이 저를 따라 교회에 나오게 되는 축복도 주셨습니다. 엄마를 대할 때도 저의 죄를 보고, 엄마가 주님을 영접하여 마음의 평안을 찾게 해달라고 기도합니다.

영화감독이라는 목표도 아직 버리지 못했지만 제힘으로 할 수 있는 것은 아무것도 없기에 모든 것을 하나님께 맡기고 나니 오히려 편안해졌습니다. 살피시는 하나님께서 고통 중에 제 기도를 들어주셔서 하갈과 같은 경험도 하게 하셨습니다. 그러나 지금 힘든 문제들이 해결된다고 해도 하갈처럼 주님을 떠나지 않을 것입니다. 지금껏 애굽의 종노릇하며 살았지만 이제부터라도 믿음의 종노릇하려고 합니다. 아브람과 사래가 실수해도 말씀을 붙들어 복의 근원이 된 것처럼 저도 믿고 가려 합니다. 하나님이 저의 가장 큰 힘이 되어 주시니 정말 든든합니다.

말씀으로 기도하기

하나님의 약속을 끝까지 기다리지 못하고, 내가 하나님이 되어 내 뜻대로 살면 큰 실수를 할 수밖에 없습니다. 나를 살피시는 하나님의 눈길이 두려워 어두운 곳만 찾아다니게 됩니다. 이제라도 하나님의 자녀 되기를 원한다면 우리를 살피시는 하나님의 시야에서 벗어나지 말아야 합니다.

하나님은 우리를 살피시는 분입니다(창 16:7-8)
약속의 때를 기다리는 것이 너무나 힘들어 오늘도 내 맘대로 인생을 살았습니다. 또다시 큰 실수를 하고 말았습니다. 내 교만으로 지은 죄가 너무 부끄러워 숨고 싶을 때가 한두 번이 아닙니다. 우리를 살피시는 그 하나님의 눈길이 두렵기만 합니다. 그러나 불꽃같은 눈으로 우리를 살피시는 하나님의 감찰이 하나님의 사랑임을 알기 원합니다.

하나님은 고통 중인 우리를 살피십니다(창 16:9-14)
축복으로 누려야 할 고난이 너무나 견디기 힘들어 하루에도 몇 번씩 도망갈 궁리를 합니다. 그러나 다시 돌아가 복종하라고 하십니다. 돌아가서 그 자리를 지키라고 하십니다. 문제 많은 자식, 원수 같은 배우자가 싫어서 지긋지긋한 집안을 박차고 나왔는데, 다시 돌아가서 멸시 받고 복종하라고 하십니다. 저의 비천함을 깨닫고, 하나님의 질서에 잘 순종하며 살아갈 수 있도록 인도해 주옵소서.

<u>═══</u> 하나님은 속지 않으시고 죄악을 살피십니다(창 16:15-16)

내 힘으로, 내 뜻대로 쑥쑥 낳고, 좋은 음식 먹여서 건강하게 키우고, 좋은 학교 보내면 그것으로 부모의 도리를 다하는 것으로 알았습니다. 그러나 영적 상속자는 하나님의 계획으로 주어지는 것이고, 하나님의 방법대로가 아니면 육의 자손에 불과하다는 것을 이제야 깨닫습니다. 이제라도 내 정욕대로 살지 않고, 하나님의 때를 잘 기다리며 살아가기를 원합니다. 독수리의 눈동자로 살펴 주옵소서.

영혼의 기도

아버지 하나님, 사래와 아브람이 큰 실수를 했는데, 피해자인 하갈이 도망자의 인생을 살게 됩니다. 결국 하나님 곁을 떠나게 됩니다. 아브람과 사래처럼 저희도 형제를 학대하고 이웃을 멸시함으로 그들로 하여금 하나님으로부터 영원히 멀어지게 할 수도 있다는 생각이 듭니다. 뿐만 아니라 저희 역시 하나님 앞에서 지은 죄가 부끄러워 하나님의 눈을 피해 도망가고 싶을 때가 한두 번이 아님을 고백합니다. 학대를 피해 도망간 하갈의 고통을 살피셨듯이 저희의 일거수일투족을 살펴 주시기를 원합니다.

주님, 하나님께서 13년의 침묵을 통해 혹독한 책임을 물으심으로 사래와 아브람을 믿음의 조상이 되게 한 것처럼, 우리 가운데 혹독하게 책임을 물어야 할 사건이 있습니까? 아무리 불러도 하나님이 응답하시지 않는 사건이 있다면, 그 사건을 통해서 우리를 영적 상속자로 세워 주실 것을 굳게 믿습니다. 잘나고 강한 이스마엘이 아니라 너무나 연약한 이삭을 통하여 영적 상속이 이루어진 것을 보며, 연약한 저희를 통해 그 영적 상속이 이어질 것을 믿습니다.

주님, 저희에게 주신 약속의 말씀들을 인내하며 기다리지 못하고, 사래처럼 교만을 부리며 인간적인 방법을 선택하며 살아왔습니다. 하나님의 감찰을 피해 내 맘대로 선택한 일들이 평생의 올무가 되었습니다. 짐이 되었습니다. 이제라도 이 모든 것을 회개하고 나아가기를 원합니다. 결단하기를 원합니다. 주님 부르시는 그날까지 혹독한 심판 가운데 있다 하더라도 끝까지 하나님의 때를 기다리는 영적 상속자가 되게 도와주옵소서. 모든 삶을 하나님의 방법대로 살아가게 해 주시고, 붙들어 주시옵소서. 두렵고 떨리는 마음으로 하나님을 바라보고 갑니다. 불꽃같은 눈으로 우리를 살펴 주옵소서. 예수님 이름으로 기도합니다. 아멘.

chapter _ 3

●
●
●

아이도 공부를 잘하고, 남편도 돈을 잘 벌면 더 이상 바랄 게

없다고 생각합니다. 하지만 이 세상 꿈을 다 이루고 살아도

우리를 향한 하나님의 꿈은 따로 있다고 하십니다.

그 꿈이 무엇인지 알기를 원합니다.

하나님의 꿈 ———————

언젠가 우리들교회 홈페이지에 첫 결혼에 실패한 30대 중반의 자매가 글을 올렸습니다. '이혼녀'라는 꼬리표를 달고 사는 것도 그렇고, 먹고사 느라 직장생활 하는 것이 너무 힘들어 한국을 떠나고 싶었는데 얼마 전 완벽한 남자를 만나 결혼을 했다는 소식을 전했습니다. 재혼한 남편은 한 달 수입이 자그마치 자신의 1년 연봉에 달할 만큼 돈도 잘 버는 데다 멋 진 펜트하우스까지 소유하고 있답니다. 결혼식 땐 유명 패션디자이너 브 랜드인 '베라왕' 드레스를 입혀 주고, 고급 승용차 한 대 값과 맞먹는 비싼 다이아 반지를 끼워 주었답니다. 뿐만 아니라 결혼하고 나니 속옷 빨래까 지 해 주는 도우미를 붙여 주고 한도가 엄청난 신용카드까지 선물해 주었

79

답니다. 돈만 많은 게 아니라 정력도 좋아서 부부관계도 자주 갖고 리드도 참 잘한다고 합니다. 게다가 너무나 자상해서 회사는 일주일에 하루만 출근하고 늘 자매와 함께 있으며, 하루에도 수십 번씩 "사랑한다"고 말한답니다. 좀 성가신 것이 있다면 "미모와 젊음을 잘 간직하라"고 은근히 압력을 행사하는 것이라나요? 그러나 이 자매는 글의 말미에 "제가 행복에 겨워 주제 파악을 못하는 걸까요? 남편이 저를 너무 사랑해 주어서 걱정입니다"라고 썼습니다.

이 정도 되면 여자로서의 꿈을 완전히 이룬 것 아닐까요? 한때 이혼녀였던 이 자매의 이야기를 듣다 보면 '지금 사람 염장 지르나?' 하고 생각할 수도 있습니다. 그런데 이 자매는 왠지 행복하지가 않고 자꾸만 불안하다는 것입니다. '계속 사랑받고, 사랑하면서 행복하게 살 수 있을까?' 염려가 된답니다. 왜 그런 것일까요? 그녀가 비록 모든 걸 다 가지고, 여자로서의 꿈을 다 이루었다고 한들 그녀를 향한 하나님의 꿈은 아직 이루어진 것이 아니기 때문입니다.

그렇다면 이 자매를 향한 하나님의 꿈은 무엇일까요? 나를 통해 이루고자 하시는 하나님의 꿈은 어떤 것일까요?

하나님의 꿈이 이루어지기까지는 시간이 필요합니다

아브람이 구십구 세 때에 여호와께서 아브람에게 나타나서 그에게

이르시되(창 17:1a)

창세기 16장 마지막 절(16절)에 따르면 아브람이 하갈을 통해 이스마엘을 얻은 때가 86세였습니다. 그리고 17장 첫 절이 시작되며 아브람의 나이가 99세가 되었다고 합니다. 이스마엘을 낳고 13년이라는 시간이 흘렀습니다. 그 긴 세월 동안 아무런 말씀도 없던 하나님께서 무려 13년 만에, 아브람이 99세가 되던 때에 나타나셨습니다. 하나님께서는 왜 이토록 오랫동안 침묵하셨을까요?

하나님의 약속을 기다리지 않고 하갈을 통해 이스마엘을 낳은 것이 얼마나 기가 막히셨으면 13년 동안이나 아무 말씀을 안 하셨겠습니까? 아브람과 말도 섞기 싫으셨던 모양입니다. 두루 살피시는 하나님이지만 아브람이 꼴도 보기 싫었던 모양입니다. 하나님의 보살핌에서 벗어난다는 것은 엄청난 형벌입니다. 말씀에서 벗어나면 악한 열매를 맺을 수밖에 없습니다.

무엇보다 아브람은 아들 이스마엘이 너무 좋았습니다. 그토록 소원하던 아들이 생겼으니 사람들이 "마누라의 종과 동침해서 낳은 자식"이라고 수군대고 손가락질해도 개의치 않았을 것입니다. 자신의 대를 이

어 줄 상속자가 있으니 더 이상 부러울 게 없었겠죠. 마음 한쪽으로는 찜찜했지만 그럴수록 '부러' 하나님과의 관계를 외면하고 싶었을 것입니다. 하나님께서 택한 백성임에도 불구하고, 말씀대로 살지 않고 "괜찮아, 좀 어때" 하며 자신을 합리화했겠지요.

아브람이 어떤 사람입니까? 산전수전 다 겪으면서도 때마다 하나님의 도움을 입은 사람 아닙니까? 그런데 아들이 워낙 잘생기고 든든하니까 이제는 하나님의 은혜 '따위'는 없어도 살 만한 인생이 된 것입니다. 이스마엘이 믿음 없는 아들이란 것도 알았지만 그래도 무조건 좋았습니다. '믿음은 나중에 생기겠지' 했습니다. 그러니 "얘가 영적 상속자가 되면 안 될까요?" 하며 이상한 기도도 했을 것입니다. 이런 아브람이니 그 마음에 하나님이 들어갈 틈이 있었겠습니까? 그 마음에 회개함이 조금이라도 있었겠습니까?

아브람처럼 우리도 '영적 상속'이 영원한 숙제입니다. 자식 공부시키느라 하나님이 들어갈 틈이 없는 부모들이 너무 많습니다. 다들 '열심히 공부해서 좋은 데 취직한 후에 교회 다니면 되지 뭐'라고 생각합니다. 근데 그 자식들이 성공해서 예쁜 여자랑 결혼하고 잘 살면 하나님을 찾아갈 것 같습니까? 그들의 삶에 하나님이 들어갈 틈이라도 있겠습니까? 그러다간 닭 쫓던 개 지붕 쳐다보듯 자식을 바라보는 부모가 되고 말 것입니다.

하나님께서도 늘 우리를 닭 쫓던 개 지붕 쳐다보듯 바라보십니다. 울고불고 땅을 치며 기도하다가도 뭔가 좀 이루어지면 금세 딴청 피우는 것이 우리입니다. 하나님이 보시기에 그런 우리가 너무나 안타깝지 않겠습니까?

아브람이라고 별수 없습니다. 영적 상속자 만들라고 하나님이 갈대아 우르에서 불러냈는데, 이스마엘 때문에 그 사명을 다 잊어버리고 말았습니다. 재롱떠는 거나 보라고 하나님이 아들을 준 게 아닌데, 사명과 목적을 완전히 망각해 버렸습니다. 이런 아브람을 하나님이 어쩌시겠습니까? 여러분이라면 어떡하겠습니까? 자식이 내 말을 안 듣는다고, 나를 배반한다고 연을 끊으시겠어요? 그럼에도 자존심 다 내려놓고 치사하지만 또 찾아가는 것이 부모입니다. 자식들만 생각하면 그런 철천지원수가 없는데, 자식들 때문에 눈물 흘릴 수밖에 없는 것이 부모입니다. 자식은 부모를 잊고 안 찾아와도 부모는 자식을 찾아갑니다. 13년 만에 아브람 앞에 나타나신 하나님, 정말 치사함을 무릅쓰고 그렇게 아브람을 찾아오신 것입니다.

아브람 입장에서 보면 갈대아 우르에서 떠나올 수 있었던 것도 그만한 믿음이 있었기에 가능했습니다. 그러나 그 누구도 완전한 사람은 없습니다. 믿는다고 다 능사가 아닙니다. "예수 믿는데 능치 못한 일이 뭐가 있냐?" 하지만 이것이 다가 아닙니다. 예수를 믿어도 넘어지고 또 넘어집니다. 그래서 날마다 사건이 오고, 그 사건들을 통해 덕이 생기고, 지식이 생기고, 절제와 인내가 생기고, 덕목이 생기는 것입니다. 믿음이 견고해지는 것입니다. 나를 통해 하나님의 꿈이 온전히 이루어지기 위해선 이러한 과정이 필요합니다. 기다림과 오래 참음의 시간이 필요합니다.

∞ 내게 침묵하시는 하나님을 경험한 적이 있습니까? 그 침묵의 원인은
  무엇입니까?

∞ 나의 믿음을 물려줄 나의 영적 상속자는 누구입니까?

∞ 예수를 믿은 후에도 내 욕심과 정욕 때문에 넘어진 사건이 있습니까?

하나님의 꿈을 이루려면 우리가 완전해져야 합니다

___

나는 전능한 하나님이라 너는 내 앞에서 행하여 완전하라(창 17:1b)

예수님도 "하늘에 계신 너희 아버지의 온전하심과 같이 너희도 온전하라"(마 5:48)고 하셨습니다. '온전하라, 완전하라'는 게 무슨 뜻입니까? 언제나 하나님이 계신 것처럼 행동하라는 이야깁니다. 그런데 왜 완전하라고 하십니까? 당연히 우리가 완전하지 못하기 때문입니다. 아브람도 99세가 되도록 완전하지 못했습니다. 하나님의 약속을 믿고 기다리지 못하고, 아내의 종 하갈로부터 이스마엘을 낳았어도 회개했다는 말이 성경에는 한마디도 없습니다. 회개하지 않았다는 것이죠. 13년이란 긴 세월이 흘렀어도 회개는커녕 그 일이 잘못된 것이라는 사실을 전혀 깨닫지도 못한 것입니다.

하나님은 하나님의 자녀인 우리를 향해 많은 기대를 품고 계십니다. 건

강하기를 원하십니다. 지혜롭기를 원하십니다. 넉넉한 마음으로 세상을 품기 원하십니다. 또 세상을 담고도 더 큰 마음을 갖기 원하십니다. 행복하기를 원하십니다. 이토록 완전하기를 원하세요. 그리고 완전해진 우리를 통해 이 세상을 완전하게 만들고자 하십니다.

그런데 어찌 우리가 완전해질 수 있겠습니까? 우리가 완전해지는 길은 오직 한 길, 완전하신 하나님을 닮는 것입니다. 아브람과 우리 모두는 하나님의 형상을 따라 지어졌습니다. 그런데 우리 스스로 하나님 곁을 떠남으로 그 형상을 잃어버렸습니다. 닮으란 아버지는 안 닮고, 자꾸 세상을 닮아 가려고 안달을 부립니다. 그 꼴이 말이 아닙니다. 하나님 보시기에 얼마나 딱하겠습니까? 스스로 완전해질 수도 없고, 그런 꼴로는 도저히 세상을 완전하게 할 수 없으니 하나님께서 직접 우리를 완전하게 해 주겠다고 하십니다. 잃었던 자기 자식의 모습을 되찾으시겠다는 것입니다.

흔히 전능하신 하나님을 '엘로힘'^{Elohim}이라고 합니다. 그러나 여기서는 '엘로힘'보다 더 전능하신 '엘 샤다이'$^{El\ Shaddai}$라는 호칭으로 하나님을 표현하고 있습니다. 전능하신 하나님께서 어떤 중대한 역사를 행할 때만 사용한 호칭이 여기에 기록된 것을 보면, 엄청난 역사를 통해 우리를 완전하게 하시겠다는 것입니다. 그냥 단순히 전능하신 정도가 아니고, 우리 인간으로서는 도저히 이룰 수 없는 불가능의 상황에 개입해서 위대한 자신의 역사를 행하시겠다는 것입니다.

그 위대한 역사가 무엇입니까? 그것은 바로 예수님이 우리 죄를 위해 십자가에 못 박혀 죽으신 것입니다. 하나님의 목표는 오직 거룩이기에 그 역사를 통해 우리의 죄를 사해 주신 것입니다. 우리를 향한 하나님의 꿈, 최고의 목적이 바로 거룩이고, 구별됨이고, 깨끗한 것이기 때문입니다.

그렇다면 과연 우리는 어떻게 해야 깨끗해질 수 있을까요?

"만일 우리가 우리 죄를 자백하면 그는 미쁘시고 의로우사 우리 죄를 사하시며 우리를 모든 불의에서 깨끗하게 하실 것이요"(요일 1:9)라고 했습니다. 우리가 우리 죄를 자백하면 깨끗게 해 주십니다. '진정한 완전'은 나의 불완전, 내 죄를 보는 것입니다. 가장 완전하게 되는 것은 무엇보다 내 죄를 쏟아 내는 것입니다. 그것이 곧 내가 완전케 되는 비결입니다.

> 2 내가 내 언약을 나와 너 사이에 두어 너를 크게 번성하게 하리라
> 하시니 3 아브람이 엎드렸더니 하나님이 또 그에게 말씀하여 이르
> 시되(창 17:2-3)

13년 만에 나타난 하나님이 큰 번성을 약속하시자, 그제야 아브람이 하나님 앞에 엎드립니다. 13년 동안 하나님을 '굳이' 외면하고 살던 아브람입니다. 살아 있는 하나님의 말씀이 아브람의 관절을 찌르고, 골수를 쪼개고, 심령을 뚫으니 그때서야 반응한 것입니다.

그리고 "내 앞에서 행하여 완전하라"는 말씀이 들리니, 그동안 자신이 얼마나 불완전했고, 죄 가운데 살았는지를 알게 되었습니다. 썩어질 세상의 정욕을 피해서 신의 성품에 참여하려면 이렇듯 말씀이 들려야 합니다. 말씀이 내 것이 되어야 합니다. 그 말씀을 통해 내 죄와 부족을 보는 것이

곧 완전함을 이루는 것입니다.

내 자신의 불완전을 보지 못하면 미가서 6장 8절 말씀처럼 '정의를 행하며, 인자를 사랑하며, 겸손히 하나님과 동행'할 수 없습니다. 날마다 나의 불완전함과 부족함을 보느냐 안 보느냐에 따라 자신의 완전지수를 가늠할 수 있습니다. 죽는 날까지 '나는 불완전한 사람이다. 부족한 사람이다'라는 것을 아는 사람이 하나님 앞에서 완전히 행하는 사람입니다. "너는 내 앞에서 행하여 완전하라"는 말씀을 듣기 전까지만 해도 아브람은 하나님 보시기에 자신이 얼마나 불완전하고 부족한지 알지 못했습니다. 그러니 회개도 없었습니다. 회개가 없는 사람은 완전히 행할 수 없습니다.

∞ 나는 하나님의 형상을 얼마나 잘 유지하고 있습니까? 내가 잃어버린 하나님의 형상은 무엇입니까?

∞ 나의 불안전함과 부족함은 무엇입니까?

∞ 나의 완전함을 위하여 반드시 자백해야 할 죄는 무엇입니까?

시간이 걸리더라도 하나님은 반드시 꿈을 이루십니다

———

4 보라 내 언약이 너와 함께 있으니 너는 여러 민족의 아버지가 될
지라 5 이제 후로는 네 이름을 아브람이라 하지 아니하고 아브라

함이라 하리니 이는 내가 너를 여러 민족의 아버지가 되게 함이니

라(창 17:4-5)

하나님께서는 아브람의 이름을 바꾸면서까지 굳센 의지를 가지고 당신의 꿈을 확실히 이루겠다고 하십니다. '존귀한 아버지'라는 뜻의 이름을 가진 아브람으로 하여금 "여러 민족의 아버지가 돼라"시며 '여러 민족의 아버지'라는 뜻을 가진 '아브라함'이라는 새 이름까지 지어 주십니다. '아브라함', '여러 민족의 아버지'라는 이름만 들어도 하나님께서 그를 통해 이루어 가시려는 꿈이 어떤 것인지 대충 짐작되지 않습니까?

그러나 아브람으로선 그동안 '존귀한 아버지, 고귀한 아버지'라는 이름에도 불구하고 자식 하나 없는 것이 서운했습니다. 백세가 다 되어서야, 그것도 아내의 여종을 통해 겨우 아들 하나를 얻었습니다. 그런데 '여러 민족의 아버지'라는 뜻을 가진 이름을 새로 지어 주시니 '이게 뭔 소린가?' 했겠죠. 그로 말할 것 같으면 기근을 피해 애굽으로 가고, 죽을 위기에 처하니 아내를 팔아먹고, 자식 얻으려고 아내의 여종과 동침한 사람 아닙니까? 자식 하나 얻고는 13년 동안이나 아쉬울 것 없다고 하나님을 찾지도 않던 인간입니다. 이런 사람에게 어느 날 하나님이 찾아오셔서 "너는 여러 민족의 아버지가 될지라" 하면 그 말이 믿어지겠습니까? "아멘" 하고 믿겠습니까? 아브람으로서도 그 말씀이 도저히 믿어지지 않았을 것입니다.

하지만 이게 은혜가 아니고 무엇입니까. '내가 잘나서 내가 하나님의 꿈을 확실히 이루어 드린다'가 아닙니다. 이처럼 형편없는 사람을 하나님

의 꿈을 이루는 도구로 삼아 주시겠다는 것이 은혜입니다. 아브람이 아브라함 되는 것이 은혜입니다.

내가 잘나서 나로 하여금 예수 믿게 하신 것이 아닙니다. 나는 매 순간 죄짓는 일밖에 한 게 없는데, 하나님이 그런 나를 부르셔서 여러 민족의 아버지로 만들어 주시겠다는 것입니다. 학벌이 좋아서 여러 민족의 아버지가 되는 게 아닙니다. 이것은 하나님의 확실한 의지입니다. 엘 샤다이, 전능하신 하나님께서 이 일을 하시겠다고 합니다.

> 7 내가 내 언약을 나와 너 및 네 대대 후손 사이에 세워서 영원한
> 언약을 삼고 너와 네 후손의 하나님이 되리라 8 내가 너와 네 후손
> 에게 네가 거류하는 이 땅 곧 가나안 온 땅을 주어 영원한 기업이
> 되게 하고 나는 그들의 하나님이 되리라(창 17:7-8)

이제 하나님은 아브라함에게 가나안 땅까지 다 주겠다고 하십니다. 육의 것까지 다 주신다는 것입니다. 하나님은 실제로 아브라함의 자손을 크게 번성케 하셨습니다. 이스마엘을 통해서도 아랍 족속이 나왔지 않습니까. 최근 미국의 퓨리서치센터가 공개한 '세계 종교 지형 변화 보고서'에 따르면 2015년을 기준으로 아브라함을 자신의 선조로 믿는 무슬림이 17억 명이나 된다고 합니다. 아브라함의 후손인 유대인은 세계 곳곳에 흩어져서 세계 경제의 상권을 잡고 있고, 아브라함의 영적 상속자인 크리스천은 22억 명이 넘습니다. 73억 세계 인구 중에 절반이 넘는 사람들이 아

브라함을 육적 영적 조상으로 삼고 있습니다. 할렐루야. 이렇게 죄 많이 짓고 형편없던 아브라함을 여러 민족의 아버지로 삼으신 것입니다.

하나님께서 아브라함에게 번성의 축복을 주신 것은 혈통으로, 육으로서의 아버지가 아니라 믿음의 아버지로서 크게 번성하라는 것입니다. 비록 내 아들을 낳지 못하고, 또는 낳은 아들이 속을 썩일지라도 영적 상속을 이어 갈 수 있도록 축복을 주신 것입니다. 이 축복을 통해 아브라함에게서 이스라엘과 유대의 열왕이 나왔습니다. 만왕의 왕이신 예수님이 탄생하셨습니다. 그리고 내가, 우리가 태어났습니다. 우리를 통해 영적 상속자들이 끊임없이 이어질 것입니다.

하나님은 아브라함처럼 형편없는 우리를 통해서 여러 민족의 아버지가 되게 하시고, 하나님의 뜻을 이루어 가십니다.

존 맥스웰의《작은 시작》이라는 책에 이런 일화가 소개되어 있습니다.

만 명의 사람이 모인 곳에서 빳빳한 50달러짜리 지폐를 들고 "이 50달러를 원하시는 분 계십니까?" 하니 여기저기서 손을 들었답니다. 그래서 그 50달러를 막 구겨서 다시 "아직도 이 돈을 원하십니까?" 하니 역시나 여기저기서 손을 들었습니다. 이번에는 그 돈을 발로 짓밟아 너덜너덜하고 더럽게 한 다음 "아직도 이것을 원하시는 분?" 하니 그럼에도 여전히 사람들이 손을 들었답니다.

이 일화에서 우리가 얻어야 할 교훈이 무엇입니까? 내가 아무리 구겨지고 더럽혀지고 밟히고 침 뱉음을 당해도, 하나님은 항상 나를 가지겠다고 손드시는 분이라는 것입니다. 왜냐하면 나는 구겨지고 밟혀도 여전히 하나님의 형상을 지닌 하나님의 소중한 자녀이기 때문입니다. 나는 그만큼 소중하고 가치 있는 사람입니다. 이 땅에서 제아무리 밟히고 침 뱉음을 당하고 형편없는 인생을 살았어도 그래서 "나는 아니야, 아니야" 해도 하나님은 끊임없이 "너는 소중하고 가치 있는 존재야"라고 말씀하십니다. 그래서 하나님은 포기하지 않고 나를 갖겠다며 손을 드십니다.

그런데 정작 우리는 자기의 가치를 모릅니다. 나를 소중히 여기지 않고 스스로를 평가절하합니다. 형편없는 일에 자신을 팔아넘깁니다. 사탄에게 팔아넘깁니다. 그러나 하나님 앞에서 죄인인 것을 스스로 깨닫는 사람은 자신의 가치를 알기에 세상을 향해 당당하게 나아갈 수 있습니다.

어떤 분은 "왜 죄를 고백해야 해요? 세상에서 그렇게 했다간 손가락질만 받고 살아남기 힘들어요" 합니다. 그러나 내 죄를 깨닫고 내 죄를 고백하는 사람은 하나님께서 잊지 않고 찾으십니다. 늘 찾아오셔서 "너는 내 아들이라. 너를 둘도 없이 사랑한다"고 하십니다. 내가 잘나서가 아닙니다. 내가 비록 구겨지고 상했어도 하나님의 형상을 지닌 하나님의 자녀이기에 하나님께서 더없이 소중하고 가치 있게 여겨 주시는 것입니다.

아브라함이 그랬던 것처럼 오랜 동안 하나님이 누구신지도, 무슨 말씀을 하시는지도 모르는 한 집사님이 있습니다. 명문대 출신에 큰 회사 임원까지 하면서 오랫동안 신앙생활을 했지만 여태껏 '침묵하시는 하나님'의 뜻을 못 알아듣습니다. 아들이 하나 있는데 세상적으로 잘나가고 속 썩이지 않으니까 교회 안 나와도 아무렇지도 않게 생각합니다. 이 가정에서 애통해하며 발을 동동 구르는 분은 오직 부인뿐입니다. 그래도 참 은혜로운 것은 이분이 주일이면 어김없이 교회에 출석한다는 겁니다. 바람을 피우는 것도 아니고, 돈을 못 버는 것도 아니고, 주일성수를 안 하는 것도 아니고, 남편으로서도 전혀 부족함이 없습니다. 너무나 의롭고 교회도 잘 나오는데, 문제는 말씀이 안 들리는 것입니다. 우리들교회 개척 초기에 주차 봉사를 시켰더니 까만 선글라스를 끼고 나와 주차 봉사도 열심히 했습니다. 좋은 회사 임원이라서 그런지 책임감 하나는 참 투철하더라고요. 그런데 집에 제사라도 있는 날이면 주차 봉사만 달랑 하고 예배는 안 드리고 그냥 횡하니 가 버립니다.

그렇게 너무나 안 변하는 분이 우리들교회에 또 한 분 있습니다. '검은 선글라스 집사님'과 말씀 안 들리기로 쌍벽을 이루던 분인데, 그분이 '오랜' 양육 끝에 소그룹 모임의 리더가 됐습니다. 그런데 그분이 소그룹을 처음 맡으면서 '검은 선글라스 집사님'을 불쌍히 여겨 "나는 드디어 리더가 됐는데, 그분은 아직도 말씀이 안 들리는 모양이니 그분을 내가 맡고 있는 소그룹으로 보내 달라"고 했습니다. 그 말을 전해들은 '검은 선글라스 집사님'의 아내 집사는 '기회는 이때다' 싶어 남편에게 "그 소그룹으로 옮기자"고 했답니다. 그랬더니 '검은 선글라스 집사님' 왈 "나는 여기저기 옮겨 다니는 사람이 아니야!" 하면서 부인에게 화를 버럭 내더랍니다. 한마디로 자존심이 상했던 것이지요. "그 인간이 얼마나 말을 안 들었는지 내가 아는데, 그렇게 말 안 듣는 인간 밑에 내가 갈 것 같으냐" 했대요. 그런데 그렇게 화를 내던 '검은 선글라스 집사님'이 아내 집사님의 권유대로 그 주에 즉시 새로 편성된 소그룹 모임에 나타났습니다. 제일 늦게 참석해서는 별 미안한 기색도 없이 "오늘 리더께서 신장개업 하신다 해서 내가 왔다"고 했답니다.

그날 모임에서 어떤 분이 "아내가 한 달 반 동안 가출했다가 이제야 들어왔다"고 나눔을 했습니다. 다들 "돌아온 아내 업어 주시라", "앞으론 아내에게 더 잘하시라"고 권면하는데 '검은 선글라스 집사님'이 대뜸 "가출로 말하면 김양재 담임목사님이 도사이시다. 가출의 원조요, 원로이시다" 이랬다는 겁니다. 목사님도 가출했는데 누군들 못하겠느냐는 의미로 한 말이지요. 리더가 말씀에 입각해 한 지체에게 처방을 하고 있는데, 이분이 중간에 툭 치고 들어와서는 "첫날부터 너무 빡세면 손님 다 떨어져 나간다"고 충고했다네요.

그날 소그룹 모임 보고서가 꽤나 긴 분량인데, 서너 시간 넘게 나눔을 하는 동안 이분의 말은 고작 이렇게 세 마디뿐이었습니다. 그래도 몇 년 동안 소그룹 모임에 와서 한 마디도 안 하던 분이 장족의 발전을 한 것입니다.

하나님께서는 13년 만에 아브라함을 찾아오셨습니다. 우리가 아무리 치사하게 굴어도 하나님은 언젠가 찾아오십니다. '검은 선글라스 집사님'에게도 하나님은 반드시 찾아오실 것입니다. 말씀이 들리지 않아도 개척 때부터 우리들교회 공동체에 붙어 있는 분입니다. 하나님께서는 그 점을 귀하게 여기십니다.

어떤 분은 소그룹 모임 보고서에 이런 나눔을 올렸습니다. 그동안 살면서 은밀한 선을 행한 것으로, 자신의 은밀한 악행을 정당화해 왔답니다.

"내가 은밀히 좋은 일을 하면, 나의 은밀한 악도 다 감추어지는 것처럼 생각했다"는 것입니다. 그런데 '우리를 살피시는 하나님'을 알고 나서 "완벽히 감춘다고 해서 내가 완전해지는 게 아니란 것을 알게 되었다"고 합니다. 그렇습니다. 자기 죄를 보는 것이 완전을 이루기 위한 첫걸음이고, 내가 부족한 것을 선포하는 것이 곧 하나님의 꿈을 이루기 위한 출발입니다.

우리를 향한 하나님의 꿈이란 어떤 것입니까? 우리를 완전하게 하는 것입니다. 그렇다면 어떤 사람이 완전한 사람인가요? 어떤 사랑이, 어떤 가정, 어떤 교회가 완전합니까?

가장 완전한 것은 나의 불완전을 아는 것입니다. 아브라함이 오늘 눈물을 흘리며 하나님께 엎드렸습니다. 오늘 내가 아무리 구겨지고 밟히고 찢겨졌어도 하나님은 "내가 여기 있다" 하시며 언젠가는 나를 찾아오십니다. 그리고 나를 향한 꿈을 이루어 가십니다. 다만 말씀이 안 들릴수록 시간이 좀 걸릴 따름입니다.

∞ 영적인 아버지가 되기 위해 내 삶에 우선 적용해야 할 것은 무엇입니까?

∞ 하나님께서 나에게 주신 꿈이 있습니까? 그것은 무엇입니까?

∞ 하나님의 꿈을 이루기 위해 나는 지금 어떤 노력을 하고 있습니까?

우리들 묵상과 적용

촌부村夫였던 아버지는 자기 대에서 가난을 끊고 자식을 통해 세움 받고 자 막노동 등 닥치는 대로 일을 하며, 열 살 된 저를 산골에서 도시로 유학 보내고 대학원까지 학비를 지원해 주었습니다. 몸을 불사르는 아버지의 헌신을 보며, 저는 열심히 공부해서 세상에 이름을 내어 부모님의 소원을 이루어 드리고 싶었습니다. 그러나 고달픈 생활로 인해 어머니에게 자주 혈기와 폭력을 휘두르는 아버지는 제겐 마음 터놓고 대화할 수 없는 두려 운 존재였습니다.

저는 대학 입시를 앞두고 친구의 전도로 교회에 나가 세례를 받았고, 커서는 외교관이 되어 외국으로 나가 선교도 하는 꿈을 품었습니다. 그러 나 거듭된 외교관 시험의 실패로 위장병을 앓게 되었고, 급기야 군 복무를 앞두고 모든 걸 포기하고 이스마엘을 잉태한 하갈이 사래의 학대를 피하 여 도망치듯 고향으로 내려갔습니다. 그렇게 인생의 밑바닥에서 헤매고 있을 때, 지금의 아내를 만났습니다.

저는 모태신앙인인 아내의 미모에 반하여 '이 여자는 주님이 내게 주신 배필'이라며 결혼하기로 마음먹었습니다. 그러나 저희 집에서는 처갓집이 예수를 믿는다는 이유로, 처갓집에서는 시댁이 불신 집안이라는 이유로 결혼을 반대했습니다.

법대를 졸업한 저는, 민법상 성년은 부모의 동의 없이 혼인할 수 있으며 신고함으로써 혼인의 효력이 성립하는 것을 잘 알았기에 그것이 바른 길인 양 떳떳이 혼인 신고부터 했습니다. 또한 법적으로 부부니까 죄의식도 없이 임신을 하고, 첫째 딸을 낳았습니다. 게다가 제사를 폐하는 문제까지 더해지자, 부모님은 배신감으로 치를 떨었습니다.

저는 2002년부터 건설회사 법무팀에서 소송 사건을 관리하고 법률 문제를 지원하는 일을 하면서 돈 잘 버는 변호사들과 어울렸습니다. 기름진 접대를 받으며 술과 여자에 빠져 간음을 하다가 성병에 걸리기도 했습니다. 이 사건이 드러나지 않았더라면 저는 이스마엘을 낳고 13년 동안 하나님을 잊고 산 아브라함처럼 성가대원으로 열심히 봉사하며 위선적인 신앙생활을 계속했을 것입니다.

하지만 엘 샤다이의 하나님은 수치스럽고 구겨지고 더럽혀진 저를 '가치 있는 존재'라며, "내가 너를 낳았다"며 찾아와 주셨습니다. 비로소 말씀이 생명력을 가지고 다가왔습니다. 13년 동안 회개하지 못하던 아브라함이 말씀에 반응해서 엎드린 것처럼 저 또한 고3 때 세례 받은 후 정확히 13년 만에 저의 음란죄를 자백하게 되었습니다. 하나님 앞에서 나의 불완전함을 보는 것이 완전케 되어 하나님의 꿈을 이루어 드리는 시작임을 알았습니다. 저는 제 자신과 그간 저와 간음했던 여성들을 용서해 주실 것을 간구하고, 주체할 수 없는 통한의 눈물을 흘리며, 아버지 하나님 앞에 엎드렸습니다. 그리고 아내에게 용서를 구했습니다.

그동안 영적인 교만으로 입만 열면 다른 사람들을 정죄하고, 예배 중에 드럼을 치고 가스펠송 부르는 교회를 비판하는 데 앞장섰던 제가 그 후로는 '나보다 더한 죄인은 세상에 없기에 어느 누구를 향해서도 비판할 자격이 없다'는 것을 인정하게 되었습니다.

부모님의 영혼 구원에 대한 간절함이 비로소 생겼고, 몸을 불사르는 희생을 마다않던 부모님이 느낀 배신감이 얼마나 컸을까 깨닫고 용서를 구하게 되었습니다. 그리하여 이후 전도축제 때 부모님과 함께 예배드릴 수 있는 은혜도 누릴 수 있었습니다. 그리고 우리들교회 소그룹 모임의 리더로 세움 받아 17년 전부터 꿈꾸어 오던 선교사의 꿈도 이루게 되었습니다.

이렇게 영적인 땅을 차지하기 위해 엎드림으로 돌이키고 실력을 쌓아갔지만, 지난 5년간 직장생활을 하면서 매춘녀들과 4번의 혼외 성관계라는 죄를 또 저질렀습니다. 닭 쫓던 개가 지붕 쳐다보는 것처럼 하나님 앞에서 부르심의 목적을 망각한 삶을 살았습니다. 영적 매너리즘에 빠져 왕년의 은혜만 부르짖다 갈 뻔한 인생이었는데, 그럼에도 주님은 치사함을 무릅쓰고 저를 또 찾아와 주셨습니다.

아브라함에게 다시 찾아가 하나님의 꿈을 보여 주시고 이루어 주신 것처럼 저를 여러 민족의 아버지로 바꾸어 주실 것을 믿습니다. 오로지 겸손한 마음으로 저의 자녀들을 말씀으로 잘 양육하여 영적 대물림을 잘하고 하나님의 꿈을 이룰 수 있기를 소원합니다.

말씀으로 기도하기

하나님께서는 우리 한 사람 한 사람을 통하여 이루시고자 하는 꿈이 있습니다. 그러나 말씀이 들리지 않으면 그 꿈이 무엇인지 알 수 없습니다. 하나님께서는 우리가 말씀을 깨달을 때까지 침묵하십니다. 시간이 걸립니다. 날마다 말씀에 귀 기울이는 훈련이 그래서 더욱 필요합니다.

하나님의 꿈이 이루어지기까지는 시간이 필요합니다(창 17:1a)

하나님의 말씀에 귀 기울이지 않고 오직 제 정욕대로만 살았습니다. 잘 먹고 잘 사니 그것으로 제 꿈이 다 이루어진 것으로 착각했습니다. 말씀에서 벗어남으로 악한 열매만 주렁주렁 맺은 인생입니다. 하나님의 기나긴 침묵이 엄청난 형벌임을 깨닫지도 못하는 저를 불쌍히 여겨 주옵소서. 이제라도 말씀을 깨닫고 저를 통해 이루고자 하시는 하나님의 꿈이 무엇인지 알기를 원합니다.

하나님의 꿈을 이루려면 우리가 완전해져야 합니다(창 17:1b-3)

하나님의 꿈을 이루려면 하나님 앞에서 완전하라고 하십니다. 건강하기를 원하시고, 지혜롭기를 원하시고, 넉넉한 마음으로 세상을 품기 원하십니다. 그러나 완전함을 이루기엔 너무 부족한 것이 많습니다. 이제라도 나의 부족함, 나의 죄를 알고 회개의 자리에 나아가기를 원합니다. 하나님의 꿈을 이루는 데 부족함 없는 제가 될 수 있도록 붙잡아 주옵소서.

≡≡≡ 시간이 걸리더라도 하나님은 반드시 꿈을 이루십니다(창 17:4-8)

아브람을 아브라함 되게 하시고, 부족한 저를 하나님의 꿈을 이루는 도구로 삼아 주시니 감사합니다. 바닥 인생을 살며 자존감이 무너질 대로 무너졌지만 이제라도 하나님의 뜻을 이루어 가는 데 부족함 없도록 모든 형편을 허락해 주옵소서. 비록 구겨지고 상했어도 하나님의 형상을 지닌 하나님의 자녀로서 하나님의 꿈을 이루며 살아가도록 권세와 권능을 허락하옵소서.

영혼의 기도

아버지 하나님, 13년간 침묵하신 하나님께서 오늘에야 아브라함을 찾아오셨다고 합니다. 저희들에게도 오랜 시간 침묵하실 수밖에 없었던 하나님의 마음을 오늘에야 깨닫습니다. 말씀을 하셔도 귀가 막혀 제대로 듣지 못하고, 듣기는 하여도 "하나님, 이제 그만…" 하며 외면하고 손사래 치던 인생이었음을 고백합니다. 말씀대로 살기 싫어 하나님의 침묵을 자초한 저희를 불쌍히 여겨 주옵소서.

이제라도 저희를 다시 찾아 주시니 감사합니다. 이제라도 저희를 통해 이루고자 하시는 하나님의 꿈이 무엇인지 알게 해 주시니 감사합니다. 빚지고, 환난당하고, 구겨지고 밟혀 원통하기만 하던 인생을 붙잡아 주시고, 이제 주님의 도구로 불러 주시니 감사합니다.

그 하나님의 꿈을 이루기 위해 완전함을 이루라고 하십니다. 그 완전함을 위해 우선적으로 적용해야 할 것이 무엇인지 깨닫게 해 주옵소서. 한 영혼이라도 더 살리시려는 하나님의 꿈을 이루는 데 부족함 없도록 능력을 덧입혀 주옵소서.

영적 대물림을 위해 수고하라고 하십니다. 정말 아무것도 된 것 없고 자격 없는 인생인데, 여러 민족의 아버지로 세워 주시니 감사합니다. 한 영혼 살리기 위해 나의 모든 치사함을 무릅쓰고 오늘 당장 제가 찾아가야 할 사람이 누구인지 알게 하여 주옵소서. 하나님의 모든 꿈을 이루어 드리는 통로가 되며, 이 세상을 완전케 하는 우리 모두가 되게 하여 주옵소서.
예수님 이름으로 기도합니다. 아멘.

part2

순종하는
그 한 사람의
하나님

chapter_4

하나님께서는 우리가 여러 민족의 아버지가 되기를
원하십니다. 그러나 우리는 그 꿈을 이루어 드리기에
너무나 부족한 인생입니다. 그 부족함을 무엇으로
채워야 할지, 완전함을 위해 우리가 힘써야 할 것이
무엇인지 알기를 원합니다

하나님의 사람 ——————

아브람은 아들이 인생의 목적이기에 육적인 아들을 얻은 기쁨으로 영적인 매너리즘에 빠진 채 13년의 세월을 보냈습니다. 그러나 하나님께서는 아브람을 통해 이루시려는 꿈이 있었기에 찾아오셔서 완전함을 이루어 여러 민족의 아버지가 되라며 아브라함이라는 새로운 이름을 주셨습니다. 하지만 이름이 바뀌었다고 해서 하루아침에 달라진 아브라함이 아닙니다. 새로운 이름을 얻었어도 하나님의 꿈을 이루기에는 여전히 부족한 사람입니다. 여러 민족의 아버지가 되기엔 아직도 결격사유가 많습니다. 하나님께서 그 사실을 모르실 리 없습니다. 그러므로 하나님께서는 아브라함에게 하나님의 사람으로서 구별된 가치관을 요구하십니다.

이렇듯 하나님의 꿈을 이루어 가는 하나님의 사람은 세상의 사람과 달라야 합니다. 과연 하나님의 사람은 무엇이 어떻게 달라야 할까요?

자녀를 믿음으로 양육해야 합니다

하나님이 또 아브라함에게 이르시되 그런즉 너는 내 언약을 지키고 네 후손도 대대로 지키라(창 17:9)

하나님은 아브라함이 완전함으로 여러 민족의 아버지가 되기를 원하십니다. '내가 너로 심히 번성하게 하고', '내가 네게서 민족들이 나게 하며', '왕들이 네게로부터 나오리라'(창 17:6)는 약속까지 하십니다. 뿐만 아니라 후손의 축복도 주시고(7절), 지금 살고 있는 가나안 온 땅을 주어 영원한 기업이 되게 하시겠다(8절)는 축복도 주셨습니다. 그러나 그 하나님의 약속과 축복은 그저 주어지는 것이 아닙니다. 조건이 따릅니다. "그런즉 하나님의 언약을 지키고 네 후손도 대대로 지키라"고 하십니다.

그런데 후손의 축복을 주셨을 때, 아브라함이 지켜야 할 후손, 아브라함의 영적 상속자인 이삭은 사라의 배 속에서 잉태조차 되지 않았을 때입니다. 지켜야 할 후손도 없는데, 후손의 축복을 언급하시며 언약을 지키라니요?

하나님은 아브람이 13년 동안이나 끼고 산 육적인 아들 이스마엘을 주실 때도 "네 씨를 크게 번성하여 그 수가 많아 셀 수 없게 하리라"는 축복을 주셨지만(창 16:10), 그때는 아브람에게 아무런 요구도 하지 않으셨습니다. 아무 조건 없이 이스마엘을 축복하셨습니다.

그런데 이번에는 조건이 따릅니다. 하나님의 약속, 언약을 지키라고 하십니다. 믿음의 상속자가 지금 당장 눈에 보이지 않아도, 그 보이지 않는 약속을 믿으라는 겁니다. 그런데 아브라함이 서서히 변하기 시작했습니다. 13년 만에 찾아오신 하나님 앞에 비로소 엎드려 회개하니 죽었던 믿음이 조금씩 살아났습니다. 자신의 불완전을 보기 시작했습니다. 말씀이 들리기 시작했습니다. 지금 당장 아브라함에겐 영적 상속자가 없음에도 그 후손을 대대로 지키라는 말씀이 들리기 시작한 것입니다.

하나님은 그냥 그저 축복을 주시지 않습니다. 하나님의 축복을 누리려면 무엇보다 말씀이 들려야 합니다. 말씀이 들려야 약속도 지킬 수가 있습니다. 아브라함도 말씀이 들리니 비록 눈에 보이는 것이 없어도, 그 약속이 믿어지기 시작했습니다. 믿음이 무엇입니까? 믿음이란 바라는 것을 실상으로 놓고, 보지 못하는 것을 증거하는 것입니다. 아브라함에게 이제 그런 믿음이 되살아나기 시작한 것입니다.

하나님은 가라는 교회는 안 가고, 세상을 좇는 육적 자녀밖에 없는 우리에게 "후손 대대로 하나님의 언약을 지키라"고 하십니다. 자식은 교회 갈 생각조차 않고, 기대하기조차 힘든데 그 자식에게 믿음의 본을 보이고 영적 상속을 잘하라고 하십니다.

그렇다면 도대체 어찌해야 영적 상속을 잘할 수 있을까요? 모태신앙이라고 해서 영적 상속이 저절로 이루어지는 것이 아닙니다. 교회만 같이 다닌다고 믿음이 대물림되는 것도 아닙니다. 공부를 시켜도 믿음을 위해서 하게 하고, 취직을 하고 결혼을 해도 믿음을 위해서 하도록 해야 합니다. 하다못해 이사를 다녀도 자녀의 믿음을 위해서 다니며 말씀대로 사는 것을 부모가 보여 주어야 영적 상속이 제대로 이루어집니다. 그런데 그것이 마음대로 되나요?

제가 그렇게 "불신결혼 하지 말라"고 해도 불신결혼을 하는 청년들이 있습니다. 다들 "데려다가 믿게 한다, 시집오면 믿을 거다" 이렇게 이야기합니다. "이 세상 모든 사람을 차별하지 말라고 했는데 왜 안 믿는 사람과 결혼하지 말라고 하나?" 이렇게 반문하는 청년도 있습니다. 그러나 불신결혼을 못하게 하는 것은 불신자를 차별해서가 아닙니다. 구별입니다.

아무튼 이런 자녀들을 통해 영적 상속을 하라니 참 암담합니다. 아브라함도 아브람 시절에는 그랬잖아요. 하나님 곁을 떠나 있던 13년 동안 이스마엘이 너무 좋았기에 교회를 안 다녀도 애통함이 없었고 맘 상할 일도 없었습니다. 이스마엘이 아버지 아브람으로부터 보고 배우는 게 하나도 없었습니다. 영적 상속이 이루어질 리 없습니다. 그러니 하나님이 찾아오셔서 "너는 그렇게 살아선 안 된다. 너는 나의 자녀다, 왕의 자녀다"라고 말씀하신 것입니다. "하나님의 사람은 다르게 살아야 한다. 달라지지 않으면 영적 상속이 이어질 수 없다"고 하신 것입니다.

언젠가 함규진 씨의 《왕이 못 된 세자들》이라는 책을 읽었습니다. 이씨 조선의 세자들은 말 그대로 로열패밀리입니다. 이 책에 따르면, 그들은 어려서부터 하루 세 번 유교 교육을 받는 데 대부분의 시간을 보내고, 오락이나 취미 생활은 철저히 배제된 가운데 마치 수도승이나 고시생 같은 갑갑하고 곤고한 삶을 살았답니다. 그리고 매일 조회에 참석해야 했는데, 공부가 조금이라도 미진하다 싶으면 신하들과 유생들이 벌 떼같이 일어나서 상소를 올리며 "시정하시옵소서, 전하~" 했답니다. 그리고 이 세자가 학문보다 활쏘기나 말 타기, 무예에 소질을 더 보여도 "시정하시옵소서, 전하~" 이러면서 또 상소를 올렸대요.

이렇게 교육을 받은 세자들로부터 무슨 선한 것이 나오겠습니까? 유교 경전으로 도덕과 윤리만을, 그것도 강압적으로 배웠으니 그 결과가 어떻게 되었겠습니까? 조선 왕조를 통틀어 27명의 세자가 있었지만 절반 가까운 12명이 왕이 되지 못한 채 살해되고 폐위되고 병사했습니다. 자녀를 믿음으로 키우는 것이 무엇인지 모르던 시대였기에 이 왕세자들이 정말 불행하게 살았습니다.

그렇다면 지금 이 시대는 어떻습니까? 재벌가의 자녀, 가문 좋은 집안의 아들딸이 되면 다 행복하게 삽니까? 금수저이면 다 훌륭하게 되나요? 이 땅 왕의 상속자는 결코 영원하지 않습니다. 영원한 상속자는 우리의 왕이신 하나님의 상속자뿐입니다. 자녀가 있다고 해서 다 영적 상속자가 되는 게 아닙니다. 아브라함이 13년이나 잘생기고 잘난 아들을 끼고 살았지만 그 아들은 영적 상속자가 되지 못했습니다. 그래서 자녀를 믿음으로 키워야 하는 것입니다.

"내 언약을 지키고 네 후손도 대대로 지키라"고 하십니다. 하나님의 언약을 스스로 지키며 자녀에게 믿음의 본을 보이고 자녀를 믿음으로 키우라는 것입니다. 내 자녀가 아무리 뒤떨어지고 문제 많고 부족해도 영적인 상속을 잘 이루며 은혜와 평강을 누리는 것이 "하나님의 사람은 달라"라는 말을 들을 수 있는 첫 번째 비결입니다.

∞ 나의 믿음을 물려 줄 나의 영적 상속자는 누구입니까?

∞ 그 영적 상속자를 믿음으로 잘 양육하고 있습니까?

∞ 내 가족 중에 믿음으로 통하는 사람이 한 명이라도 있습니까?

∞ 나는 하나님의 사람으로서 세상 사람들로부터 "역시 다르다"는 평가를 받고 있습니까?

∞ 나는 어떤 점에서 세상 사람들과 다르다고 자부할 수 있습니까?

거룩히 구별되는 삶을 살아야 합니다
———

10 너희 중 남자는 다 할례를 받으라 이것이 나와 너희와 너희 후손 사이에 지킬 내 언약이니라 11 너희는 포피를 베어라 이것이 나와 너희 사이의 언약의 표징이니라(창 17:10-11)

대홍수로 심판하신 하나님은 우리의 연약함을 아시고 다시는 물로써 심판하지 않겠다며 아름다운 무지개 언약을 주셨습니다(창 9장). 그리고 창세기 15장에서는 횃불 언약을 주시며 짐승을 쪼개게 하셨습니다. 그런데 이제 우리가 장성한 분량에 이르렀기에 네 몸을 베라고 하십니다. 네 몸에 피를 내라고 하십니다. 이것이 할례 언약입니다. 할례를 받으라는 것은 명령입니다. 해도 되고 안 해도 되는 게 아닙니다. 하나님은 우리가 언약을 지키지 못할 걸 아시고 할례를 통한 표징을 주신 것입니다.

왜 하필이면 할례를, 생식기의 포피를 베라고 하셨을까요? 남자들은 하루에도 몇 번씩 소변을 볼 때마다 자신의 생식기를 보게 됩니다. 너나 할 것 없이 날마다 몇 번이고 보는 게 정상입니다. 그런데 이것은 남자가 가장 죄 짓기 쉬운 신체의 한 부위입니다. 그래서 이것의 한 부분을 잘라 내라는 것입니다. 그것의 포피를 베어 냄으로써 날마다 그것을 보고 언약을 기억하며, 택한 백성으로서 거룩하게 살라는 것입니다. 물론 위생적이기도 하고요.

그렇다면 왜 태어난 지 8일 만에(12절) 하라고 하셨을까요? 8일은 완전수인 7일, 즉 일주일이 지난 후 새로운 주가 시작되는 첫날입니다. 옛것을 버리고 새롭게 시작한다는 의미가 있습니다. 산모의 부정한 기간이 지나고 난 첫째 날이기도 합니다. 또한 의학계에 따르면 사람이 태어나서 8일째 되는 날이 가장 통증도 적게 느끼고 피도 빨리 응고된다고 합니다.

그런데 태어난 지 8일 된 아기가 무엇을 안다고 그 시기에 그런 '의례'를 겪게 한 것일까요? 할례는 자기 의지대로 받는 것이 아니고, 부모의 믿음으로 받는 것이기 때문입니다. 유아세례가 그렇습니다. 유아세례는 성경을 온전히 믿는 개혁주의에 속한 우리 부모들이 자녀를 하나님의 언약의 자녀로 기억하고, 주의 교양과 훈계로 신앙고백과 일치하는 교육을 시키겠다는 믿음의 표현입니다. 어린아이가 무엇을 알아서 제 발로 와서 세례를 받겠습니까?

아이나 어른이나 세례 받을 때는 아무것도 모르는 것이 정상입니다. 아브라함이 "완전해진 다음에 할례(세례) 받을래요" 했더라면 그 평생에 할례 언약을 받을 수 있었을까요? 인간은 100퍼센트 죄인이기 때문에 완전해질 수도 없는데, 어느 세월에 세례를 받을 수 있겠습니까? 물론 할례를 받아야 의롭게 되는 것도 아닙니다. 아브라함은 할례 언약을 받기 전에 이미 믿음으로 의롭게 되었습니다(창 15:6).

할례는 언약을 지키겠다는 표시이자 표징입니다. 이제부터 구별되는 삶, 다른 삶을 살겠다는 약속의 표시입니다. 거룩의 시작이자 영적 상속의 시작입니다. 오늘날 기독교에서는 할례가 세례로 대체되었는데, 물세례는 우선 교회 공동체에 속하겠다는 표시입니다. 물세례를 받고 안 받고는 비유하자면, 남녀가 만나서 가정을 이룰 때 결혼식을 하고 안 하는 차이라고 할 수 있습니다. "결혼식이 뭐 그리 중요하냐? 잘 살면 그만이지" 하는 분들도 있겠지만 형식과 절차도 지켜야 할 것은 지켜야 합니다. 물론 결혼식보다 결혼생활을 잘하는 것이 더 중요합니다. 그러나 이왕이면 형식과 내용이 함께 가면 더 좋지 않습니까? 세례도 마찬가지입니다. 그러므로 먼저 믿은 사람이 나중에 믿는 사람이 세례를 받을 수 있도록 이끌어 주어야 합니다. 그래서 믿음의 형제, 믿음의 부모, 믿음의 공동체가 중요합니다.

죽기 직전에 예수 믿고 가면, 비록 물세례는 못 받았을지언정 구원 받고 천국 갈 수 있습니다. 그러나 이 땅에 있는 동안 하루라도 빨리 물세례를 받아서 크리스천으로서 사는 것이 더 좋지 않겠습니까? 이왕이면 성령으로 세례 받고 다른 사람을 살리는 사명까지 감당한다면 이보다 더 은혜롭고 복된 삶이 어디 있겠습니까? 그래서 물세례보다 더 중요한 것이 성령세례입니다. 그러므로 우리는 육적인 할례로만 그칠 것이 아니라 마음의 할례까지 행해야 합니다.

예레미야 4장 4절에 "유다인과 예루살렘 주민들아 너희는 스스로 할례를 행하여 너희 마음 가죽을 베고 나 여호와께 속하라" 하셨습니다. 마음 가죽을 베라고 하십니다. 내 마음에도 할례의 흔적이 있어야 합니다. 예수님 때문에 몸과 마음에 고통 받은 흔적이 있어야 한다는 것입니다.

헨리 나우웬의《영적 발돋움》이라는 책에 따르면 '그릇된 이유에서 비롯되는 고통'이라는 것이 있답니다. 그것은 외로움에 지친 나머지 다른 사람과 함께함으로 더 이상 외롭지 않으리라는 헛된 생각, 결코 하나 될 수 없는 관계임에도 하나 됨을 기대하다가 결국 서로를 비난하게 됨으로써 상처를 입는 것입니다. 하나님만이 채워 주실 수 있는 것을 다른 사람들에게 기대하기에 '그릇된 이유에서 비롯되는 고통'을 겪을 수밖에 없는 겁니다.

하지만 할례의 고통은 결코 이런 것이 아닙니다. 사람을 의지함으로 뒤

따르는 고통이 아니고 하나님의 꿈을 이루기 위해 나를 포기하고 내 살을 도려냄으로 수반되는 고통입니다. 그러므로 할례는 내가 주를 위하여 고통 받은 흔적입니다. 세상과는 구별됨의 표시이고, 거룩의 표징입니다.

이 시대는 신체적 정서적 교감을 권유하는 시대입니다. 내가 먼저 마음을 열고 소통해야 한다고 합니다. 내가 마음을 열지 않아서 외롭고 지친다고들 합니다. 그 말이 일견 맞기도 하지만, 신성한 성품에 참여하는 자가 되려면 믿음에 덕을, 덕에 지식을, 지식에 절제를, 절제에 인내를, 인내에 경건을, 경건에 형제 우애를, 형제 우애에 사랑을 더하라고 하십니다(벧후 1:4-7). 믿음에서 출발하여 이 사랑에 이르기까지 얼마나 많은 단계를 거쳐야 하는지 모릅니다. 그 과정을 차례차례 넘어서지 못하니 "나는 당신한테 이렇게 잘해 주고, 이렇게 믿고 의지하고 사랑하는데 당신은 도대체 뭐야?" 합니다. 이런 얄팍한 사랑, 기대감이 서로를 지치게 합니다. 마음만 연다고 교감이 이루어지고 소통이 되는 것이 아닙니다. 그러므로 믿음에서 사랑에 이르기까지 덕과 지식과 절제와 인내와 경건과 형제 우애를 잘 공급해야 합니다. 그렇게만 된다면 그릇된 이유로 인한 고통을 겪을 일도 없습니다.

소통도 중요하지만 경계를 두지 않고 아무나 만나서 아무 말이나 하며 소통하고 위로 받고자 하면 결국 다 지치고 맙니다. 때로는 절제하고 인내하며 서로 떨어져 있을 수도 있고, 진정으로 마음을 닫는 때도 필요합니다. 각자에게 맞는 경계선을 두어서 그때그때 적용해야 합니다. 이 또한 진정한 삶의 할례입니다.

할례는 의학적으로 매우 위생적이기도 합니다. 우리를 정결케 합니다.

"현대의 전도 캠페인과 진정한 부흥 사이에는 큰 차이가 있다"고 한 오 웬 머핀은 "아무리 교회가 축복을 받고 부흥할지라도 선술집, 댄스홀, 영 화관은 그대로 혼잡할 것이고, 무신론적 행위는 계속 기승을 부릴 것이다. 그러므로 진정한 부흥은 정결케 하는 불같은 성령이다"라고 했습니다. 불 같은 성령이란 불벼락이 떨어져서 우리를 불태우는 것이 아니라, 우리를 정결케 하는 것입니다.

할례에는 고통이 뒤따릅니다. 잘라내는 결단이 필요합니다. 그래서 할 례는 구별된 삶을 시작하는 첫걸음인 셈입니다. 구별된 삶을 살려면 육체 의 할례뿐 아니라 마음의 할례를 행하고, 가치관의 할례를 행해야 합니다. 예수님 때문에 내가 술 담배를 끊고, 중독을 끊어야 합니다. 내 삶에 할례 의 흔적이 남아 있어야 합니다. 예수님 때문에 내가 적용한 것, 예수님 때 문에 내가 포기한 것, 예수님 때문에 내가 끊은 것, 예수님 때문에 내가 용 서한 것이 있어야 합니다. 비록 고통이 뒤따르더라도 그럼으로써 "하나님 의 사람은 달라"라는 말을 들을 수 있어야 합니다.

그렇다고 항상 착하게 살라는 것은 아닙니다. 도덕적으로 윤리적으로 천사처럼 살라는 이야기가 아닙니다. 우리들교회 소그룹 모임에서 이런 나눔이 있었습니다.

어떤 분의 시어머니가 모임에 참석해서는 "우리 며느리가 천사였는데, 우리들교회에 와서 180도 변했다"고 했습니다. 남편과 시부모에게 순종 잘하는 천사 같던 며느리가 이제는 말대꾸까지 한다는 것입니다. 그래서 그 시어머니는 절대 우리들교회에 안 가겠다고 했답니다. 소그룹 모임에도 절대로 참석하지 않겠다고 했는데, 시아버님이 가겠다고 해서 할 수 없이 따라왔다는 것입니다. 그런데 그 말을 듣고 있던 다른 여집사님이 "며느님 겉만 보셨지 속은 모르고 계셨네요. 며느님이 저희 모임에 처음 왔을 때는 폭발 직전이었는데 지금은 너무 좋아졌어요. 우리들교회에 와서 많이 살아났습니다" 하고 말해 주었답니다.

항상 천사같이 군다고 해서 그것으로 거룩이 이루어지는 것은 아닙니다. 겉으로만 천사처럼 순종하는 것은 나도, 남도, 가족도 다 망하게 하는 순종입니다. 언약 때문에 순종해야 나도 살고 남도 살리는 것입니다. 믿음도 없이, 언약도 없이 참고 사는 것은 순종이 아닙니다. 그런 비굴함으로 순종하면 결국 자기도 망하고 남도 망하게 마련입니다. 반면에 예수도 없이 할 말 다하고 사는 사람은 제발 입을 좀 다물어야 합니다. 입에 할례를 해야 합니다. 예수 믿기 전에 너무 떠들었던 사람은 입을 다물어야 하고, 너무 참고 살았던 사람은 입을 열어야 합니다.

사람들에게 나름대로 효과적인 스트레스 해소법을 물어보면 대부분 '등산, 운동'이라고 하지만, 사실은 수다가 제일 효과적이라고 합니다. 누군가를 욕하고 그러면 스트레스가 확 풀린다는 것입니다. 그러나 수다 뒤에는 반드시 후유증이 따르게 마련입니다. 한번 내뱉은 말은 주워 담을 수 없기에 수다를 떨며 즉흥적으로 내뱉은 말은 걷잡을 수 없는 갈등을 불러일으키기도 합니다.

그러므로 우리는 입에도 할례를 행해야 합니다. 언어의 할례를 행해야 합니다. 해야 할 말도 때로는 참고 침묵해야 합니다. 침묵 끝에 나오는 말이 더 힘이 있습니다. 부부라고, 부모자식이라고 할 말 다하는 거 아닙니다. 피차 믿음의 분량이 다른데 아무 말이나 해서는 안 됩니다. 그러나 영혼 구원을 위해서라면 때로는 안 할 말도 해야 합니다.

저는 시집가서 5년 동안 교회를 맘대로 못 다녔던 사람입니다. 남편이 "주일예배만 드리고 새벽기도, 수요예배, 구역예배에는 절대 가지 말라"고 했을 때 제가 "네, 네, 네, 네" 한 것이 순종입니까? 그게 망하는 순종이지 흥하는 순종입니까? 그런데 제가 한때 망하는 순종을 했습니다. 그랬는데 5년 만에 거듭나고 나니 생각이 달라졌습니다. 이혼 안 당하려고 사는 게 아니고 예수 때문에, 구원 때문에 살았기에 남편의 말을 '거역'했습니다. 이후부터 모든 예배를 다 드렸습니다. 교회를 매일 가다시피 했습니다. 저녁 예배, 오후 예배, 수요예배, 구역예배 다 갔습니다.

그랬더니 남편이 절 어떻게 보았겠습니까? 얌전하고 고분고분하던 아내가 갑자기 순종하지 않으니 입에 담기조차 힘든 말을 해댔습니다. 그래서 제가 "내가 장로님 댁에 시집와서 교회도 제대로 못 간다는 게 말이 되냐?"고 했습니다. 이전에는 감히 그런 말이 생각나지도 않았고 그럴 용기도 없었습니다. 왜 그랬을까요? 두려워서죠. 새장에 오랫동안 갇혀 있던 새는 문을 열어 줘도 금세 못 날아가듯 그렇게 두려워서 아무런 주장도 못했습니다.

그런데 이제 천사 되기를 포기하고 교회 나간다고 했더니 남편이 "예수 믿는다고 그러더니 이 여편네가 눈에 보이는 게 없나 봐?" 했습니다. 그럼에도 저는 결코 뒤로 물러서지 않았습니다. 정말 예수님을 의지하니 눈에 보이는 게 없었습니다. 오히려 "이제부터 당신이 교회 안 나가면 나는 이혼하는 수가 있어요" 하고 배수진을 쳤습니다. 그러고는 이혼당할 각오를 하고 "교회에 나가겠다고 성경책에 쓰세요" 하고 밀어붙였습니다. 그랬더니 순식간에 마음의 변화가 있었는지 남편은 '교회에 나가겠음, 박아무개' 하고 성경책에다 또박또박 사인을 했습니다.

그렇습니다. 모든 것이 나에게 달렸습니다. 내게 믿음도 없고, 지식과 지혜가 없으면 매사가 두려운 것입니다. 온전한 사랑에는 두려움이 없습니다. 온전치 못하니 두려운 것입니다. 두려움에는 형벌만 따릅니다. 저 또한 겁이 많으니 입도 뻥끗 못하고 살았던 것입니다. 그런데 예수님 때문에 죽을 각오를 하니 두려울 게 없었습니다. 그런 담대함이 나를 살리고 남편도 살렸습니다.

예수님 때문에 할 말 하는 것이 저로서는 할례를 행하는 것이었습니다. 입에 할례를 행하는 것이었습니다. 그럼으로써 집안이 다 살아났습니다. 아이들이 살아나고, 남편이 구원됐습니다. 할렐루야.

이렇듯 몸과 마음에, 가치관에 할례를 행하기 바랍니다. 꼬박꼬박 말대꾸하는 것이 올바른 태도는 아니지만 대꾸해야 할 때는 해야 합니다. 다만 해야 할 때와 안 해야 할 때를 잘 구별해야 합니다. 이것이 진정한 할례입니다. 할례의 흔적, 적용의 기록들이 우리 삶에 차고 넘치기를 기도합니다.

∞ 내 마음에도 할례의 흔적이 있습니까?

∞ 예수님 때문에 내 몸과 마음에 고통 받은 흔적은 무엇입니까?

∞ 믿음에서 사랑에 이르기까지 덕과 지식과 절제와 인내와 경건과 형제 우애를 잘 공급하라고 합니다. 여기서 내가 부족한 것은 무엇입니까?

∞ 영혼 구원을 위해 내 입에 스스로 행해야 할 언어의 할례는 무엇입니까?

이웃과 영적 공동체와 함께 나아가야 합니다

———

12 너희의 대대로 모든 남자는 집에서 난 자나 또는 너희 자손이 아니라 이방 사람에게서 돈으로 산 자를 막론하고 난 지 팔 일 만에 할례를 받을 것이라 13 너희 집에서 난 자든지 너희 돈으로 산 자든지 할례를 받아야 하리니 이에 내 언약이 너희 살에 있어 영원한 언약이 되려니와(창 17:12-13)

우리는 우리의 가족과 이웃들도 할례의 흔적을 가질 수 있도록 노력해야 합니다. 아브라함의 혈통뿐만 아니라 누구든지 할례를 받게 해야 합니다. 아브라함도 우상을 섬기던 곳에 살았었고, 아브라함의 아버지 데라는 월신을 숭배하던 사람이었습니다. 아브라함이 다른 사람들과 다른 것이 있다면 단지 하나님의 부르심을 먼저 받은 것밖에 없습니다. 그러므로 내가 예수를 먼저 믿었다고 다른 사람들을 차별하면 안 됩니다.

우리나라 교계의 유명한 목사님들 중에는 당대 신앙인이 얼마나 많은지 모릅니다. 게다가 그런 분들일수록 놀라울 정도로 뛰어납니다. 어떻게 저렇게 대단한가 싶습니다. 10여 년 전에 지방으로 집회를 간 적이 있는데, 그곳의 목사님 한 분은 우리나라 최고의 명문대 대학원까지 나오고, 뭐든지 일등만 하고, 아버지도 너무나 유명한 사업가인데, 그걸 다 내려놓고 목사가 됐습니다. 그러고도 너무너무 훌륭하게 교회를 부흥시켰습니다. 그런 분들을 보면 배가 좀 아프지 않습니까? 세상에서 잘 먹고 잘 살다가 십자가 지겠다고 목회를 시작했는데 그마저도 고난 없이 일사천리로 잘되니 말입니다.

그러므로 믿음은 선착순이 아닙니다. 먼저 믿었다고 해서 잘난 척하면 안 됩니다. 아브라함도 조금 먼저 부르심을 받은 것 그 이상도 이하도 아닙니다. 하나님은 "누구를 막론하고 할례를 받게 하라"고 구체적으로 그 범위를 정해 주십니다. 가족은 물론 이방인도, 내가 돈을 주고 산 노예까지도 할례를 받게 하라고 하십니다. 누구든 차별 말고 공평하게 할례를 행하라고 하십니다. 내 곁에 있는 모든 이웃까지 책임지고 가야 한다는 것입니다. 천국은 혼자 누리는 곳이 아닙니다. 누구에게나 복음을 전하고, 구원을 받게 함으로 모두 함께 누리는 곳입니다.

할례를 받지 아니한 남자 곧 그 포피를 베지 아니한 자는 백성 중에서 끊어지리니 그가 내 언약을 배반하였음이니라(창 17:14)

할례 받기를 거절하는 사람은 하나님을 섬기지 않겠다는 의지의 표현입니다. 그러나 할례 받지 않은 자는 그 백성 중에서 끊어진다고 합니다. 예수의 흔적이 없으면 믿음의 공동체에서 끊어져 나갈 수밖에 없습니다.

모세도 자신의 아들에게 할례를 행하지 않음으로 하나님께서 그를 죽이려고 하신 사건이 있었습니다(출 4:24). 모세는 미디안 광야로 피신을 가서 십보라와 결혼을 하고 40년간 그곳에서 살았습니다. 애굽으로 가라는 하나님의 말씀도 듣지 않고, 아들에게 할례를 행하지 않은 것은 아내 십보라가 이방인이었기 때문이 아니었을까 생각합니다. 즉각 순종하고 사명을 감당해야 하는데 십보라 때문에 무려 40년 동안 그 길이 막힌 것입니다. 하나님께서 참다 못해 불순종하는 모세를 죽이려 하시자 십보라가 뛰쳐나와 돌칼로 아들의 표피를 베어 모세의 발에 갖다 댑니다. 그리고 "당신은 참으로 내게 피 남편이로다" 하고 고백합니다. 피를 흘려야 하는 할례 때문에 목숨을 구했기에 '피 남편', 즉 할례의 남편이라 한 것입니다(출 4:25-26).

하나님께서 정말로 모세를 죽이려고 하셨을까요? 아내 때문에 사명을 감당하지 못하니까 하나님께서 이런 해결책을 쓰신 게 아니었을까요? 목회를 하는 동안 '아내 때문에 참 어렵겠구나' 하고 생각이 들게 하는 남자 집사님들을 더러 보았습니다. 위기에 빠진 가정도 아내가 잘 버티고 있으면 언젠가는 바로 서지만, 그렇지 못하면 결국 무너지고 마는 경우도 많이 보았습니다. 그래서 아내가 중요합니다. 남자는 결국 아내 따라갑니다. 모세도 그래서 무려 40년 동안이나 십보라에게 발목이 잡힌 게 아닌가 싶습니다.

아무튼 제아무리 지도자라도 언약을 안 지키면 하나님의 사람이 될 수가 없습니다. 마음의 할례, 가치관의 할례를 하지 않으면 공동체에서 떨어져 나갈 수밖에 없습니다. 성경 어디에도 이스마엘이 하나님을 믿었다는 기록은 없습니다. 하나님께서도 굳이 이스마엘에게 이래라 저래라 하지 않으셨습니다.

그러나 하나님은 영적 상속자에겐 반드시 언약 지킬 것을 요구하십니다. 할례가 그중 하나입니다. 할례하지 않으면 백성 중에서 끊어질 것이라고 하십니다. 믿음의 공동체에 속하려면 할례를 행하라고 하십니다. 믿음생활을 가로막는 내 인간관계에 할례를 행하고, 교회로 향하는 내 발목을 잡는 세상의 모든 것과 단절하라는 것입니다. 세상 공동체에 푹 빠진 사람은 영적 공동체에서 이탈할 수밖에 없습니다. 하나님의 사람이 될 수가 없습니다. 억지로라도 영적 공동체에 묶여 가야 세상 공동체에서 벗어나고 하나님의 사람이 될 수 있습니다. 영적 상속자가 될 수 있습니다.

아들의 유학 문제로 부자간에 큰 갈등을 겪다가 교회 공동체의 소그룹 모임에서 그 사건을 오픈한 이후 자신의 죄와 부족함을 보게 되었다는 집사님이 있습니다. 이제는 반항하는 아들의 고통까지도 구속사로 해석하게 되어 참 감사하다고 합니다. 하지만 그 이전엔 기질적 교만이 있어서 '이걸 굳이 공동체에 오픈해야 하나?' 하며 한동안 고민했답니다. 더구나 대학원에서 '집단 상담'을 배웠기에 '굳이 공동체에서 나눔을 하고 처방을 받는 것이 올바른 일인가' 하고 갈등했다는 겁니다.

그러나 집단 상담과 영적 공동체에서의 나눔은 아주 다릅니다. 크든 작든 교회 공동체는 피로 값 주고 사신 주의 성도들이 모여서 예수 그리스도를 중심으로 하나님의 꿈을 이루어 가는 곳입니다. 이 땅에서 천국을 가시적으로 보여 주는 곳입니다. 천국을 누리며 사는 곳입니다. 하지만 이곳에는 이상한 사람도 많고 싫은 사람도 있습니다. 수준도, 눈높이도 제각각입니다. 세상 모임이라면 굳이 이런 사람들과 어울릴 필요가 없습니다. 딱 끊으면 그만이지요. 그러나 교회 공동체에 속한 지체는 주님께서 '위하여 피 흘리고, 값 주고 사신' 귀한 형제자매들입니다. 다만 내 눈이 어둡기에 그 귀함을 모르면 수준 낮다고 무시하고 차별할 수 있습니다.

세상 공동체에 빠져 있으면 평생 사람을 비교하고, 무시하고, 차별하게 마련입니다. 그러면서도 그것이 죄인 줄 모릅니다. 육적인 사람들끼리 모인 곳, 이스마엘끼리 모인 곳에선 내 죄를 볼 수 없습니다. 오히려 감추어야 살아남습니다. 내 죄를 보여 주고 내 잘못을 지적해 줄 곳은 교회 공동체밖에 없습니다. 영적 공동체에 들어와야 내 문제가 보입니다. 그러므로 세상 공동체를 끊고 내 가치관에 할례를 행해야 합니다.

학교에서 배운 집단 상담은 일시적인 처방이 될 수 있습니다. 잠시 유익이 될 수는 있겠지요. 그러나 나의 영원한 유익을 위해 내가 가야 할 곳은 영적 공동체입니다. 영적 공동체는 끼리끼리 노는 사교 클럽이 아닙니다. 상대방의 잘못된 모습을 통해 내 죄를 보고 내 문제점을 발견하는 곳입니다. 교회 공동체의 지체들은 나의 거울입니다. 시기 질투를 불러일으키는 세상 공동체의 지체들과는 하늘과 땅 차이입니다.

세상 모임에 가면 사람들이 교묘하게 자기 소유를 자랑하기에 늘 기분이 나쁜데도 그 모임을 끊지 못하던 집사님이 있었습니다. 세상 모임에 가서는 늘 불쾌함을 겪으면서도 "회원들이 부르면 교회 공동체 모임까지 피해 가며 시간을 내서 나가려고 애쓰는 모습이 아직도 남아 있다"고 소그룹 모임에서 나눔을 했습니다. 그러자 그 소그룹 모임의 리더가 이렇게 처방했답니다.

"거기에 가면 안 된다고 생각하는 것이 믿음이 아니고, 거기에 가면 유혹을 받을 수밖에 없다고 깨닫는 것이 믿음입니다."

참 훌륭한 처방 아닙니까? 세상 모임이 문제가 아니라, 그 마음속에 유혹이 들어가는 것이 문제입니다. 믿음이 이제 막 생긴 사람은 세상 모임에 가면 유혹에 빠질 수밖에 없습니다. 이렇듯 믿음의 분량에 따라 처방이 달라야 합니다. 믿음에 덕과 지식이 쌓이고 절제와 인내와 경건과 사랑을 더한 사람은 그런 곳에 가도 됩니다. 믿음이 견고한 사람, 열매 맺기에 합당한 사람은 세상 모임에도 가야 합니다. 전도하러라도 가야 합니다.

아무튼 마음의 할례를 받는 것은 쉽지 않습니다. 육신의 정욕, 안목의 정욕, 이생의 자랑을 포기해야 하기 때문입니다. 내가 오늘 순종해야 할 할례 언약이 바로 이런 것입니다. 시공간의 할례를 계속 행해야 합니다. 술, 담배, 음란… 사소한 것부터 할례를 행하는 것이 공동체에서 끊어지지 않는 길이고, 하나님의 사람이 되기 위한 첫걸음입니다. 이것이 시작입니다.

남편에게 이유도 없이 피멍이 들도록 매 맞고 살던 한 집사님이 우리들 교회에 등록하고 소그룹 모임에도 참석했습니다. 그런데 기적 같은 일이 벌어졌습니다. 아내를 때리고 그토록 못되게 굴던 남편이 덩달아 우리들교회에 출석하고 소그룹 모임에도 나타난 것입니다. 그러고는 첫날부터 자기가 아내를 때렸던 이야기를 오픈하며 "아내와 딸이 너무 똑똑했으면 버렸을 텐데, 너무 모자라서 하는 수 없이 데리고 살았다"고 했답니다. 그 말을 듣는 순간 아내 집사님의 마음이 어떠했겠습니까? 자존심이 무너져 내렸겠지요. 매를 맞는 것보다 더한 아픔이 있었지만, 하나님의 섭리가 있어서 '옳소이다'가 됐다고 합니다. 이렇게 자신의 부족을 인정할 줄 알았기에 남편의 구원이 가능했던 것입니다.

세상적으로 연약할수록 하나님께서 긍휼히 여기십니다. 내 비록 쓰레기 인생을 산다 하더라도, 그로 인해 하나님께서 나를 더욱 돌보십니다. 하나님께서 지켜 주십니다. 그 담대함을 가지고 나아가면 사람들로부터도 내쳐지지 아니하고, 공동체에서도 끊어지지 않습니다. 비록 나는 아무것도 할 수 없어도 나의 전쟁은 하나님이 다 싸워 주십니다. 나의 세상적 지혜, 세상적 지식으로는 아무것도 변화시키지 못합니다. 그러므로 내가 가진 세상의 것들을 베어 내야 합니다. 마음의 할례, 몸의 할례를 받아야 합니다. 내가 예수님 때문에 포기하고 베어 낸 것이 있어야 내가 변화됩니다. 내가 변화되어야 가족과 이웃과 공동체를 변화시킬 수 있습니다.

∞ 내가 먼저 예수를 믿었다고 다른 지체를 차별하고 있지는 않습니까?

∞ 내가 지금 당장 주님 앞으로 인도해야 할 나의 이웃은 누구입니까?

∞ 그의 믿음을 위해 내가 내 삶에 적용해야 할 것은 무엇입니까?

∞ 가족과 이웃과 공동체를 위해 내가 변화되어야 할 것은 무엇입니까?

우리들 묵상과 적용

불신 가정에서 태어난 저는 일제 강점기 때부터 교회를 다녔다는 시댁으로 시집을 왔는데 새어머니였던 시어머니를 모시면서 고난이 시작되었습니다.

시어머니에게 남편의 첫 월급으로 용돈을 드렸더니 "나는 이렇게 적은 돈으론 못 산다"고 하여 10년 동안 남편의 월급은 물론이고 제 월급까지 봉투째 드려야 했고, 오히려 저희가 5천 원, 만 원 용돈을 타서 써야 했습니다. 또 아이를 낳지 못한 시어머니는 늘 저의 아들을 데리고 주무셨으며, 살림도 너무 잘하셨기에 저는 아내로서 엄마로서의 역할을 시어머니에게 빼앗긴 꼴이 되고 말았습니다. 남편 와이셔츠를 다려 주고, 아이들 책가방을 챙겨 주는 엄마들이 너무나 부러웠습니다. '나는 오직 돈 버는 일 외에는 아무 할 일이 없다'는 생각이 들어 인생이 슬펐습니다. 시어른들께는 '말씀 없는 순종'을 했기에 스트레스가 쌓여 죽을 것만 같았습니다.

그런 중에 남편이 친정 언니와 장사를 하게 되었습니다. 그러나 자금이 모자라 시숙과 친정 식구들에게 돈을 빌렸고, 그때 마침 IMF가 와서 온 집안이 쑥대밭이 되었습니다. 집도 월급도 압류가 되는 바람에 부득이 저희는 위장이혼을 하게 되었습니다.

하나님의 꿈을 이루는 사람이 되기 위해서는 과정이 중요하다고 하셨는데 위장이혼은 하나님의 방법이 아니었기에 막상 이혼을 하고 나니 남편은 이성을 잃었습니다. 급기야 죽어 버리겠다고 난동을 부렸습니다. 저는 그런 남편을 피해 서울 동생 집에 잠시 있었는데, 친구들은 물론 직장, 심지어 아파트 경로당에 있는 사람들까지 저를 '바람나서 집 나온 여자'로 오해하는 지경에 이르게 되었습니다. 그 후에도 남편은 아들 둘을 앞세워 동생 집까지 찾아와 제 머리채를 흔들며 죽으라고 소동을 부렸습니다. 저는 그 바람에 결국 그곳에서도 쫓겨나게 되었으며, 양육권도 포기한 채 방한 칸을 얻어 생활하게 되었습니다.

이렇게 사방에서 쫓겨나 죽지 못해 사는 인생이 되었을 즈음 TV를 보고 있는데 예쁜 아줌마 한 분이 '젖은 걸레, 마른걸레' 하며 시집살이 이야기를 하는데 저렇게 예쁜 사람이 시집살이를 한 것도 놀라웠고, 게다가 목사님이라고 해서 신기했습니다.

저는 말씀을 들으며 '하나님, 저에게도 목사님 같은 믿음이 있었다면 더 참을 수 있었을 텐데요' 하며 하염없이 눈물을 흘렸습니다. 그래서 날마다 방송 시간에 맞추어 말씀을 들었고, '정말 이런 교회가 있나?' 궁금하여 우리들교회까지 오게 되었습니다.

예배 때마다 주시는 말씀으로 제 가치관에 할례를 받고 공동체 지체들과 말씀을 나누니 비로소 그동안 막내인 제가 시부모님을 모신답시고 형님들에게 생색냈던 것과 엄마를 힘들게 하고 언니를 미워하고 원망했던 것들이 깨달아졌습니다. 정말 할 말이 없는 인생임을 알게 되었습니다.

그런 상황 속에서도 가족과 떨어져 혼자 살 수밖에 없던 저는 가족이 찬양하는 모습이 너무 부러워 '나에게는 이제 저런 시절이 없겠지'라고 한탄하며 많이 울기도 했습니다. 그러나 "보이는 것이 하나도 없어도 바라는 것을 실상으로 놓고, 보지 못하는 것을 증거하며 가는 것이 믿음"이라는 말씀과 "아이가 원해서가 아니라 부모의 믿음으로 할례를 받을 때에 하나님께서 이끌어 주신다"는 말씀을 붙잡고 날마다 내 죄를 고백하며, 다시 가족과 재결합하는 은혜가 주어지기를 기도했습니다.

이후 큰아들이 대학에 떨어져서 어쩔 수 없이 저에게로 돌아오는 계기를 허락하셨습니다. 그때부터 단칸방에서 큰아들과 함께 보내게 되었습니다. 그리고 1년 후에는 시어머니의 갑작스런 죽음으로 시댁에서 작은아들도 더 이상 양육이 어렵다며 저에게 보내 주었습니다. 남편 또한 아이들이 보고 싶다는 핑계로 저를 찾아왔습니다.

나의 영적 유익을 위해 공동체에만 붙어 있으라고 했기에 그 말씀 믿고 붙어 있다 보니 온 가족이 다시 한 가정을 이루는 은혜를 허락하셨습니다. 저를 그렇게 핍박하던 남편도 스스로 우리들교회에 왔고, 예배는 물론 소그룹 모임에도 꼬박꼬박 참석하며, 교회의 모든 훈련 과정을 마쳤습니다. 이전엔 남편을 보는 것만으로도 무서워 도망을 쳤지만 이제는 무서움도 사라지게 해 주셨습니다.

남편은 요즘 자신이 바보가 된 것 같다고 합니다. "전에는 당신을 속이기 위해서 머리를 잘 굴려야 했는데 요즘에는 숨길 것이 없으니까 머리 쓸 일이 없어"라는 것이 그 이유입니다. '바람난 여자 본때를 보여 주겠다'며 좋은 사람 만나서 보란 듯이 재혼해서 살려고 했는데, "진정한 복수는 용서하고 잘 살아 주는 것"이라는 말씀대로 이제는 복수하기 위해서 잘 살려고 합니다. 저희 가정을 중수해 주시고 목자로 세워 주신 하나님께 감사를 드리고, 눈물로 기도해 주신 공동체에 감사드립니다.

말씀으로 기도하기

우리는 하나님의 사람으로 택함을 받았어도 하나님의 꿈을 이루어 드리기엔 여전히 부족합니다. 아직도 결격사유가 많습니다. 하나님의 꿈을 이루어 가는 하나님의 사람은 세상의 사람과 달라야 합니다. 하나님의 사람으로서 구별된 가치관이 필요합니다.

≡≡≡ 자녀를 믿음으로 양육해야 합니다(창 17:9)

믿음을 물려줄 자식도 없는데, 지금 당장 눈에 보이는 상속자도 없는데, 그 보이지 않는 약속을 믿으라고 하십니다. 비록 눈에 보이는 것이 없어도, 그 말씀이 믿어질 수 있도록 믿음을 허락하옵소서. 교회만 열심히 데리고 다니면 믿음이 저절로 대물림되는 줄로만 알았습니다. 이제라도 말씀대로 사는 것을 보여 주는 믿음의 부모가 될 수 있도록 은혜를 허락하옵소서.

≡≡≡ 거룩히 구별되는 삶을 살아야 합니다(창 17:10-11)

말로만 지체를 섬기고, 가족을 사랑한다 했습니다. 믿음이 부족하니 덕과 지식과 절제와 인내와 경건과 형제 우애를 잘 공급하지 못했습니다. 이제부터라도 영적 상속을 위해 구별되는 삶을 살기 원합니다. 내 삶에 가지치기를 하고, 할례 받기를 원합니다. 오직 예수님 때문에, 오직 영혼 구원을 위해 몸과 마음에 고통 받은 흔적을 남길 수 있기를 소원합니다.

▤▤ 이웃과 영적 공동체와 함께 나아가야 합니다(창 17:12-14)

놀고, 마시고, 신나는 세상 재미에 빠져서 세상 모임만 쫓아다녔습니다. 교회 모임이고 예배고 안중에 없다 보니 영적 공동체에서 이탈할 수밖에 없었습니다. 하나님의 사람이 될 수가 없었습니다. 이제라도 시간과 공간, 가치관의 할례를 받기 원합니다. 억지로라도 영적 공동체에 묶임으로 세상 공동체에서 벗어나 하나님의 사람이 되고, 영적 상속자가 될 수 있기를 원합니다.

영혼의 기도

아버지 하나님, "세상 사람들과는 다르다"는 칭호를 받으라 하셨지만, 그러기는커녕 "믿는 사람이 더 나쁘다"며 손가락질 받는 저희입니다. 하나님의 꿈을 이루기에는 여전히 부족하고, 아직도 결격사유가 많습니다. 불쌍히 여기시고 용서해 주옵소서.

세상 모임에는 그렇게 잘 적응하면서도 교회 모임, 영적 공동체에 대한 부담은 여전합니다. 하지 말아야 할 것이 많고, 끊어야 할 것이 너무 많습니다. 내가 좋아하는 것들, 내가 가진 것들을 베어 내는 일이 정말 싫고 아픕니다. "너는 나를 위해 무엇을 포기했니? 무슨 흔적이 있니?" 하고 물으셔도 정말 드릴 말씀이 없습니다. 이제라도 "예수님 때문에 술, 담배, 여자, 남자를 끊었습니다. 예수님 때문에 제가 참고 사과했습니다"라고 말할 수 있는 십자가의 흔적을 허락하옵소서.

예수님 때문에 육신의 정욕과 안목의 정욕과 이생의 자랑을 끊게 해 주옵소서. 자녀에 대한 집착, 물질에 대한 집착을 끊게 하여 주옵소서. 내 모든 삶의 시간과 공간과 가치관에 할례를 행하게 도와주옵소서.

"하나님의 사람은 역시 다르구나" 하는 칭찬을 받는 것이 목적이 아니라, 때로는 하나님의 꿈을 이뤄 드리기 위해 오해도 받고, 고난도 받기를 원합니다. 그 아픈 흔적을 자랑거리로 삼고, 하늘에 쌓아 두는 우리가 될 수 있도록 은혜 내려 주옵소서.

말로만 지체를 섬기는 것이 아니라, 덕과 지식과 절제와 인내와 경건과 형제 우애를 잘 공급하여 내 가족, 내 이웃에 하나님의 온전한 사랑을 전할 수 있도록 은혜를 허락하옵소서. 이제부터라도 영적 상속을 위해 구별된 삶을 살기 원합니다. 예수님 이름으로 기도합니다. 아멘.

chapter _ 5

보이지 않는 길을 가라고 하십니다. 하나님의 사람은

할 수 있다고 하십니다. 먼저 걸어간 아브라함과 사라를

통해서라도 그 길을 볼 수 있기를 원합니다.

믿음과 영안을 허락하옵소서.

보이지 않는 길이라도 ──────

가라

성경 다음으로 가장 많은 나라의 언어로 번역되었다는 《천로역정》은 한 기독교인이 갖은 고난과 유혹을 겪으며 천국에 이르는 과정을 그린 작품입니다. 이 책을 쓴 존 번연은 영국의 왕 찰스 2세가 개신교를 박해하며 설교를 법으로 금지하였음에도 설교를 다니다 두 차례나 체포되어 12년 동안 감옥생활을 했습니다. 그리고 그곳에서 쓴 책이 바로 《천로역정》입니다. 감옥을 두려워하지 않고, 자신의 신앙을 지키며 뜨거운 열정으로 복음을 전하려 했던 그는 과연 무엇 때문에 그런 길을 선택하였을까요?

천국을 향해 나아가는 신앙생활은 보이지 않는 길을 걷는 것과 다름없습니다. 그런데도 하나님은 자녀인 우리에게 그 길을 가라고 명령하십니다. 믿음이 있으면 갈 수 있지만, 믿음이 없으면 갈 수 없습니다. 못 갈 것입니다. 안 갈 것입니다. 여러분은 어떻습니까? 하나님이 가라고 하는 길을 가고 있나요, 아니면 전혀 다른 길을 걷고 있나요? 처음엔 그 길을 잘 가다가 하나님이 미덥지 않아서 다른 길을 걷고 있지는 않나요? 가라고 하는 길이 12년의 감옥이라도 가시겠어요?

우리가 하나님의 꿈을 이루기 위해서는 비록 눈에 보이지는 않아도 가야 할 길이 있다고 합니다. 아브라함과 사라 부부에게도 마찬가지였습니다. 과연 아브라함 부부의 천로역정은 어떤 길이었을까요? 그들은 보이지도 않는 길로 어떻게 나아갔을까요?

끊임없이 하나님의 명령을 들었습니다

하나님이 또 아브라함에게 이르시되 네 아내 사래는 이름을 사래
라 하지 말고 사라라 하라(창 17:15)

하나님은 아브람에게 "여러 민족의 아버지가 돼라"시며 아브라함이라는 새로운 이름을 주셨습니다. 또한 하나님의 사람은 세상 사람과 다르게 살아야 하기에 시간과 마음, 그리고 몸에 "할례를 행하라"고 명령하셨습니다.

"주의 말씀은 내 발에 등이요 내 길에 빛"이라고 했습니다(시 119:105). 이 말씀처럼 보이지 않는 길을 가기 위해서는 하루하루, 한 걸음 한 걸음 하나님의 말씀, 하나님의 명령을 들어야 합니다.

이렇듯 아브라함에게 계속해서 명령을 주시고 약속을 주시던 하나님께서 이번에는 사래의 이름을 사라로 바꾸라고 명령하십니다. '나의 공주'에서 '여러 민족의 어머니'로 바꾸라고 하십니다. 아브람에게 여러 민족의 아버지가 되라고 하시더니 이제는 사래에게 여러 민족의 어머니가 되라고 하신 것입니다. 아브라함이 여러 민족의 아버지가 되면, 그 아내 사래는 저절로 여러 민족의 어머니가 될 터인데, 왜 굳이 사래의 이름까지 바꾸셨을까요? 아담에게 돕는 배필을 주신 것처럼 영적 상속자는 혼자 낳을 수 없기 때문입니다. 영적 상속자는 부부가 함께 낳는 것입니다. 아브라함도 사라가 있어야 영적 상속자를 낳을 수 있습니다. 영적 상속자를 낳는 일에는 남녀 차별이 없습니다.

하나님께서는 아브라함 부부의 이름을 바꾸라고 한꺼번에 명령하지 않고, 먼저 아브람을 아브라함으로 바꾸고 할례 언약을 주신 다음, 사래의 이름을 사라로 바꿔 주십니다. 하나하나 차근차근 명령하십니다. 따라서 우리는 하나님의 말씀을 하나하나 차근차근 들어야 합니다. 성경을 읽을 때 단번에 여러 장을 읽다 보면 하나님의 음성을 새겨듣기가 어렵지 않습니까? 큐티를 하면서 한 구절 한 구절 묵상해야 하나님의 말씀이 쏙쏙 들어오는 것입니다.

그런데 사라가 누굽니까? 자기 몸종 하갈을 남편 아브라함과 동침하게 하여 이스마엘을 낳게 하고는 질투심이 만발해서 하갈을 쫓아낸 인물이 아닙니까? 그런데 무슨 자격이 있어서 여러 민족의 어머니가 되느냔 말입니다. 도망간 하갈이나 쫓아낸 사래나 그 행위로 보면 누가 잘했는지 모르겠습니다. 그런데 하나님께서는 하갈이 아니라 사래를 택하십니다. 이름까지 사라로 바꿔 가며 애타게 말씀하십니다.

"너는 대단한 존재다. 여러 민족의 어머니다. 함부로 살아서는 안 된다."

"이스마엘로 끝나서는 안 된다. 이스마엘의 어머니로 사는 인생이 되라고 너를 불러낸 것이 아니다."

사래는 이 말씀을 아브라함으로부터 전해 듣고 사라로 살아가기로 결단합니다. 내가 부족해도 하나님의 말씀이 들려서 반응하는 사람은 사라가 될 줄 믿습니다. 여러 민족의 어머니가 될 줄 믿습니다. 나는 비록 문제 많지만 하나님의 음성이 들리는 사람, 바로 그런 사람이 보이지 않는 길을 갈 수 있습니다.

로마서 4장 16절에 따르면, 우리가 하나님의 상속자가 되는 것은 아브라함이 우리 모든 사람의 조상이요 우리가 아브라함의 믿음에 속한 자이기 때문입니다. 이것이 오늘 우리들에게 주신 약속입니다.

예수 믿으면 가도 되고 안 가도 되는 길이 아니라 반드시 가야 하는 길입니다. 모든 사람을 그리스도의 제자 삼으라고 명령하십니다. 제자훈련을 받아 증인이 되라고 하십니다. 이 길을 가는 것, 내 능력으로는 너무 힘든 일이지만, 믿음으로 하는 일입니다. 이 길을 가라고 명령하시는 하나님을 믿어야 하는 것입니다. 오직 하나님을 믿음으로 가야 하는 길입니다.

∞ 하나님께서 가라고 하신 길이 있습니까? 지금 그 길이 보입니까? 그 길을 잘 걸어가고 있습니까?

∞ 하나님이 미덥지 않아서 다른 길을 걷고 있지는 않습니까? 그 길은 어디로 가는 길입니까?

∞ 하나님이 가라고 하신 길을 가기 위해 내가 할례하고, 적용해야 할 것은 무엇입니까?

하나님과 대화하며 타협했습니다

내가 그에게 복을 주어 그가 네게 아들을 낳아 주게 하며 내가 그에게 복을 주어 그를 여러 민족의 어머니가 되게 하리니 민족의 여러 왕이 그에게서 나리라(창 17:16)

하나님께서 끊임없이 명령하시는 이유는 우리로 하여금 복의 근원이 되게 하기 위함입니다. 그러므로 하나님께서는 명령만 하시지 않습니다. 약속도 주십니다. 그랬더니 아브라함이 이렇게 반응합니다.

아브라함이 엎드려 웃으며 마음속으로 이르되 백 세 된 사람이 어찌 자식을 낳을까 사라는 구십 세니 어찌 출산하리요 하고(창 17:17)

아브라함이 전능하신 하나님께 경배하고, 그렇게 회개한 것 같은데도 아직 정신을 못 차린 것 같습니다. 말씀을 듣고도 자기 삶에 적용하지 못합니다. 그렇게 오랜 시간을, 머나먼 길을 하나님과 함께해 왔으면서도 아직도 뭘 모릅니다. "백 살 된 제가 어찌… 게다가 제 아내는 나이가 구십인데…" 하고 실실 웃습니다. 하나님께서 우리 부부를 여러 민족의 아버지 어머니로 삼겠다는 말씀은 감사하지만 시원찮은 자기들이 어찌 그렇게 되겠느냐는 것입니다. 아브라함의 눈에 보이는 것은 90세, 100세 된 늙은 부부의 모습뿐입니다.

요한복음 9장에서 눈을 뜬 맹인도 예수님의 실체를 알아보지 못하다가 유대인들로부터 쫓겨나서야 예수님을 알아보고 믿는다고 했습니다. 이처럼 우리도 믿음의 실체를 아직 잘 모를 수 있습니다. 예수님을 믿으면서도 코끼리 뒷다리만 만지고 있을 수 있습니다. 그러니 하나님 말씀을 제대로 깨달을 리 없습니다. 아브라함이 그래서 이런 타협안을 제시합니다.

> 아브라함이 이에 하나님께 아뢰되 이스마엘이나 하나님 앞에 살기
> 를 원하나이다(창 17:18)

눈에 보이는 이스마엘을 상속자로 잘 키워서 하나님께서 말씀하신 약속을 이루면 되지 않느냐는 겁니다. 아브라함은 끝까지 눈에 보이는 환경에 기대려고 합니다. 문제 많은 자식, 속 썩이는 자식이 영적 상속자가 될 수 있다는데도, 끊임없이 잘나고 똑똑한 아들 이스마엘이 자신의 상속자

가 되었으면 하는 것입니다. 눈에 보이지도 않으니 이삭은 안중에도 없습니다. 그에겐 오직 이스마엘뿐입니다. 이스마엘, 내가 부르다가 죽을 이름 이스마엘입니다.

"원수를 사랑하라" 이렇게 명령하셨는데, "그건 수준이 너무 높아요. 열심히는 해 볼 테니 그 노력 자체만으로 말씀에 순종하는 걸로 받아 주시면 안 될까요?" 이렇게 타협을 합니다. "이웃을 내 몸같이 사랑하라"는데, "하나님이 높은 수준의 사랑을 원하시는 것은 알겠는데, 내 몸같이 사랑하는 것은 불가능해요. 저는 그냥 구제헌금, 십일조나 열심히 하고 가끔 다른 사람도 도와주면서 살면 안 될까요?" 이러면서 타협안을 제시하는 것이 아브라함이고, 우리들입니다.

"거짓말하지 말라"고 하는데 "어떻게 거짓말 안 하고 삽니까? 그래도 새빨간 거짓말은 안 할 테니 하얀 거짓말은 좀 하고 살겠습니다. 이해해 주시길 바래요, 하나님!" 이럽니다. 여러 민족의 아버지, 어머니가 되라고 축복하시는데, "배운 것도 없고 아는 것도 없는데 무슨… 내 식구도 먹여 살리기 힘들어 죽겠는데 무슨 사람 살려라, 영혼 구원해라, 여러 민족의 아버지, 어머니 되라고 하십니까?" 이러면서 우리는 하나님께 타협안을 내밉니다. 그나마 타협안을 제시하며 하나님과 대화를 하니 다행입니다.

그러나 하나님 말씀에 귀 기울이지도 않고, 기도도 하지 않으면 실수를 하게 마련입니다. 아브라함이 언제 실수했나요? 사래 말에 혹해서 하갈과 동침하고 이스마엘을 낳았을 때가 아닙니까. 그때 아브라함의 태도가 어땠는지 기억하세요? 그는 하나님께 한마디도 여쭈어 보지 않고 하갈과 동침했습니다.

∞ 하나님의 말씀을 듣고도 "에이, 설마" 하며 그 말씀을 업신여긴 적이
  있습니까?
∞ 오늘 하나님과 적당히 타협하고 싶은 것이 있습니까? 그것은 무엇입니
  까?
∞ 하나님 말씀에 귀 기울이지 않고, 기도도 하지 않아서 내가 저지를 수
  밖에 없었던 실수는 무엇입니까?

그러나 하나님은 결코 타협하지 않으십니다

———

하나님이 이르시되 아니라 네 아내 사라가 네게 아들을 낳으리니
너는 그 이름을 이삭이라 하라 내가 그와 내 언약을 세우리니 그의
후손에게 영원한 언약이 되리라 (창 17:19)

아브라함은 "이스마엘이나 데리고 잘 먹고 잘살게 해주세요. 그 아이가
상속자가 되게 해 주세요" 하고 적당한 타협안을 제시했지만, 하나님은 딱
잘라 "아니다"라고 하십니다. 과거에는 네 몸에서 날 자가 영적 상속자라
고 했지만 이제는 "네 아내 사라가 너에게 아들을 낳으리라"고 하십니다.

그리고 그 이름까지 이삭이라고 지어 주시고, 그 이삭에게 영적 상속을 하겠다고 하십니다.

점점 말씀이 확실하게 깨달아지는 것이 신앙의 성숙인데, 아브라함은 나아지는 게 없어 보입니다. 그러나 하나님은 아브라함을 전혀 책망하지 않으십니다. 오히려 축복을 하십니다.

> 이스마엘에 대하여는 내가 네 말을 들었나니 내가 그에게 복을 주어 그를 매우 크게 생육하고 번성하게 할지라 그가 열두 두령을 낳으리니 내가 그를 큰 나라가 되게 하려니와(창 17:20)

육적인 아들 이스마엘을 하도 못 내려놓으니까 하나님께서 그 이스마엘도 축복하십니다. "그래, 네가 이스마엘을 그렇게 좋아하니 내가 그에게도 복을 줄게. 내 사랑하는 아브라함의 씨인데 내가 복을 안 주겠냐"고 하십니다. 그리하여 이스마엘은 영적 상속자가 되는 것 말고는 인간이 받을 복을 다 받았습니다. 바란 광야에서 활 쏘는 자로 유명해지고, 생육하고 번성하여 열두 두령을 낳아서 큰 민족을 이루었습니다.

이스마엘조차 이런 축복을 받았으니 우리가 더욱 이스마엘을 못 내려놓는 것입니다. 하물며 이런 이스마엘을 우리는 얼마나 간절히 원하고 있습니까? 이 세상 사는 데는 이스마엘처럼 훌륭한 아들이 방패가 되지, 태어나지도 않은 이삭이 무슨 소용 있습니까? 이 세상 살아가는 데는 세상에 속한 것이 필요한데 굳이 그걸 마다하고 이삭을 요구하겠습니까?

아담도 그랬을 것입니다. 인생이 허무하다고 외치는 아벨보다 돈도 잘 벌고 에녹 성 짓는 가인이 훨씬 좋지 않았겠습니까? 아브라함도 활 잘 쏘고 멋있는 이스마엘이 훨씬 좋았을 것입니다. 아브라함도 그런데 하물며 우리는 말해서 무엇하겠습니까? 그런데 하나님은 그렇지 않습니다. 예수님의 계보에는 밤낮 허무하고 치료 불가능한 사람들만 계속 올라갑니다. 성경 어디에나 예수님의 계보는 그렇게 이어지고 있습니다.

내 언약은 내가 내년 이 시기에 사라가 네게 낳을 이삭과 세우리라

(창 17:21)

이게 무슨 말씀입니까? 영적인 복은 육신적인 세상의 복과는 연결이 안 된다는 것입니다. 이스마엘에게 세상의 모든 축복을 다 주어도 하나님의 영적 상속자는 이삭이라는 것입니다. 이스마엘이나 이삭이나 다 같은 아브라함의 씨이지만 이스마엘은 이스마엘이고, 이삭은 이삭이라는 것입니다. 아무리 이 세상에서 활 잘 쏘고 멋있고 번성해도 이스마엘과 이삭은 구별해야 한다는 것입니다. 이것을 혼돈하지 말아야 하는데 우리는 평생 분별 못 하고 삽니다. 하나님의 은혜로 축복을 받았다고 외치는 아브라함의 자손 이스마엘이 너무 많습니다. 믿음의 진보도 전혀 없으면서 믿음의 아버지, 할아버지만 부르짖습니다.

그러나 하나님은 분명히 말씀하십니다.

"육적인 복은 다 주겠지만, 그게 전부가 아니야. 그건 주님 오실 때까지

만이고, 일시적인 것이야. 이 천년이 다하도록 축복을 받아도 그건 이 세상이 끝날 때까지이고, 영생은 오직 이삭뿐이야. 그래서 망해도, 아파도 예수를 믿어야 하는 거야."

지금은 비록 태어나지도 않은 이삭이지만 하나님은 그 이삭과 언약을 세우겠다고 하십니다. "싫어요, 싫어요" 해도 하나님은 반드시 이삭을 통해서만 영적 상속을 하시겠다고 합니다. 90세, 100세가 되어도 이삭을 반드시 낳아야 한다고 하십니다.

정말 싫은데 집집마다 이렇게 하나님이 맡겨 주신 이삭이 있습니다. 공부 잘하고 말 잘 듣는 자식 뒷바라지 잘해서 호강 좀 하려는데, 이스마엘 덕 좀 보고 살려는데, 하나님은 말도 안 듣고, 공부도 안 하고, 사고만 치고 다니는 이삭, 앞으로 뭐가 될지도 모르는 그런 이삭을 끝까지 떠맡기려 하십니다. 그 이삭을 통해 대를 잇겠다고 하십니다. 타협이 없습니다.

∞ 하나님께서 내게 주신 세상의 복은 어떤 것입니까? 그것이 일시적인 복이라는 것을 인정합니까? 하나님께서 내게 주신 영원한 축복이라 착각되어 더욱 내려놓지 못하는 것은 무엇입니까?

∞ 하나님께서 내게 맡겨 주신 이삭은 누구입니까?

순종함으로 보이지 않는 길을 가야 합니다

---

22 하나님이 아브라함과 말씀을 마치시고 그를 떠나 올라가셨더라
23 이에 아브라함이 하나님이 자기에게 말씀하신 대로 이날에 그
아들 이스마엘과 집에서 태어난 모든 자와 돈으로 산 모든 자 곧
아브라함의 집 사람 중 모든 남자를 데려다가 그 포피를 베었으니
(창 17:22-23)

하나님께서 말씀을 마치고 떠나가셨습니다. 그런데 이 이야기를 아브라함이 알아듣기 시작했습니다. 말씀을 자꾸 듣다 보니 귀가 뚫린 것입니다. 그제야 아브라함도 육의 아들과 영의 아들이 구별되었습니다. 그래서 '말씀하신 대로 이날에' 포피를 베었습니다.

24 아브라함이 그의 포피를 벤 때는 구십구 세였고 25 그의 아들 이
스마엘이 그의 포피를 벤 때는 십삼 세였더라 26 그날에 아브라함
과 그 아들 이스마엘이 할례를 받았고 (창 17:24-26)

모두가 포피를 베고 할례를 받았습니다. 말씀에 순종한 것입니다. 하나님은 아브라함 스스로 자식을 얻는 것이 불가능하다고 생각한 그 이전부터 태어나지도 않은 이삭을 계획해 두고 계셨습니다. 뿐만 아니라 이삭 후

의 여러 민족을 계획하고 계셨습니다. 단지 아브라함이 하나님의 그 계획을 알지 못했을 뿐입니다. 세상 잣대로는 형편없는 모습이라고 해도, 정말 주님을 만나는 자녀가 영적인 상속자요, 그가 바로 이삭이요, 언약의 후손이라는 하나님의 말씀이 무슨 뜻인지를 알아듣지 못했습니다. 그런데 이제야 비로소 그 말씀이 믿어졌습니다. "비록 감옥을 다녀왔어도 믿음 있는 아들이 믿음 없이 하버드대학 나온 아들보다 낫다"는 말씀이 이해가 된 것입니다. 말씀이 깨달아지니 가 보지 않은 길이지만 하나님을 신뢰하고 그 길로 가려고 할례를 행했습니다.

그렇습니다. 순종의 문제는 결국 우리가 하나님을 신뢰하느냐 그렇지 못하느냐에 달려 있습니다.

볼프강 조프스키는 《안전의 원칙》에서 "일상생활에서 중요한 것은 희망의 원칙이 아니라 신뢰의 실용주의. 희망은 정보의 부족에 바탕을 두는 반면, 신뢰는 정보에 도움을 받는데, 아무것도 모르는 사람은 아무것도 신뢰할 수 없지만 모든 것을 이미 알고 있는 사람은 더 이상 신뢰를 필요로 하지 않는다"고 했습니다. 신뢰는 미래의 사건에 영향을 미치지만 그 토대가 되는 것은 과거의 경험이라는 것입니다. 다시 말하면 희망을 품은 사람은 눈을 감고 자신의 운을 하늘에 맡기는 반면, 신뢰를 주는 사람은 맹목적으로 믿는 것이 아니라 언제나 깨어 있고 늘 근거를 검증하며, 자신의 행동방식을 계속해서 교정한다는 것입니다. 언제나 자기 자신에게 닥쳐올 수 있는 위험에 대처할 준비를 하고 늘 열린 미래를 염두에 둔다고 합니다. 그러므로 모든 것이 가능한 것처럼 행동하지 않습니다.

그러니 희망을 가지고 "믿는 자에게 능치 못할 일이 없다"며 최면을 거는 것보다 신뢰를 주는 사람이 되는 게 중요합니다. 중요한 것은 사람들에게 희망을 주는 것보다 신뢰를 주는 것입니다. 신뢰를 주는 사람은 언제나 깨어 있고 검증하고 교정하고 대처하고 준비하고 염두에 두고 교만하게 행동하지 않습니다.

갈대아 우르를 떠나왔으면서도 하나님을 신뢰하지 못해 이상한 짓을 자꾸 했던 아브라함이지만 이제 점점 '하나님은 신뢰할 만한 분'이라는 걸 알게 되었습니다. 이런 신뢰가 없으면 우리 역시 보이지 않는 길을 갈 수 없습니다. 아이가 부모를 신뢰하지 않고 어떻게 낯선 길, 가 보지 않은 길을 갈 수 있겠습니까? 부모를 신뢰하니까 부모 손 붙잡고 가는 것입니다.

우리들교회가 이렇게 계속 부흥하는 것은 무엇보다 성도들이 교회를 신뢰하기 때문에 가능한 것 아니겠습니까? 신뢰가 있어야 무너지지 않는 공동체가 됩니다. 믿으면 천국 갈 수 있다고 희망을 주는 것보다 더 중요한 것은 천국에 대한 신뢰를 심어 주는 것입니다. 신뢰를 주는 사람은 입으로만 "내가 1억을 벌겠습니다, 10억을 벌겠습니다" 하지 않습니다. 늘 검증하고 깨어 있고 대처하고 준비합니다. 우리들교회 성도들은 말로만 "믿는다, 믿는다" 하지 않습니다. 날마다 큐티하며 늘 내 죄를 보고, 말씀을 내 삶에 적용합니다. 말씀을 신뢰하니 점점 더 큰 지경의 천국 공동체를 이루어 갑니다.

성경에 기록된 아브라함의 삶을 보노라면 그의 믿음이 얼마나 연약한지 알 수 있습니다. 그러나 그 겨자씨만 한 믿음이라도 있는 것이 위대한 것입니다.

생각해 보십시오. 아브라함이 포피를 베고 할례한 것이 얼마나 우스꽝스러운 일입니까? 예전에 아브라함이 롯을 구하러 갔을 때 따라간 용사들이 무려 318명입니다. 전쟁터로 뽑혀 간 용사가 그 정도였으니 아브라함이 집에서 기른 용사는 적어도 그 이상은 되었을 것입니다. 그 수백 명이 넘는 남자들이 어느 날 갑자기 죄다 포경수술을 하고 일주일 동안 드러누운 것입니다. 이때 누군가 침략해 들어온다면 꼼짝없이 전멸당할 수밖에 없습니다. 그걸 모를 리 없을 텐데 그럼에도 목숨을 걸고 모두 포경수술을 했습니다. 하나님을 신뢰하지 않으면 어떻게 그럴 수 있겠습니까? 사람들이 아브라함을 신뢰하고, 아브라함은 하나님을 신뢰했으니 이 할례의식이 가능했습니다.

그런데 더더욱 우스운 게 있습니다. 하나님께서 90세 된 할머니에게 아들을 낳게 해 줄 테니 이름을 바꾸라는 것입니다. '김양재'에게 '김아들'로 이름을 바꾸라고 하십니다. 90세 된 할머니가, 돌아가실 날도 머잖은 할머니가 "난 이제 아들을 낳아야겠으니 이름을 '김아들'로 바꾸겠어" 한다면 사람들이 그 말을 듣고 어쩌겠습니까? 다 손가락질하지 않겠습니까? 생각만 해도 우습지 않나요? 90세 된 노인네가 아들을 낳을 수 있다는 말을 믿는 것 자체가 우습잖아요. 게다가 경수도 다 끊어졌는데….

그런데 아브라함과 사래가 그 말씀에 순종했습니다. 할례를 행하는 것도, 이름을 바꾸는 것도 너무나 우스꽝스럽지만 그렇게 순종했습니다. 지금 이들이 이렇게 포피를 베고 피를 흘리며 드러누워 있는 것도, 경수가 끊어졌음에도 아들을 낳아 여러 민족의 어머니가 되겠다며 이름을 바꾼 것도 하나님에 대한 신뢰가 겨자씨만큼이라도 있었기 때문입니다.

교회에서 "양육 받아라", "소그룹 모임에 가라"고 해도 교회를 신뢰하지 않고 목사를 신뢰하지 않으면 절대로 그 말에 순종하지 못합니다. 훈련도 신뢰가 가야 받는 것 아니겠습니까? 아무리 좋은 거라고 해도, 신뢰가 없으면 그 말을 믿고 따르지 못합니다.

여러분은 그런 신뢰와 믿음이 있습니까? 내가 지금은 비록 고난에 빠져 있고, 내 가족이 중독에, 죄악에 빠져 있어도 내가 먼저 훈련을 받고 말씀을 믿고 순종하고 나아가면 내가, 온 가족이 영적 상속자가 될 수 있다는 믿음이 있습니까? 아니면 내 가족이 죽어라 변하지 않아서 안달이 나고, 하나님을 원망만 하고 있지는 않습니까?

요한복음 11장에서 예수님이 나사로가 병들었다는 소식을 듣고도 마르다와 마리아의 집에 가기까지 이틀을 더 지체하신 것(요 11:6)은 나사로가 살아나기를 너무나 간절히 원하는 그녀들의 마음을 좀 가라앉히기 위함이었습니다. 마르다가 원망을 했지만 예수님은 내 아들이, 내 가족이 살고 죽는 문제에서 이제 좀 벗어나기를 원하셨습니다. 내 자식이, 내 식구들이 변하고 안 변하는 것에 너무 집착하지 말라는 것입니다. 내 가족 문제는 "내 살아생전에 절대로 안 변한다" 이렇게 최면을 걸고 가야 합니다. 그들이 변할 것을 기대하지 말고 내가 먼저 변해야 합니다. 내가 변하면 상대방은 저절로 변합니다. 변해야 할 것은 오직 나밖에 없습니다.

하나님을 온전히 신뢰하면, 하나님이 제일 좋은 것을 주실 것을 믿어야 합니다. 하나님을 신뢰해야 합니다. 우리가 남태평양을 가든 캄보디아를 가든 비행기의 안전함을 믿으니까 그 비행기를 타고 여행을 가는 것 아니겠습니까?

하나님을 절대적으로 신뢰하면, 나에게 어떤 사건을 주시더라도 절대적으로 순종할 수 있습니다. 하나님께서는 우리에게 포피도 베라 하시고, 이름도 바꾸라고 하십니다. 세상 잣대로는 우스꽝스런 명령이지만, 하나님께서는 다 뜻이 있고 계획이 있기에 그런 명령을 하십니다. 믿음은 결코 상식을 초월하지 않습니다. 그러나 초월하신 하나님을 믿어야 합니다. 그렇다고 미신처럼 맹신하며 점치고 굿하라는 게 아닙니다. 삶에서 은혜와 평강을 가지고, 하나님이 나에게 하시는 일을 신뢰해야 합니다. 이 믿음은 세상이 감당하지 못합니다. 바랄 수 없는 중에 바라는 믿음, 환경을 넘어서는 믿음이 진정한 믿음입니다.

수치와 조롱 가운데, 남들이 다 손가락질을 하는 가운데 수백 명이 포피를 베고 널브러져 있었습니다. 상상만 해도 우습지 않습니까? 여러분이라면 그렇게 하겠습니까? 그러나 이 순종이 바로 믿음입니다.

> 그 집의 모든 남자 곧 집에서 태어난 자와 돈으로 이방 사람에게서
> 사 온 자가 다 그와 함께 할례를 받았더라(창 17:27)

돈으로 이방 사람에게서 사 온 자도 함께 믿게 하려면 값을 치러야 합니다. 내 집 식구들이야 가장의 권위로, 명령으로 할례 받게 할 수도 있습

니다. 그러나 아무리 돈으로 사 온 자라도 강제로 포피를 벨 수는 없었을 것입니다. 이방 사람으로부터 사 온 자들이기에 믿음은커녕 하나님도 알지 못했을 것입니다. 그런 자들이 무엇을 믿고 아브라함과 같이 할례를 받았겠습니까? 아브라함을 신뢰하지 않았으면 어떻게 한 사람도 빠짐없이 할례를 받을 수 있겠습니까? 아브라함이 제아무리 그 집안의 일인자라 하더라도 아브라함에 대한 신뢰가 없다면 그게 가능했겠습니까?

이렇듯 함께 어울려 사는 이웃들을 예수 믿게 하려면 내가 우선 그들로부터 신뢰를 받고 인정을 받아야 합니다. 섬기고 배려할 줄 알아야 하고, 일인자가 되어야 합니다. 영적 상속자를 낳으려면 예수를 믿는 것도, 할례를 받는 것도 내가 본이 되어야 합니다.

아브라함은 이삭을 얻기까지 무려 24년의 세월을 인내와 겸손으로 기다려야 했습니다. 이름도 바꾸고, 할례도 받아야 했습니다. 자신뿐 아니라 자신이 이끄는 공동체 모든 이에게도 할례를 받게 했습니다. 신뢰 받는 가장, 믿음의 본이 되었습니다.

영적 상속자 한 명을 낳기까지는 이런 적용과 과정이 필요합니다. 이스마엘은 아무런 기다림 없이, 어느 날 갑자기 불쑥 낳았기 때문에 육적 상속자일 수밖에 없습니다. 우리도 마찬가지입니다. 하나님을 믿지도 않는데 입학 시험, 취직 시험 착착 잘 붙고, 결혼해서 아이도 쑥쑥 잘 낳고, 사업을 하는 족족 돈을 쓸어 담으면 간증할 것이 무엇이 있겠습니까? 인내하며 기다릴 게 뭐가 있겠습니까? 다 내가 잘나서 그런 줄 압니다. 하나님 믿고 의지할 이유도 없고, 하나님의 때를 기다릴 이유도 없습니다. 간증은커녕 제

자랑만 하고 살겠지요. 하나님께서도 도와주실 리 만무합니다.

아브라함의 모든 식구가 할례를 받을 때 이스마엘의 나이는 13세였습니다. 그러나 이삭은 태어나면서 곧장 할례를 받았습니다. 이처럼 자식을 일찍부터 성경적인 가치관으로 키우지 않으면 영적 대물림을 하기가 힘듭니다. 늦으면 늦을수록 곤란해집니다. 말씀으로 자라고, 말씀으로 공부하고, 말씀으로 결혼해야 "하나님께서 주셨어요" 하고 간증할 수 있습니다. 그런 사람에게 하나님께서 역사해 주십니다. 그러니 어려서부터 아이들을 말씀으로 키워야 합니다. 그렇지 않으면 이스마엘처럼 복을 아무리 받아도 이 땅에서뿐입니다. 일시적인 것이요, 지옥 백성이 되는 것입니다. 그러니 어찌 우리가 내 자녀, 내 식구들의 구원과 영적 상속을 위해서 눈물을 흘리지 않을 수 있겠습니까.

하나님의 영적 상속자는 마음 좋고 착한 이방인 엘리에셀이 아니었습니다. 하갈과의 사이에서 손쉽게 얻은 이스마엘도 아니었습니다. 기다리고, 기다리고, 또 기다리다 지쳐서 포기할 무렵에야 주신 이삭이었습니다. 그런데 아브라함은 이 태어나지도 않은 이삭, 눈에 보이지도 않는 영적 상속자를 위해 포피를 베었습니다. 뿐만 아니라 이스마엘을 비롯한 자기 수하의 모든 가족이 할례를 받게 했습니다. 이삭 하나를 얻기 위해서 그렇게 사랑하던 이스마엘까지도 끊어 낸 것입니다.

내 집에 있는 모든 것이 거룩하고 구별되고 거듭나야 하나님이 영적 상속자를 주십니다. 아브라함도 우리처럼 세상이 싫지 않았을 것입니다. 이스마엘이 싫지 않았겠지요. 그러나 결국엔 이스마엘을 붙잡지 않았습니다. 이삭을 붙잡았습니다. 영적인 이삭을 붙잡기 위해서, 그에게서 날 예수 그리스도를 붙들기 위해서 이 세상에서 가장 좋아하는 이스마엘을 끊어 낸 것입니다. 이스마엘이라는 포피를 베었습니다. "내 자식이 예수만 믿는다면 다른 것은 모두 포기해도 좋다." 이런 결단을 했던 것입니다.

교양 있고, 학벌 좋고, 사회적 지위도 있고, 교회에서도 소그룹 모임 리더로 헌신하는 집사님 부부가 있습니다. 아브라함처럼 오랫동안 믿음생활을 해 오며, 교회 공동체 안에서도 우리를 늘 기쁘게 해 주던 그들 부부에게 청천벽력 같은 사건이 왔습니다. 하나밖에 없는 아들이 여자 친구에게 혼전임신을 시킨 것입니다. 그런데 이 아들의 여자 친구도 알고 보니 예사롭지가 않았습니다. 혼전임신으로 태어나 엄마 없이 생부 밑에서 자랐는데, 더 기가 막힌 것은 5년 전에 이미 다른 남자 친구의 아이를 낳은 적이 있다는 것입니다. 아이는 생부가 키우고 있고요. 설상가상으로 아들 또한 여자 친구를 혼전임신시킨 것이 처음이 아니었습니다. 과거에 사귀던 여자 친구 세 명에게도 임신을 시키고 낙태를 동조하거나 방임했다는 소식까지 들렸습니다.

이제 갓 대학을 졸업한 아들인데, 이걸 어떻게 해야 하겠습니까? 이 아이를 낳아야 하나요? 아이를 가졌으니 결혼을 시켜야 하나요? 정말 답이 없습니다. 암담하기 짝이 없었지만, 비록 길은 보이지 않았지만, 우리가 가야 할 길이 영혼 구원의 길이기에 아이를 낳기로 하고 또 결혼도 시키기로 했습니다. 임신한 여자 친구를 교회에 데려와서 세례를 받게 함으로 불신결혼 딱지도 떼었습니다. 그리고 이분이 교양도 체면도 다 내려놓고 소그룹 리더 모임에서 간증을 했습니다.

모든 일이 드러나는 주의 날이 도적같이 우리 가정에 임했습니다. 아들이 사귀던 여자 친구를 혼전임신시킨 사건을 보며 부모의 죄가 자식들에게 대물림하고 있는 것을 알았습니다. 순간 끝까지 죄악을 감찰하시는 하나님이 불의한 아들과 저를 심판 날까지 형벌 아래 두는 사건으로 생각되어 두려움에 떨기 시작했습니다.

젊은 시절 두 번의 외도를 용케도 들키지 않았고, 우리들공동체의 양육을 받으면서도 숨겨 왔습니다. 하나님의 말씀을 부러 잊으려고 했습니다. 간증할 때도 축소 고백했습니다. 말씀 때마다, 지체들의 고백을 들을 때마다 괴로워하면서도 영원히 숨기고 갈 수 있을 것 같았습니다. 이렇게 사건을 당하고 보니 "개가 그 토하였던 것에 돌아가고 돼지가 씻었다가 더러운 구덩이에 도로 누웠다"(벧후 2:22)는 말씀이 생각납니다.

이스마엘이 좋아서 13년이나 하나님과 교제가 없었던 아브람이 저입니다. 그런 아브람이었지만 그에게 찾아오셔서 "너는 내 앞에서 행하여 완전하라" 하신 하나님 말씀이 저에게도 똑같이 들렸습니다. 이제는 나의 가장 더러운 죄를 쏟아 내라고, 그래서 깨끗하고 완전해져 멸망에 이르지 말라고 애통해하시는 하나님의 음성이 들렸습니다.

좀 더 일찍 내 죄를 드러내 아들을 살리지 못했다는 정죄감에 시달리며, 몇 날에 걸쳐 암시적으로 가족들 앞에서 오픈해 오던 저는, 주일 말씀에 정말 하나님 앞에서 엎드려져 자복하는 마음으로 내 죄를 직접적으로 완전히 드러냈습니다. 설마 했던 가족은 충격이 컸지만 들어 둔 말씀이 있는지라 빠른 회복을 보였습니다. 이번 사건으로 우리 가족이 날마다 죄와 부족을 나누며 앞으로 당해야 할 어떤 일도 준비하며 가고 있습니다. 장차 당할 환난을 알고 가는 것이 복음인 줄 뼈저리게 느낍니다.

존 맥스웰의 50달러 지폐 이야기처럼, 구겨지고 밟히고 침 뱉음을 당해 너덜거리고 쓰레기같이 될 저이지만, "하나님의 자녀는 그 가치가 조금도 손상되지 않는다"고 하십니다. 그 말씀을 붙들고 장차 당할 수치와 멸시를 견디라고 하십니다. 과거를 후회하지 않고, 미래를 두려워하지 않으며, 오늘을 선물로 여기고 날마다 경건의 연습을 진실된 마음으로 하려고 합니다.

시간이 걸려도 저를 완전케 하실 하나님의 꿈을 반드시 이루시겠다는 약속의 말씀을 받아, 날마다 내 죄패와 주홍글씨를 드러내며 남을 살리는 약재료가 되겠습니다. 그리고 공동체를 참람하게 만든 죄에 대해 어떤 형벌도 받겠습니다. 모든 사람이 다 오픈하고 있는데 저는 오픈하지도 않고 이 공동체를 속이고 책임 있는 자리까지 그냥 받았습니다. 겉모습만 갖춘 삯꾼이면서 선한 척했던, 강도 같던 제 행동에 책임을 지고 내어쫓김 당해 광야에 홀로 서는 것을 감당하겠습니다. 목사님과 지체들에게 죄송합니다.

아브라함처럼 13년 동안 침묵하면서, 하나님의 살피심을 피해 그냥 교양 있게 잠잠히 살고 싶었는데, 아들 사건이 오니 즉시 자신의 죄를 이렇게 고백했습니다. 누구도 그의 죄를 고백시킬 수 없었는데, 아들 사건이 그것을 가능케 했습니다. 문제 많은 자녀가 우리의 구원을 위해서 수고한 것입니다. 이 사건은 아들에게도 구원의 사건이 되었습니다. 아들 역시 청년부 모임에서 자기 죄를 오픈하고 간증했습니다. 할례를 받은 것입니다. 이 아들이 아니었으면 그 가정에 영적 상속은커녕 영원히 하나님의 살피심을 피해 숨어 살아갔을 집사님이었습니다. 그런데 안중에도 없던 문제 아들로 인해 영적 상속을 이루게 되었습니다. 눈에 보이지 않던 아들 이삭이 영적 상속을 이루어 준 것입니다.

너무 좋은 나의 이스마엘은 곳곳에 있습니다. 굳이 할례를 받지 않아도 잘 먹고 잘살 수 있습니다. 이분이 우리들교회에 와서 날마다 말씀을 듣지 않았다면 너무나 창피한 일이어서 자기 체면을 생각해서라도 당연히 낙태시켰을 것이라고 말했습니다. 세상적으로 번듯하고 순결한 며느리를 원하지 않는 부모가 어디 있겠습니까? 더구나 이 부부는 오랫동안 헌신해 왔기에 그런 축복을 더더욱 바랐을 겁니다.

여러분은 어떻습니까? 구태여 고백하지 않아도 될 일 아닌가요? 그냥 낙태시키고 덮어 버리면 아무도 모를 텐데 유난 떤다고 할 수도 있습니다. 이 집사님 역시 자기 체면을 생각하면 도저히 자신의 수치를 고백할 수 없었습니다. 그러나 들었던 말씀이 기억났기에 이렇게 된 것이 자기 삶의 결론인 것을 깨달았습니다. 하나님이 속지 않으시고 드러내셨음을 깨달았습니다. 그리고 별 인생 없다는 것과 결혼의 목적이 행복이 아니라 거룩임을 알았기에 아들이 책임지는 인생을 살아갈 수 있도록 자신이 먼저 포피 베는 적용을 했습니다. 끊임없이 말씀을 들었기에 즉각 적용이 가능했던 것입니다. 이처럼 자녀를 영적 상속자로 키우려면, 부모가 먼저 포피를 베어 내고 이스마엘을 끊는 본을 보여야 합니다. 이것이 바로 영적 상속자 이삭을 낳는 비결입니다.

우리들교회에서도 처음 이 집사님 가정의 사건을 접했을 때 매우 난감했습니다.

교회에는 하나님 말씀의 순수한 선포와 순종, 세례와 성찬의 바른 집행, 그리고 권징과 치리의 바른 행사가 있어야 합니다. 그런데 요즘은 권징이 슬며시 사라지고, 세례와 성찬만 있는 것 같습니다. 치리하면 다 교회를 떠나잖아요. 교회가 한 집 건너에 있는데, 치리 받으면서까지 뭐하러 그 교회를 다니겠습니까. 그럼에도 불구하고 우리들교회는 중요한 직분을 맡은 이 집사님의 아들이 실수를 크게 하고, 비록 과거의 외도이긴 하지만 이 직분을 맡기 전에 그 죄를 오픈하지 않았기에 한 달간 치리하기로 결정했습니다.

굳이 왜 그렇게 했을까요? "범죄한 자들을 모든 사람 앞에서 꾸짖어 나머지 사람들로 두려워하게 하라"(딤전 5:20)고 했습니다. 치리는 성도를 처벌하기 위함이 아닙니다. 할례를 행하는 일입니다. 아들은 아들대로, 집사님은 집사님대로, 교회는 교회대로 수치를 드러내면서까지 이스마엘이라는 포피를 베어 내는 것입니다.

이분은 굳이 오픈하지 않아도 될 걸 오픈해서 치리를 받았습니다. 그런데 수치를 오픈한 것이 죄라서 치리를 받은 것이 아닙니다. 직분을 맡기 전에 오픈했어야 마땅한 외도 사건을 오픈하지 않은 것은 우리들교회의 핵심 가치를 위배한 일입니다. 게다가 교회의 중직자이면서도 아들을 제대로 지도하지 못한 책임이 막중합니다.

우리들교회는 성도들에게 경각심을 주기 위해 살을 베어 내는 치리를 행했습니다. 당시로서는 이 치리가 교회에, 그 가정에, 그 집사님의 믿음에 어떤 영향을 주게 되는지 알 수 없었지만, 그것이 교회가 가야 할 길이었고, 치러야 할 할례였기에 그렇게 적용했습니다.

하지만 교회나 이 집사님이나 그 아들이나 우리 모두가 하나님 때문에 이 길을 가야 하기에, 하나님을 신뢰하고 가야 하기에, 하나님이 가장 좋은 것을 주실 줄 믿습니다. 수치를 무릅쓰고 이렇게 공개적으로 오픈을 하고 권징을 받은 집사님 가족을 주님께서 지켜 주실 것입니다.

지나 온 삶도 그러했지만, 앞으로 우리가 하나님과 함께 나아가야 할 길은 눈에 보이지 않습니다. 좁은 길, 좁은 문뿐입니다. 눈에 보이지도 않는 이삭을 낳기 위해서, 영적 상속자를 위해서 이 세상의 이스마엘을 끊어 내며 나아가야 합니다. 타협은 없습니다.

내 포피를 베어 내고, 내 수치를 드러냄으로 내 가족, 내 이웃이 그 수치의 길을 가지 않도록 올바른 길을 제시해야 합니다. 온갖 수치와 조롱을 받아도 하나님이 명령하시는 여러 민족의 아버지와 어머니의 길을 가야 합니다. 이것이 바로 우리의 사명이요, 역할입니다.

∞ 말씀을 듣고 귀가 뚫린 때는 언제입니까? 그 첫 말씀은 어떤 말씀이었
습니까? 그 말씀을 늘 가슴에 새기고 있습니까?

∞ 말씀에 순종하며 포피를 베어 낸 적이 있습니까? 그 포피는 어떤 것입
니까?

∞ 믿음 때문에, 순종 때문에 수치와 조롱을 당한 적이 있습니까? 그 순종
의 결과는 어떤 열매를 맺었습니까?

우리들 묵상과 적용

저는 삼형제 중 막내로 태어났습니다. 부모님은 공부 잘하는 형님만 늘 칭찬했습니다. 저는 인정받기 위해 스스로를 희생해야 한다고 생각했습니다. 아버지가 돌아가신 후 어머니가 저를 지나치게 의지하는 것이 부담스러웠습니다. 그래서 씩씩해 보이는 아내를 만나 도망가듯 결혼을 했습니다. 교회에 열심히 다니며 칭찬과 인정도 받았지만 진정한 기쁨이 없고 공허함만 있었습니다. 큐티 모임에서 추천 받은 《복 있는 사람은》을 읽으며 말씀대로 기쁘게 사는 성도들이 모여 있는 우리들교회에 가 보고 싶다는 생각을 하던 중 2005년 1월, 서울로 발령이 나면서 우리들교회로 오게 되었습니다.

그러나 말씀은 여전히 들리지 않았습니다. 영적 후사를 낳기 위해서는 날마다 하나님의 명령을 들어야 하는데, 말씀이 들리지 않으니 영적 후사를 반드시 주신다는 하나님의 약속에도 불구하고, 엎드려 웃은 아브라함처럼 살았습니다. "백세 된 사람이 어찌 자식을 낳을까, 사라는 구십 세니 어찌 생산하리요" 한 아브라함이 바로 저였습니다. 말씀으로 훈련 받고 기다림으로 이삭을 얻을 수 있는데, 그저 "이스마엘 정도면 됐습니다" 하고 타협안을 내놓은 아브라함처럼 살았습니다.

그러던 중 주님은 여러 사건을 통해 말씀이 들리게 하시고, 예배와 큐티, 양육훈련, 소그룹 모임을 통하여 날마다 영육을 회복시키셨습니다. 또

한 하나님의 꿈은 우리가 완전케 되는 것이며, 완전케 되는 것은 내 죄를 보고, 내 부족을 자백하는 것임을 깨닫게 하셨습니다.

그러나 회복도 잠시, 저는 회사의 파업 사건에 휘말리게 되었습니다. 하루 이틀이면 끝날 것이라고 생각한 파업이 길어졌습니다. 월급을 못 타 생활비가 쪼들리게 되자 아내는 파출부 일을 시작했고, 아이들은 소그룹 모임 식구들이 사 주는 간식거리에 의지하게 되었습니다. 가족은 고통 받고 있는데도, 저는 파업만 끝나면 다 갚아 주겠다며 지붕이 들썩거리도록 코를 골며 잤습니다. 그런 저를 보며 아내는 소망이 없다는 듯 한숨만 내쉬었습니다. 누가 봐도 저는 고통 중에 있는 사람이 아닌 듯했습니다.

파업이 길어지자 사무실에서 주차장으로 쫓겨나야 했습니다. 시멘트 바닥에서 자면서 후회가 되었지만 동료들로부터 배신자 소리를 들을까 봐 그만둘 수 없었습니다. 그저 제 고생의 대가를 돈으로 보상 받고 싶은 마음만 간절했습니다. 이렇게 저의 속물 근성이 적나라하게 드러나서야 저는 이러다가 하나님 앞에서 제 인생까지 파면당하지 않을까 두려워졌습니다.

두려움 가운데 말씀하신 대로 내 죄를 자복하고 나니 하나님의 은혜로 파업이 종결되고 복직을 허락해 주셨습니다. 파업 중에 큐티 모임을 인도했다는 소문이 나는 바람에 지금은 매주 신우회 예배 때 큐티를 인도하는 사명도 주셨습니다.

"하갈과 사라의 차이는 말씀이 들릴 때 반응을 하는가 안 하는가이다"라고 하셨는데 부족해도 하나님의 음성이 들리는 사람이 되어 보이지 않는 믿음의 길을 가기 원합니다. 눈에 보이는 이스마엘로 만족하며 하나님과 타협하는 인생이 아니라 이 길을 가라고 명령하시는 하나님을 믿고, 모든 사람을 그리스도의 제자 삼으라고 명하신 길을 가기 원합니다.

말씀으로 기도하기

나 하나 천국 향해 가는 길도 제대로 보이지 않고 험난한데, 하나님의 꿈을 이루기 위해서 우리가 가야 할 길이 또 있다고 하십니다. 보이지도 않는 그 길을 가라고 명령하십니다. 그 명령에 순종하기를 원합니다. 믿음으로 그 길을 훤히 볼 수 있기를 원합니다. 믿음으로 능히 그 길을 향해 나아가기를 소원합니다.

끊임없이 하나님의 명령을 들었습니다(창 17:15)

가도 되고 안 가도 되는 길이 아니라 반드시 가야 하는 길이라고 합니다. 훈련을 잘 받아 증인이 되라고 하십니다. 이왕에 가는 길 잘 나아갈 수 있기를 원합니다. 내 능력으로 나아가기엔 너무도 힘들고 험한 길이지만, 하나님의 말씀, 하나님의 명령을 차근차근 듣고, 오직 믿음으로 나아갈 수 있도록 인도하여 주옵소서.

하나님과 대화하며 타협했습니다(창 17:16-18)

하나님께서 저로 하여금 복의 근원이 되게 하겠다고 약속하시는데, 그 복이 돈도 아니고, 자식도 아니고, 집도 아니니 별로 좋은 것인지도 모르겠습니다. 차라리 적당히 타협해서 제가 원하는 것만 받아 누리고 싶습니다. 이런 저를 불쌍히 여기시고, 지금 당장 눈에 보이지 않아도 이삭이 축복임을 깨달을 수 있는 믿음을 허락하옵소서.

〓〓〓 그러나 하나님은 결코 타협하지 않으십니다(창 17:19-21)

예수님의 계보가 지질하고 문제 많은 인생들로 이어져 있는 것이 도저히 이해가 안 됩니다. 이스마엘이 세상의 모든 축복을 다 누려도 하나님의 영적 상속자는 이삭인 이유를 깨닫기 원합니다. 지금 눈앞에 있는 육적인 복에 취해서 영적인 복을 놓치는 잘못을 범하지 않기를 원합니다. 망하고, 찌그러져도 세상과 타협하지 않고, 예수님의 상속자라는 자존감으로 살아갈 수 있도록 믿음을 허락하옵소서.

〓〓〓 순종함으로 보이지 않는 길을 가야 합니다(창 17:22-27)

남들이 손가락질을 해도 예수 믿는 것 때문에 순종하고, 포피를 베게 하옵소서. 말로만 "믿는다, 믿는다" 하지 않고, 늘 내 죄를 보고, 말씀을 내 삶에 적용하며 살기 원합니다. 하나님이 가장 좋은 것을 주실 줄 믿기 원합니다. 하나님을 신뢰하고 천국을 소망하는 삶 살기 원합니다. 낯선 길, 가보지 않은 길이지만 오직 예수님 손 붙잡고 믿음으로 나아가기 원합니다.

영혼의 기도

아버지 하나님, 끊임없이 하나님의 명령을 듣고 순종하며 나아가고자 하지만, 가고 싶은 길과 가야 할 길이 달라서 너무나 힘이 듭니다. 아브라함이 그런 것처럼 하나님과 적당히 타협하려는 마음이 저희에게도 있음을 고백합니다.

그러나 하나님께서 강권적으로 찾아오셔서 붙잡아 주시기를 원합니다. 세상의 누릴 것들을 포기하고 자랑할 것들을 내려놓고 걸어가는 인생이 되기를 소원합니다. 이 세상이 너무 좋고 이스마엘이 좋지만, 이삭을 얻기 위해 세상을 끊고, 이스마엘을 끊는 아픔의 적용을 할 수 있는 믿음을 허락해 주옵소서. 끝까지 이 길을 갈 수 있도록 지켜 주시고 인도하여 주옵소서. 수치와 조롱이 기다린다 할지라도 영적 상속을 잇기 위해 포피를 베는 저희가 될 수 있도록 믿음을 허락하옵소서.

헛된 것으로 소중히 여기지 않게 하시고, 보이지 않는 길을 가라고 하시는 주님의 음성에 순종하기를 원합니다. 가정에서 직장에서 여러 민족의 아버지와 어머니가 될 수 있도록 은혜를 내려 주옵소서.

무엇보다도 신뢰 받는 아버지와 어머니가 될 수 있도록 은혜를 내려 주셔서 모든 사람이 보이지 않는 길을 갈 때 이정표가 되며, 불빛을 밝히는 등대가 되게 하옵소서. 예수님 이름으로 기도합니다. 아멘.

chapter _ 6

주님께서 우리를 방문하신다고 합니다.

무엇보다 언제 어떤 모습으로 우리에게 나타나시는지,

그때를 알기 원합니다. 그 주님을 잘 맞이하여 하나님께서

주시는 복을 영원히 누리며 살기 원합니다.

하나님의 방문 ───────

인생에서 누가 찾아오면 가장 기쁘겠습니까? 하나님인가요, 예수님인가요? 정말 그런가요? 배우자가 로또 복권이 당첨되어 돈다발을 들고 찾아오는 게 가장 좋지 않은가요? 결혼 적령기에 있다면 백마 탄 왕자가, 백설 공주가 '짠' 하고 왔으면 좋겠죠? 돈다발 든 남편이나 백마 탄 왕자나 백설 공주가 나타나면 대박 아닙니까? "이보다 더 좋을 순 없다"라는 말이 저절로 나오지 않겠어요? 그런 배우자 만나게 해 달라고 열심히 기도하는 게 바로 우리 아닌가요? 키가 180은 되어야 하고, 직업은 '뭐뭐'야 하고, 얼굴은 예뻐야 하고… 그런데 정말 기도 응답을 받아서 백마 탄 왕자, 백설 공주가 나타나면, 로또가 당첨되면 정말 그걸로 내 인생 대박 나는 걸까요?

저도 처녀 시절에는 그랬습니다. 교회를 그렇게 열심히 다니면서도 하나님의 방문은 안중에도 없었습니다. '설마?' 하고 하나님의 방문을 기다리지도 않았습니다. 오직 백마 탄 왕자만 기다렸습니다. 제가 백설 공주인 줄 착각하고 살았으니, 당연히 백마 탄 왕자가 찾아올 줄 알았습니다. 그리고 제 남편이 그 백마 탄 왕자인 줄 알고 결혼을 했습니다. '고생 끝 행복 시작'인 줄 알았죠. 그런데 '행복 끝 고생 시작'이었습니다.

여러분은 지금 누구의 방문을 그토록 애타게 기다리고 있습니까? 백마 탄 왕자와 백설 공주를 애타게 기다리느라 혹시 지금 당신 곁에 서 계신 하나님을 알아보지 못하고 있는 것은 아닌지요?

하나님은 부지중에, 초라한 모습으로 오십니다

————

1 여호와께서 마므레의 상수리나무들이 있는 곳에서 아브라함에게 나타나시니라 날이 뜨거울 때에 그가 장막 문에 앉아 있다가
2 눈을 들어 본즉 사람 셋이 맞은편에 서 있는지라 그가 그들을 보자 곧 장막 문에서 달려 나가 영접하며 몸을 땅에 굽혀(창 18:1-2)

여태껏 말씀으로 아브라함과 교제하시던 하나님이 드디어 아브라함을 찾아오셨습니다. 아브라함이 하나님의 명령을 들었기 때문입니다. 수치와

조롱을 무릅쓰고 내 포피를 베어 내는 할례를 즉각 단행했기 때문입니다. 적이 언제 쳐들어올지도 모르는데, 수백 명이 넘는 남자가 한꺼번에 포피를 베어 내고 피를 흘린 채 그 상처가 아물 때까지 드러누워 있는 엄청난 적용을 했기 때문입니다.

하나님이 너무 기쁘셔서 아브라함에게 복을 주려고 방문하셨습니다. 어마어마한 영적 후사를 주려고 직접 찾아오신 것입니다.

때는 뜨거운 한낮이었습니다. 햇살이 너무 뜨거워 아무 일도 못 하고 쉬어야 하는 시간입니다. 지금도 중동 지방의 더운 곳은 오후엔 잠깐 일손을 놓고 아예 낮잠을 잡니다. 밤에는 떠들고 소리 지르며 놀아도 괜찮지만, 사람들이 낮잠을 자고 쉬는 그 뜨거운 낮 시간에 떠들면 신고가 들어온다고 합니다. 그만큼 뜨겁고 무더운 시간, 바로 그 오정에 하나님이 방문하셨습니다.

마므레 상수리나무 수풀은 아브라함이 늘 단을 쌓던 곳입니다. 늘 예배드리고 말씀 보고 기도하던 곳입니다. 그런데 하나님은 아브라함이 그 마므레 상수리나무 수풀에서 예배드릴 때, 제사드릴 때 오신 것이 아니고, 푹 쉬고 있을 때 오셨습니다. 거룩한 마음으로 예배드리고 뜨겁게 기도할 때 오시지 않고 하필이면 이 뜨거운 대낮에 그것도 푹 쉬고 있을 때 오신 것입니다.

하나님은 내가 개인 예배, 공예배, 공동체 예배를 드릴 때나 기도할 때도 오시지만 내 삶의 현장, 쉬고 있는 곳에도 찾아오십니다. 집 안에서 쉴 때도, 쇼핑을 할 때도, 직장에도, 잠자리에도 하나님은 부지중에 찾아오십니다. 그래서 '너희 몸을 거룩한 산 제물로 드리라'(롬 12:1)고 했습니다. 예배드리는 것, 십일조 드리는 것만 거룩한 것이 아닙니다. 내 삶이 다 예배여야 합니다. 십일조를 드리고 남는 나머지 십의 구에 달하는 돈, 시간, 언어가 다 거룩해야 합니다. 그러니 성聖과 속俗의 구분이 따로 없습니다.

주일에 어떤 모습으로 예배드리러 갑니까? 전쟁 한번 치르지 않나요? "가자, 안 간다", "늦다, 안 늦다" 이러면서 집을 나서지 않나요? 교회로 오는 도중에도 "너 혼자 가라, 혼자 복 실컷 받아서 잘 먹고 잘 살아라" 하면서 중간에 차에서 뛰어내리려다 참고 겨우겨우 오지 않나요? 예배당에 들어와서 자리에 앉으면서도 "내가 당신 때문에 앞자리에 못 앉았잖아?" 하고 티격태격하지 않나요?

우리가 사는 모습이 다 이렇습니다. 그럼에도 우리는 거룩에 힘써야 합니다. 언어는 물론 마음속 생각까지도 거룩해야 합니다. 하나님께서 늘 우리를 살펴보고 계시기 때문입니다. 그 하나님께서 언제 어디로 찾아오실지 모르기 때문입니다. 히브리서 13장 2절에 아브라함이 부지중에 천사를 대접했다고 기록되어 있듯이, 우리는 항상 부지중에 찾아오시는 주님을 생각해야 합니다.

그런데 그 하나님이 지금 어떤 모습으로 오셨습니까? 2절에 아브라함이 눈을 들어 보았더니 사람 셋이 맞은편에 서 있었다고 합니다. 아브라함이 눈을 들었다는 것은 그가 고개를 숙이고 있었다는 뜻입니다. 뜨거운 한낮 더위에 졸고 있었다는 것입니다. 막 단잠이 들려는데, 갑자기 세 사람이 떡하니 나타난다면 기분이 어떻겠습니까? 졸려 죽겠는데, 귀찮은 사람이 온 것입니다. 휴식을 방해하는 불청객이 온 거예요.

그러나 남들이 다 쉬는 그 무더운 시간에 아브라함을 찾아온 사람의 입장을 생각해 보세요. 쉴 곳을 찾지 못하고 헤매다가 남들 한창 쉬는 시간에 겨우 마므레 상수리나무 수풀로 찾아온 것입니다. 그런데 아브라함이 보아 하니 자신을 만나러 온 손님도 아니고, 그저 행색이 초라한 행인에 불과했습니다. 사막의 온갖 모래바람을 다 뒤집어쓴 채로… 더럽고 초췌한 나그네가 따로 없습니다.

여러분이 인정하든 말든, 오늘 그 초라한 나그네가 여러분 곁에 있습니다. 힘든 사람이 내 곁에 있다는 게 너무나 싫지 않습니까? 그런데 정작 내가 힘들 때는 어떻습니까? 누군가 곁에 있어 주길 원하지 않나요? 내가 힘들 때는 나에게 은혜를 주는 사람이 정말 사모됩니다. 그러나 내가 등 따습고 배부르면 아무리 훌륭한 조력자가 곁에 있어도 고마운 줄 모릅니다. 나에게 곤고함이 없으면 사람이 곁에 있어도 그만, 없어도 그만입니다. 오히려 곁에 있는 사람을 성가시게 여길 때가 더 많지요.

'참 빛으로 세상에 오셨으나 세상이 그를 알지 못하였고 자기 백성이 영접하지 아니했'고 했습니다(요 1:9-11). 초라한 목수의 아들로 오시니 영접하지도 않고, 이를 갈며 십자가에 달아 죽인 것이 바로 자기 백성이었습니다. 이 세상은 겉모습이 초라한 걸 너무나 싫어합니다. 이가 갈리도록 싫어하고, 그래서 십자가에 달아 죽이기까지 합니다. 이 세상의 목적은 오직 행복이고 성공이니까요. 반드시 성공해서 보란 듯이 행복하게 잘살겠다, 이것밖에 없습니다.

그런데 아브라함은 달랐습니다. 이름을 바꾸고, 할례를 하고, 하나님의 명령에 순종하고 보니 그의 삶에는 은혜가 왕노릇 하기 시작했습니다. 모든 것이 은혜였습니다. 사람을 가리지 않고 사모하는 마음이 생겼습니다. 외모를 보지 않고 그 속의 본질을 보는 능력도 생겼습니다. 그를 찾아온 사람은 비록 초라한 나그네에 불과했지만 그 속에 있는 하나님을 보게 된 것입니다. 그 초라한 모습의 예수님을 알아본 것입니다.

"아브라함을 찾아온 사람이 세 명이라서 삼위일체의 하나님이시다. 그 셋 가운데 예수님이 있다"고 신학적으로 해석하는 사람도 있습니다. 어떻든 사람의 모습으로 찾아왔기에 이 나그네는 성육신하신 하나님, 즉 예수님입니다. 너무나 초라한 모습으로 우리를 찾아오신 바로 그 예수님입니다.

그런데 도대체 아브라함은 어떻게 이 나그네들이 삼위일체 하나님, 십자가의 예수님인 줄 알았을까요?

정말 별 인생 없다는 것을 알게 된 아브라함입니다. 그토록 육적으로 좋아하던 이스마엘을 끊어 내고 나니 사람 위에 사람 없고 사람 아래 사람 없음을 알았습니다. 인간이 100퍼센트 죄인인 것을 알게 되었습니다. 하나님 명령 듣는 게 최고라는 것을 깨달았습니다. 아무리 행색이 초라해도 그 속에서 예수님을 보는 영안이 생긴 것입니다.

우리들교회만 해도 그렇습니다. 환난당하고 빚지고 원통하고 아프고 초라한 분들, 세상 먼지를 다 뒤집어쓴 초라한 나그네들이 끊이지 않고 찾아옵니다. 이제 내 삶에도 부지중에 이 초라한 나그네가 찾아올 것입니다. 그 초라한 나그네가 이미 내 곁에 있을 수도 있습니다.

∞ 내가 지금 애타게 기다리고 있는 것은 무엇입니까?

∞ 여러분 인생에 하나님이 방문하신 적이 있습니까? 어떤 모습으로 찾아
오셔서 어떤 선물을 주고 가셨습니까?

∞ 혹시 내 인생에 이미 찾아오신 하나님을 알아보지 못하고 있지는 않습
니까?

자원함으로, 극진함으로, 겸손함으로 하나님을 대접합니다

———

아브라함이 졸고 있다가 눈을 들어 본즉 사람 셋이 맞은편에 서 있었습
니다. 좀 편히 쉬려는데 귀찮게 사람들이 눈앞에 나타났습니다. 못 본 척,
모른 척할 수도 있었지만, 아브라함은 '곧' 장막 문에서 달려 나가 영접하
며 몸을 땅에 굽혔습니다. 귀찮아서 마지못해 꾸물거린 게 아니라 곧, 즉
시로 반응을 보였습니다. 벌떡 일어나 영접했습니다. 종이 상전을 대하듯,
무더운 날씨에 99세의 노령에도 불구하고 곧장 달려 나갔습니다. 첫눈에
하나님임을 알아보아서가 아닙니다. 착하게 굴어서 복 받으려고 달려 나
간 것이 아닙니다. 이제 아브라함의 믿음이 그만한 분량이 된 것입니다.
초라한 나그네를 보고도 곧장 달려 나가 영접할 만큼 믿음이 자랐습니다.
나보다 행색이 초라하다고 해서 거만하게 굴지도 않고 도리어 몸을 땅에
굽힐 정도로 성숙해졌습니다. 온몸으로 나아가는 자원함이 생긴 것입니다.

처음부터 남을 잘 대접하는 것은 성품 때문일 수 있습니다. 전도도 선교도 구제도 성품 때문에 하면 오래가지 못합니다. 믿음의 분량이 차야 끝까지, 온 맘 다해 할 수 있습니다. 아브라함이 그랬습니다. 여기까지 오는 동안 여러 단계의 훈련을 거쳤습니다. 특히 할례를 받고 그토록 애지중지하던 이스마엘을 내려놓은 후로 믿음이 일취월장했습니다. "자식, 자식" 하고 나팔을 불던 사람이 인생 말년에 겨우 얻은 아들 이스마엘을 내려놓고 나니 모든 것으로부터 자유함을 누리게 됐습니다. 종족 보존 때문에, 내 자식 때문에 아무것도 못하던 사람이 자식을 내려놓고 나니 더 이상 못할 일이 없어졌습니다. 이 세상에서 좋은 것도 없어졌습니다. 아브라함의 믿음이 여기까지 자랐습니다.

하나님은 고아와 과부를 불쌍히 여기라고 했고, 학대하지 말라고 했고, 나그네를 잘 대접하라고 했습니다. "너는 반드시 그에게 줄 것이요, 줄 때에는 아끼는 마음을 품지 말 것이니라 이로 말미암아 네 하나님 여호와께서 네가 하는 모든 일과 네 손이 닿는 모든 일에 네게 복을 주시리라"(신 15:10)고 하셨습니다. "가난한 자를 불쌍히 여기는 것은 여호와께 꾸어 드리는 것이니 그의 선행을 그에게 갚아 주시리라"(잠 19:17)고 하셨습니다. 궁핍한 형제를 잘 대접하면 하나님이 복을 주신답니다. 하나님이 갚아 주신다고 합니다.

믿음이 웬만큼 자랐으니 이 말씀을 모를 리 없는 아브라함입니다. 더군다나 나그네의 방문이 하나님의 방문임을 깨달은 아브라함입니다.

이르되 내 주여 내가 주께 은혜를 입었사오면 원하건대 종을 떠나

지나가지 마시옵고(창 18:3)

아브라함은 나그네를 '주'라고 칭하고, 자신을 종으로 칭하며 극진히 나그네를 맞이합니다. 극진히 맞이하는 정도가 아니라 "떠나 지나가지 말라"며 간곡히 붙잡습니다.

여러분은 누더기를 걸치고 찾아온 낯선 이를 '내 주'라고 부르며 붙들 수 있습니까? 우리는 예수 믿으면서도 싫고 좋은 게 너무 분명합니다. 봉사를 해도 좋은 것만 하고 싫은 건 안 하고, 맘에 들면 하고 아니면 말고… 그러나 아브라함은 달랐습니다. 사막의 모래 먼지를 뒤집어쓴 채 초라하게 서 있어도 그들을 '내 주'라고 불렀습니다. 인간적인 축복을 바라서가 아닙니다. 내 주를 모시는 헌신된 마음으로, 자원함으로 나그네를 섬겼습니다.

제가 평신도이던 시절, 처음 큐티 모임을 할 때는 주로 우리 집에서 모였습니다. 잘사는 사람, 못사는 사람, 배운 사람, 못 배운 사람 할 것 없이 많은 사람들이 모였습니다. 그런데 잘사는 사람들일수록, 배운 사람들일수록 그렇지 못한 사람들이 오면 눈살을 찌푸리는 경우가 없잖아 있었습니다. 성경 공부도 우리끼리 하고 싶고, 노는 것도 우리끼리 하고 싶고… 그런 마음이 저라고 왜 없었겠습니까. 이왕이면 가방끈 길고 교양 있는 사람끼리 모여서 큐티하면 뭐가 좋아도 좋을 것 같았습니다.

그런데 저는 죽어라 말씀을 묵상해서 그것을 나누는데, 교양 있는 엄마들은 죄다 제 말을 못 알아듣는 겁니다. 일주일 동안의 묵상을 무색하게

만들었습니다. 모이기만 하면 제 나눔에는 관심도 없고, 그저 "어디 백화점에 무슨 신상이 나왔더라, 아무개 탤런트가 입은 원피스가 참 이쁘더라" 이런 말들만 했습니다. 그래도 큐티 모임에 와 준 것이 감사해서 아무리 예쁘게 봐주려 해도 그런 모습을 보면 절망하지 않을 수 없었습니다. 그런데 가방끈도 짧고 사는 것이 변변찮을수록, 고난이 많은 분들일수록 "집사님, 어쩌면 그렇게 말씀을 깨달을 수가 있어요? 너무 은혜가 됐어요" 했습니다. 그런 분들이 오면 제 입에서 "오, 주여" 하는 말이 절로 튀어나왔습니다. 그런 분들일수록 "떠나 지나가지 말라"는 간청이 저절로 되었습니다. 잘사는 사람은 저희 집에 올 때 예의상 빵이라도 한 봉지 사서 들고 오는데, 힘들고 어려운 사람들은 늘 빈손으로 왔습니다. 그런데 저는 누구를 더 반가워했겠습니까? 사람은 떡으로만 살 것이 아닙니다. 아브라함이 이걸 알았다는 것입니다.

저는 영혼 구원 때문에 집을 오픈했습니다. 누구나 올 수 있는 집이었습니다. 그런데 누가 초인종을 눌렀을 때 문을 열고 거만한 표정으로 "누구세요? 여기 왜 왔어요?" 하면 되겠습니까? '딩동' 하면 얼른 달려 나가 맞이하며 몸을 굽혀야지요. 그저 한 영혼이라도 우리 집에 보내 주시면 너무 감사하니까요.

아브라함도 처음에는 고개를 수그린 채 잠시 졸고 있었습니다. 우리도 처음에는 그분이 누구인지 몰라서 잠깐 졸 수 있습니다. 그러나 얼른 눈을 뜨고 "어서 오세요, 주님. 제발 지나가지 마옵소서, 내 주여" 이렇게 되어야 합니다. 누구든지 나를 찾아오는 지체가 있으면 "종을 떠나 지나가지 마옵시고"의 마음으로 극진히 섬겨야 합니다.

> 물을 조금 가져오게 하사 당신들의 발을 씻으시고 나무 아래에서
> 쉬소서(창 18:4)

먼 길을 걸어온 나그네들에게 제일 필요한 것은 발 씻는 일입니다. 아브라함은 나그네들이 제일 필요한 것이 무엇인지 알았습니다. 그래서 그들이 부탁하지 않아도 먼저 물을 들고 와서는 "씻으시라"고 합니다. 그런데 그냥 "씻으시라"고 하지 않았습니다. 원어로는 "제발 씻어 주시겠습니까?"입니다. 간청을 한 것입니다. 베풀면서도 낮은 자세를 취했습니다.

"가난한 사람을 학대하는 자는 그를 지으신 이를 멸시하는 자요 궁핍한 사람을 불쌍히 여기는 자는 주를 공경하는 자니라"(잠 14:31) 했습니다. 지나가는 나그네를 대접하는 것이 하나님을 공경하는 일이라고 합니다. 아브라함이 그걸 알게 된 것입니다. 사람을 섬긴답시고 생색을 내면 이 땅에서의 상급은 그걸로 끝입니다. 천국의 상급은 눈곱만큼도 없습니다.

무소유 공동체 '심플웨이'를 설립한 쉐인 클레어본이 "나사로도 살았다가 다시 죽을 것이고, 병든 자들도 고침을 받았지만 다시 죽을 것이고, 오병이어의 기적으로 오천 명을 먹여도 그다음 날이면 배가 고플 것이기에 기적이 중요한 것이 아니라, 아무도 그를 만지려 하지 않았을 때 예수께서 사랑으로 만지셨다는 사실이 중요하다"고 했습니다. 어떤 기적을 베풀어도 사랑이 없으면 아무것도 아니라는 것입니다. 아버지의 눈물이 있는

곳에 우리의 눈물이 있어야 합니다. 아버지의 그 사랑에 반응해야 합니다. 그런 마음으로 극진하게 대접해야 합니다.

> 내가 떡을 조금 가져오리니 당신들의 마음을 상쾌하게 하신 후에
> 지나가소서 당신들이 종에게 오셨음이니이다(창 18:5a)

그냥 붙잡는 것이 아니라 떡도 대접하고 피로가 풀릴 때까지 잘 섬겨야 합니다. 종이 되어 주인을 모시듯 극진하고 겸손하게 섬겨야 합니다. 마태복음 25장에서 예수님은 섬김의 태도에 대해서 말씀하십니다. 주님이 "내가 주릴 때에 너희가 먹을 것을 주었고 목마를 때에 마시게 하였고 나그네 되었을 때에 영접하였고 헐벗었을 때에 옷을 입혔고 병들었을 때에 돌보았고 옥에 갇혔을 때에 와서 보았느니라"(마 25:35-36)고 하셨을 때 의인들은 겸손한 마음으로 "우리가 언제 그랬는데요?" 합니다. 그랬더니 예수님께서는 "지극히 작은 자 하나에게 한 것이 곧 내게 한 것이니라"(마 25:40)고 하시며 의인들의 겸손한 섬김을 칭찬하십니다.

그런데 저주 받은 자들은 생색이 이만저만 아닙니다. 예수님께서 "내가 주리고 목마르고 나그네 되고 헐벗었고 병들고 옥에 갇혔을 때 너희가 나를 돕지 않았다"고 하시니 그들은 "우리가 언제 공양하지 않았어요?" 하면서 주님께 대듭니다. "교회에도 나가고 봉사도 열심히 하고 십일조도 빼먹지 않고 선교헌금, 구제헌금을 얼마나 했는데 저주 받을 자라니요?" 하고 따집니다. 그러나 주님은 "지극히 작은 자 하나에게 하지 아니한 것이 곧

내게 하지 아니한 것이니라"(마 25:45)고 그들의 생색을 지적하십니다.

섬김은 눈에 띄게 보란 듯이, 주님께 갖다 바치는 것이 아닙니다. 보이지 않는 곳에서 지극히 작은 자를 돕는 것입니다. 지극히 작은 자란 초라한 나그네처럼 우리가 기피하는 사람입니다. 주리고 목마르고 헐벗고 병든 사람들입니다. 그런 영혼을 돌보지 않으면 우리는 결코 의인이 될 수 없습니다.

∞ 부지중에 찾아오실 하나님을 맞이할 준비는 잘 되어 있습니까?

∞ 내가 베풀면서도 더 낮은 자세로 내게 맡기신 영혼을 극진히 섬기고 있습니까?

설렘과 감사의 축복을 주십니다

———

아브라함은 초라한 나그네가 되어 부지중에 방문하신 하나님을 극진히 대접했습니다. 이토록 극진한 아브라함의 대접에 하나님은 어떻게 반응하십니까?

그들이 이르되 네 말대로 그리하라 (창 18:5b)

"네 말대로 그리하라"는 "알았어, 네가 대접하고 싶은 대로 해"라는 의미입니다. 아브라함의 예배를 받으신 것입니다. 아브라함의 대접을 받으시고 기도와 헌금을 받으셨습니다. 이보다 더 큰 축복이 어디 있겠습니까? 내가 헌금을 했는데 하나님이 받으시겠다고 합니다. 기쁘지 않으세요? 그러니 아브라함이 이렇게 반응합니다.

> 6 아브라함이 급히 장막으로 가서 사라에게 이르되 속히 고운 가루 세 스아를 가져다가 반죽하여 떡을 만들라 하고 7 아브라함이 또 가축 떼 있는 곳으로 달려가서 기름지고 좋은 송아지를 잡아 하인에게 주니 그가 급히 요리한지라(창 18:6-7)

'급히', '속히', '급히'라는 표현이 세 번이나 나옵니다. 얼마나 반갑고 설레었으면 아브라함이 이토록 서둘렀을까요? 내 예배와 대접을 기꺼이 받아 준다고 하니 너무 감사했습니다. 이게 바로 축복 아닙니까? 그래서 아브라함의 가슴이 쿵쿵 뛰었습니다. 요즘 말로 '심쿵'한 것입니다. 조그만 선물을 받아도 마음이 설레는 우리입니다. 하물며 하나님의 축복을 받는데 설레지 않겠습니까?

여러분은 이런 설렘을 가지고 남을 대접해 본 적이 있나요? 저는 교회 공동체를 섬긴다는 것 자체가 너무 감사해서 늘 설렘이 가득합니다. '하나님의 은혜가 아니면 어찌 나같이 부족한 사람이 이토록 큰 공동체를 섬길 수가 있는가.' 늘 이런 마음을 품고 있습니다. 그러니 제 마음엔 늘 은혜가 차고 넘칩니다. 오늘은 또 어떤 은혜로 이 공동체를 지켜 주시고 이끌어 주실지 기대가 됩니다. 늘 설레는 마음으로 하나님을 기대합니다.

'나 같은 게 어떻게 이런 남자와 결혼할 수 있었나? 나 같은 게 어찌 이런 여자와 결혼할 수 있었나?' 이런 마음을 품으면 배우자를 볼 때마다 늘 설레지 않겠습니까? 신이 나서 그 배우자를 저절로 섬기지 않겠습니까? 이것이 축복입니다.

가족을 섬길 때나 공동체를 섬길 때도 이처럼 설레는 마음을 품어야 합니다. 비록 나는 부족하지만 하나님의 은혜로 이 공동체를 섬길 수 있음에 감사해야 합니다. 오늘 또 하나님께서 어떤 은혜를 주실지 기대하며 설레는 마음으로 가족을 섬기고 공동체를 섬겨야 합니다.

∞ 주리고 목마르고 헐벗고 병든 지체를 잘 섬기고 있습니까?
∞ 성품으로 섬깁니까? 믿음으로 섬깁니까? 지체를 섬길 때 감사함과 설렘이 있습니까?

이런 설렘이 있어야 영적 상속자를 주십니다

───

아브라함이 엉긴 젖과 우유와 하인이 요리한 송아지를 가져다가 그들 앞에 차려 놓고 나무 아래에 모셔 서매 그들이 먹으니라(창 18:8)

하나님께서 아브라함이 설레는 마음으로 준비한 음식을 드셨습니다. 그러니 얼마나 감사합니까. 오늘 이 땅의 한 영혼이 하나님의 모습으로 우리 집을 방문해 주는 것이 감사하고, 내가 만든 음식을 먹어 주는 것이 감사하고, 설레는 마음으로 그들을 시중드는 것이 너무 감사해야 합니다. 한 영혼을 살리기 위해, 주님께 인도하기 위해 이런 감사한 마음으로, 심쿵한 마음으로 정성껏 섬긴다면 어떻게 그 영혼이 살아나지 않겠습니까? 그 축복이 어디로 가겠습니까? 전도한답시고 그저 "교회 가자, 예수 믿어라"고만 할 것이 아니라 먼저 설레는 마음으로 그 대상을 섬겨야 합니다.

보세요. 아브라함이 나그네를 나무 아래 '모셨다'고 합니다. 그리고 자신은 '서서' 먹는 모습을 지켜보았습니다. 시중을 해도 그냥 대충한 게 아니라 마치 종이 주인을 섬기듯 '모시고 서서' 극진히 섬겼습니다. 나그네 앞에서 지극히 자신을 낮추었습니다. 이런 겸손함이 여러분에게는 있나요? 이 겸손이 비굴해 보이나요? 굽신거리면 뭐라도 생길 것 같아서, 아브라함이 그런 이해타산 때문에 겸손한 척한 것 같은가요?

창세기 12장에서 시작된 아브라함의 인생을 보면 그가 지금껏 이렇게까지 누군가를 섬긴 적이 없습니다. 아브라함의 믿음의 진보가 베드로후서 1장 5-7절 말씀처럼 믿음, 덕, 지식, 절제, 인내, 경건에서 이제 형제 우애의 단계까지 온 것입니다. 그럼에도 아브라함에겐 아직 영적 상속을 이어 줄 아들이 없었지만 하나님이 갈대아 우르에서 자신을 불러내신 목적이 바로 사람을 섬기고, 영혼을 구원하는 것임을 알았습니다. 자신의 육신의 정욕을 생각해 볼 때, 눈물밖에 나는 게 없는 인생이었기에 이렇게 지체를, 나그네를, 하나님을 섬길 수 있었습니다. 할례를 치르며 그 아까운 이스마엘을 끊어 내고 나니 이제야 다른 사람이 보이기 시작한 것입니다.

내 유익을 위해, 기복적인 마음을 품고 다른 사람들을 섬기면 생색이 나게 돼 있습니다. 힘든 식구를 섬기면서도 본전 생각을 합니다. 그렇기에 섬기면서도 인생이 슬프고, 수고함에도 불구하고 열매가 하나도 없습니다. 그러니 무슨 축복을 받겠습니까.

제 어머니는 아들 하나 낳기 위해 섬김이 요란하다 못해 눈살을 찌푸리게 할 정도로 지나쳤습니다. 그럼에도 다행히(?) 아들을 낳지 못했기에 그 후에는 생색을 내지 아니하고, 화장실 청소부터 잠잠히 섬겼습니다. 저는 그 때문에 오늘날 제가 존재한다고 생각합니다. 왜냐하면 저는 잠잠히 남을 섬기느라 초라하기 짝이 없는 어머니의 모습만 보고 자랐으니까요. 남의 집에 빨래해 주러 가는 초라한 어머니가 그때는 싫었습니다. 내 인생에 전혀 보탬이 안 되는 엄마라고 여겼습니다. 그것이 하나님의 방문인 것을 몰라서 무시했습니다. 하나님의 방문을 그렇게 우습게 여겼기에 결혼하자마자 쇳물이 펄펄 끓는 용광로에 들어갔잖아요.

역사가 오랜 외국의 한인교회 직분자들은 젊은 유학생이나 그 엄마들이 자기 교회에 오는 것을 반기질 않는답니다. 섬겨야 하니까요. 그래서 오자마자 "언제 갈 거예요? 몇 년이나 있을 거예요?" 이런다고 합니다. 안 그렇겠어요? 낯선 곳으로 유학 온 학생이고, 엄마들이니 모르는 것 천지일 테고 도와줘야 하잖아요. 지겹겠지요. 하루 이틀도 아니고 계속 섬기기만 해야 하니까요. 그런데 외국의 한인교회는 한국인들을 섬기려고 거기 있는 거 아닙니까? 고국의 백성을 섬기기 위해 세워진 교회가 아닙니까? 교회는 그러려고 거기 있는 것인데, 직분자들이 생색을 내며 사람을 섬기니 그런 웃지 못할 현상이 일어나는 것입니다.

사실 교회 공동체에서 지체를 끝없이 섬기기만 해야 한다면 얼마나 지치고 힘들겠습니까? 어떻게 인내하겠어요? 그러니 생색은 또 얼마나 나겠습니까? 세상에 나가면 모든 게 '기브 앤 테이크' 아닙니까? 저나 나나 똑같은 사람인데 누구는 계속 섬김을 받기만 하고 누구는 계속 섬기기만 하고… 나도 힘든데, 대접 좀 받으며 살고 싶은데…. 그런데 생색이 없는 섬김, 설레는 마음으로 하는 섬김은 기적 같은 일을 일으킵니다.

우리들교회 소그룹 모임의 리더 중에 중장비 운전을 하는 분이 있습니다. 점심 값 아끼느라 도시락 싸들고 새벽 4시에 출근을 합니다. 부인은 식당에서 일하는데, 이렇게 고달픈 삶을 사는 부부가 소그룹 모임을 참 잘 섬기고 있습니다. 누굴 섬기며 살아갈 형편도 아니어서 처음 직분이 주어졌을 땐 너무나 힘들었다고 합니다. 지체들에게 식사 대접을 하려면 점심 값, 커피 값 다 아껴야 했습니다. 그런데 모임에 오는 지체들이 어려운 환경에도 불구하고 그렇게 자신들을 섬기는 모습을 보고 너무너무 감사해했습니다. 이 부부는 그게 또 은혜가 되었습니다. 그 은혜가 너무 크니 세상사는 고달픔도 다 잊게 되었습니다. 모임 하는 날을 설렘으로 기다렸습니다. 중장비 일이 워낙 힘드니 일을 마치면 동료들과 '캬아~' 하고 한잔 해야 하지 않겠습니까? 그런데 그것도 일체 끊었답니다. 그런 모습을 곁에서 지켜보며 사는 아이들은 또 어땠겠습니까? 자기들에겐 좋은 것 못

먹이는 엄마 아빠가 지체들을 정성껏 대접하는 모습을 보고 배가 아팠겠습니까? 불평불만 했겠습니까? 아이들이 저절로 영적 상속자가 되었습니다. 게임도 끊고 교회도 열심히 다닙니다. 온 가족이 예배에 더욱 올인하게 되었습니다.

커피 값, 점심 값 아껴서 이렇게 나그네를 섬기는 기쁨을 알게 되는 것이 진짜 헌신 아닌가요? 십자가의 예수님께서는 이런 예배를 받으시고, 헌금을 받으시고, 헌신을 받으십니다. 그러니 그 집안에 영적 상속이 이루어져 가고 있는 것입니다.

또 이런 사례도 있습니다. 3년째 모임에 나오던 분이 처음으로 자기 집에서 소그룹 모임을 하고 싶다는 연락을 해 왔습니다. "남의 집에서 베풀어 준 거 받기만 해서 미안했는데 이제 좀 그 마음의 빚을 갚아야겠다"는 생각이 들었다는 겁니다. 게다가 "솔직히 15년 만에 내 집 장만한 것이 하나님의 은혜인데, 그것도 자랑하고 싶었다"고 했습니다. 결국 요점은 섬김에 감사하는 마음, 공동체에 빚진 마음이 있었기에 이제는 자기도 섬김에 나서겠다는 것입니다. 섬김이 섬김을 낳은 것입니다. 영적 상속이 이 작은 공동체에서 이루어진 것이죠. 뿐만이 아닙니다. 하나님의 은혜로 얻은 집을 자랑하고 싶은 것, 이것은 곧 하나님을 자랑하고 싶은 마음입니다.

어떤 소그룹 모임의 지체들은 우울증에, 공황장애에, 대인기피증에, 피해망상증에 걸려 있습니다. 안 아픈 사람이 가면 오히려 이상한 소그룹입니다. 그런데 거기에 안 아픈 사람이 딱 한 분 있습니다. 그래서 "모두가 아픈데 집사님만 정상이라 억울하시겠네요?" 했더니 이 집사님이 하는 말이 걸작입니다. "모든 지체가 자기가 아픈 것을 알고 자기 죄를 보는데, 저만 죄를 못 보니까 저는 영적으로 병든 환자 아니겠습니까? 그러고 보니 우린 모두 환자네요."

이러고들 서로 기뻐하고 축복하며 하하 호호 웃으며 박수 치는 곳이 우리들교회 소그룹 모임입니다. 이곳에 하나님께서 방문해 계십니다. 하나님은 그냥 받아 드시기만 하는 분이 아닙니다. 다 보시고, 다 알고 계십니다. 이처럼 서로를 섬기는 지체가 많으면 그 교회를, 그 가정과 도시, 그 나라를 반드시 축복하십니다.

예수님은 "세상에 있는 자기 사람들을 끝까지 사랑"(요 13:1)하셨습니다. 예수님을 팔려 한 가룟 유다까지도 끝까지 사랑하셨습니다. 내게 어떤 사람이 보내지건 아브라함처럼 '초라한 예수님의 십자가'를 생각하면서 끝까지 섬기는 것이 우리의 사명입니다. 십자가의 예수님을 생각하노라면 무슨 생색이 나겠습니까? 감히 이러고저러고 할 수 있겠습니까?

하나님의 방문을 잘 받아들임으로 이제 아브라함은 자손 대대로 축복받을 일만 남았습니다. 이런 축복이 여러분에게 임하기를 원합니다.

∞ 나그네를 섬기는 기쁨을 누려 본 적이 있습니까? 그 섬김의 결과는 어떤 열매를 맺었습니까?

∞ 내 유익을 위해, 기복적인 마음을 품고 다른 사람들을 섬기면서 생색을 낸 적은 없습니까?

∞ 지체들에게 자랑할 만한 하나님의 은혜를 누린 적이 있습니까?

우리들 묵상과 적용

제가 대학 2학년 때 아버지가 간암으로 돌아가셨습니다. 그것을 계기로 저는 건강을 위해 단전호흡을 시작했습니다. 기수련을 하면서 귀신이 있다고 생각했고, 사주팔자를 봐 주고 치료까지 해 주는 사이비 도사 행세를 했습니다.

졸업 후 일본에서 유학할 때 예수님을 믿게 되었습니다. 하지만 귀국 후에도 여전히 기수련을 계속했고, 기공술로 성형까지 하는 국내 최초의 미용기공사로 TV에 소개되어 떼돈을 벌게 되었다고 생각했습니다. 그런데 어느 권사님으로부터 "주의 종이 되라"는 예언기도를 받고 갈등하던 차에 "기공 치료를 계속하면 죽는다"는 기도원 목사님의 말씀까지 듣고는 선교사가 되기로 서원했습니다.

부르심에 순종만 하면 하늘에서 돈이 뚝 떨어져 빚도 갚아 주시고 학비도 충당해 주실 거라고 생각하고, 2년 동안 신대원에 입학하기 위해 준비했습니다. 그런 중에 신유와 방언의 은사도 받았지만 인생이 어디서부터 와서 어디로 가는지, 무엇을 위해서 어떻게 살아야 하는지에 대한 의문은 도무지 풀리지 않았습니다.

과거 이단에 빠졌던 아픈 기억이 있기에 신뢰할 만한 지도자를 만나게 해 달라고 기도하던 중 김양재 목사님을 만나게 되었습니다. 살면서 가장 기쁜 일은 초라해도 믿음의 사람을 만나는 것이라 하셨습니다. 큐티 모임에 나가는 것이 어색했지만, 정신이상에 당뇨, 비만, 고혈압으로 언제 쓰러질지 모르는 여동생과 두 번이나 거듭된 사업 실패로 빚더미에 앉게 된 누나, 그리고 어머니가 돌아가시기라도 하면 그 빚을 고스란히 떠안을 수밖에 없는 제가 살 수 있는 유일한 길이라 생각했기에 창피함을 무릅쓰고 그 모임에 나가게 되었습니다.

목사님은 처음 만난 저에게 "말도 더듬는데 신학교 가는 것을 다시 한 번 생각해 보라. 자기 분야에서 최고의 전문가가 되는 것이 성전을 가장 잘 쌓는 것"이라고 하셔서 신학교를 안 가기로 결정했습니다. 그 대신 부지중에 초라한 모습으로 방문하시는 하나님을 영접한 아브라함처럼 몸이 아파서 돌아올 수밖에 없는 선교사님들을 치료해 드리는 일을 하기로 했습니다.

믿음도 있고 돈도 있는 아내를 만나 축복 속에 결혼도 했습니다. 결혼하면서 아내는 제 빚도 갚아 줬습니다. 빚지는 것에 무감각한 우리 집안의 내력을 끊는 해결사로 아내를 보내 주셨다고 감사해하면서도 우리 집안이 무시당하는 것 같은 열등감 때문에 "아내의 사업을 망하게 하시고 저에게 환자를 많이 보내 주셔서 영적 육적 가장의 권위를 회복시켜 주시라"는 기도를 드렸습니다. 말도 안 되는 기도였지만 정확히 한 달 후 아내의 사업이 망하게 되었고, 그날로부터 1년 동안 저에게는 감당할 수 없을 정도로 많은 환자를 보내 주셨습니다.

아브라함은 한낮의 휴식 중에도 나그네를 보자 달려 나가 그들을 '주'로 부르며, 그들에게 가장 급히 필요한 발 씻을 물과 떡을 준비하며 극진하고 겸손하게 영접했습니다. 하지만 저는 이스마엘을 끊어 내지 못하고, 여전히 내 유익과 성공을 위해 교만한 자리에 앉아 베푸는 마음으로 선교사님들과 환자들을 대했습니다.

이렇게 생색내는 저를 감찰하신 하나님은 이후 환자를 끊으셨습니다. 생활이 어려워지자 아내와 결혼한 것이 인생 최대의 실수라고 자학하며 늦둥이 아들이 보는 앞에서 싸움박질까지 했습니다. 급기야는 대체의학을 인정해 주지 않는 이 나라를 떠나려고 이민까지 준비했습니다. 그러나 그 소식을 들으신 목사님이 "본성本城을 떠나서는 안 된다"고 하며 비록 비자를 신청해도 결정은 하나님께서 하시기 때문에 끝까지 기도하고 인도함 받으라고 하셨습니다. 결국 비자 신청은 두 번 연속 거절을 당하게 되었습니다.

이 사건은 저의 이스마엘을 끊어 내는 사건이 되었습니다. 이민 가려고 싸 둔 짐을 두 달 동안 이삿짐센터에 보관한 채로 아내와 아이들과 떨어져 사무실에서 생활하면서, 요란을 떨며 기복적 가치관으로 행한 것을 뒤늦게나마 회개했습니다. 그리고 공동체에 잘 붙어 있었더니 이제는 낮은 자세로 다른 사람을 섬길 수 있는 기회를 허락하셨습니다.

나의 악함을 보게 하셔서 생색내지 않고 가족을 섬기고, 교회를 섬기게 하신 하나님께 감사드립니다.

말씀으로 기도하기

하나님께서 우리를 방문하신다고 합니다. 그러나 도대체 언제 어떤 모습으로 오실는지 알 수가 없습니다. 이미 제 곁에 와 계신지도 모를 일입니다. 복을 주기 위해 찾아오신 그 하나님을 알아보지 못한 채 백마 탄 왕자, 백설 공주만을 하염없이 기다리는 것이 바로 우리입니다.

하나님은 부지중에, 초라한 모습으로 오십니다(창 18:1-2)

하나님이 복을 주려고 방문하셔도 너무나 초라한 모습으로 찾아오셨기에 그분이 하나님인 줄 몰랐습니다. 행색이 초라해서 무시했습니다. 빚지고 환난당하고 원통한 모습으로 오늘 저에게 찾아온 나그네를 하나님처럼 섬길 수 있는 믿음을 허락하옵소서. 부지중에, 언제 어디서고 찾아오시는 주님을 알아볼 수 있는 영안을 허락하옵소서.

자원함으로, 극진함으로, 겸손함으로 하나님을 대접합니다
(창 18:3-5a)

초라한 지체가 와도 맨발로 뛰쳐나가 영접할 믿음을 허락하옵소서. 주리고 목마르고 헐벗고 병든 지체를 외면하지 않고, 내 주를 모시는 헌신된 마음으로, 자원함으로 저에게 맡기신 영혼들을 잘 섬기기를 원합니다. 온몸으로 나아가는 자원함으로 지체와 공동체를 섬기는 인생이 되게 하옵소서. 사람을 살리는 영혼 구원 사역에 부족함이 없도록 모든 형편을 허락해 주옵소서.

설렘과 감사의 축복을 주십니다(창 18:5b-7)

하나님의 은혜가 아니면 어찌 저같이 부족한 사람이 지체를 섬기고 공동체를 섬기겠습니까? 늘 하나님께서 주신 은혜와 능력으로 지체와 공동체를 섬기는 인생이 되기를 소원합니다. 오늘은 또 어떤 은혜를 주셔서 섬기는 인생을 축복하실지 설레고 기대하는 마음으로 살아가길 원합니다. 복 주시고 은혜 주심으로 섬기며 살아가는 데 부족함 없는 인생이 되도록 축복하여 주옵소서.

이런 설렘이 있어야 영적 상속자를 주십니다(창 18:8)

지체를 섬기고, 공동체를 섬기면서도 은근히 제 유익을 생각하고, 제게 복 주실 하나님을 기대했습니다. 생색이 나지 않을 수 없었습니다. 섬기면서도 본전 생각을 했습니다. 그렇기에 수고함에도 불구하고 열매가 하나도 없습니다. 이제라도 하나님의 은혜만을 기대하며 설레는 마음으로 지체와 공동체를 섬기는 인생이 되게 하옵소서. 섬김으로 열매 맺는 인생이 되게 하옵소서.

영혼의 기도

아버지 하나님, 하나님께서 아브라함에게 복 주기 위하여 방문하셨습니다. 그런데 그 모습이 이렇게 초라할 줄은 몰랐습니다. 뜨거운 한낮, 한참 졸고 있을 때 이렇게 찾아오실 줄은 몰랐습니다. 그럼에도 그동안 잘 양육하시고, 믿음을 더해 주셨기에 아브라함은 한눈에 하나님을 알아보았습니다. 저희에게도 아브라함과 같은 믿음을 허락해 주셔서 이 세상 초라한 모습들 속에 있는 하나님의 속성을 알 수 있도록 하여 주옵소서.

우리가 아무리 많이 배우고, 잘난 인생이라고 한들 어찌 이 하나님의 비밀을 알 수가 있겠습니까. 말씀으로 양육해 주시고, 말씀으로 내 죄를 보게 하시니 이제 비로소 내 속의 정욕과 자랑과 교만들이 쓰레기 같고 누더기 같다는 것을 깨닫게 됩니다. 이제부터라도 하나님의 방문을 첫눈에 알아보고 자원함과 극진함으로 섬기는 아브라함처럼 살기를 원합니다. 생색 내지 않고 감사로, 설렘으로, 눈물로 대접하고 영접하는 인생이 되기 원합니다. 방문해 주시는 것에, 드셔 주시는 것에, 모실 수 있는 것에 감사하며 살아가는 인생이 되도록 축복해 주옵소서.

내 가정에, 내 직장에, 내 교회에 복을 넘치게 주려고 이렇게 힘든 사람들을 보내 주신 줄을 믿사오니, 이 하나님의 방문을 알아보게 도와주옵소서. 열심히 대접해서 영적 상속자가 주렁주렁 맺히는 우리 집과 교회와 나라가 되게 축복해 주옵소서. 예수님 이름으로 기도합니다. 아멘.

part3

100퍼센트

옳으신

하나님

chapter_7

●
●
●

하나님께서 복을 주려 오늘도 우리를 찾아오시지만

우리는 여전히 말씀이 안 들리고, 그때를 모르니

그저 하나님을 비웃기만 합니다.

탄식하시는 하나님의 사랑을 깨닫는 우리가 되고자 합니다.

십자가 그 사랑 —————

교회 홈페이지에 이런 글이 올라왔습니다. '여기가 바닥이다. 이제는 더 이상 내려갈 곳이 없다'고 생각했는데, 또 지하가 있더랍니다. 그럼에도 마음을 단단히 먹고 그 지하에서 희망을 가지고 잘 살아 봐야지 했는데 이번엔 또 지하 2, 3층이 있더랍니다. 끝없는 고난에 몸과 마음이 마치 '총 맞은 것처럼' 아팠다고 합니다.

끝없는 고난으로 치자면 아브라함도 마찬가지였습니다. 하나님이 "자녀 줄게, 믿어 봐라" 이래 놓고는 24년 동안 안 주고 계십니다. 너무나 긴 세월 아닌가요? 그런데 24년을 같이 살아도 내 남편이 아직 예수를 안 믿고, 자녀들이 교회에 다니지 않는 걸 생각하면, 그 24년은 전혀 긴 세월이 아닙니다. 우리가 믿지 않는 남편과 자식들을 구원하려고 얼마나 많은 수고를 했습니까? 24년을 그렇게 인내하며 기다렸는데도 예수 믿을 생각을 안 합니다. 이만하면 우리도 아브라함 못지않은 고난을 겪고 있는 것 아닌가요? 이제 이만하면 복을 주실 만도 하지 않습니까?

그러나 우리에겐 아직도 넘어야 할 산이 있고, 통과해야 할 관문이 있습니다. 하나님께서 복을 주려 오시지만 아직도 주님은 부족한 우리를 보고 탄식하실 수밖에 없습니다. 나귀를 타고 오신 예수님에게 호산나를 외치던 이들이 주님을 십자가에 못 박았습니다. 열광하던 무리가 며칠 만에 살인자가 되었습니다. 우리가 다 그렇습니다.

사라라고 별수 없습니다. 하나님께서 자식을 주려고 오셨지만, 코웃음 치는 사라의 태도를 보고 주님은 통곡하실 수밖에 없었습니다. 그러나 아브라함 부부를 택하셨기에 주님은 십자가 그 사랑으로 회복시켜 주십니다. 죽은 몸이나 다름없는 이 늙은 부부가 결국 생명을 잉태하게 된 것입니다. 죽음의 땅에서도 생명의 삶이 시작될 수 있다는 것, 이것이 아브라함 부부의 결론입니다.

나와 주님 사이에는 아직도 막幕이 있습니다

———

그들이 아브라함에게 이르되 네 아내 사라가 어디 있느냐 대답하

되 장막에 있나이다(창 18:9)

드디어 아브라함 부부에게 복을 주기 위해 초라한 나그네의 모습으로 변장한 하나님이 오셨습니다. 그리고 사라를 통해서 자식을 얻게 해 주시겠다며 "네 아내 사라가 어디 있느냐" 하고 물으십니다. "네 아우 아벨이 어디에 있느냐", "아담아, 네가 어디 있느냐" 하신 것처럼 사라를 찾으십니다. 정작 축복의 통로, 아이를 임신할 당사자는 사라인데 아브라함과 대화하십니다. 물론 사라가 그 자리에 없었기 때문이죠. 사라는 장막에 있었습니다. 그 당시 장막에 있다는 것은 결혼한 여자의 생활 풍속이기도 하지만, 하나님과 사라 사이에는 분명히 어떤 막이 있었다고 생각됩니다. 사라가 주님을 정말 사모하고 사랑했다면, 주님 오셨을 때 맨발로라도 뛰쳐나가 맞이해야 하지 않나요? 하다못해 주님이 부르시면 "주님, 내가 여기 있사옵나이다" 했을 텐데 사라는 계속 장막에 머물러 있었습니다. 하나님이 자기를 찾는 것을 들었으면서도 장막에 그대로 있었습니다.

하나님은 아브라함을 축복하기 위해 나그네가 되어 먼 길을 오셨습니다. 그리고 아브라함의 극진한 섬김을 보고, 이제는 24년 동안이나 꽁꽁 감싸 두었던 그 선물 보따리를 풀려고 하십니다. 최고의 선물, 영적 상속자를 주려고 하십니다. 에베소서 1장 3절에서 "하나님 곧 우리 주 예수 그리스도의 아버지께서 그리스도 안에서 하늘에 속한 모든 신령한 복을 우리에게 주시되" 했습니다. 하나님의 선물, 하늘에 속한 신령한 복으로 자식을 주신다고 하니 이 얼마나 감개무량합니까? 그런데 사라는 이 좋은 것을 모릅니다. 이 땅에 속한 복만 받고 싶은 사라였으니 하나님의 선물이 얼마나 소중하고 귀한지 알 수 없는 것입니다. 그 신령한 복을 누리지 못하니 하나님과 나 사이를 가로막는 막이 있을 수밖에 없습니다.

한 남편 집사님이 소그룹 모임에서 과거의 외도를 오픈했습니다. 이 사건이 남편과 하나님 사이를 깨끗케 하는, 막을 거두어 가는 것임에도 불구하고 아내 집사님은 전혀 감사할 수 없었습니다. 신령한 복은 관심이 없고, 남편이 나에게 잘해 주는 것만 관심이 있으니 "남편이 이 사건으로 인해 말씀이 세워지고 요동하지 않는 것이 싫다"고 나눔을 했어요. 신령한 복 받는 것에 전혀 관심이 없다 보니 하나님과의 사이에 새로운 막을 만든 것입니다. 스스로 장막을 치고 하나님의 시야로부터 숨어 버린 것입니다.

사라가 그랬고, 또 우리가 그렇습니다.

∞ 하나님의 사랑을 알기 위해 내가 넘어야 할 산은 무엇이며, 통과해야
　할 관문은 무엇입니까?

∞ 하나님과 나 사이를 가로막고 있는 것은 무엇입니까?

∞ 내가 돌봐야 할 사라는 누구입니까? 그 사람은 지금 어디에 있습니까?

하나님의 때를 우리는 알지 못합니다

그가 이르시되 내년 이맘때 내가 반드시 네게로 돌아오리니 네 아
내 사라에게 아들이 있으리라 하시니 사라가 그 뒤 장막 문에서 들
었더라(창 18:10)

하나님은 이미 세 차례나 반복해서 사라에게 아들이 있으리라고 약속을 주
셨지만(창 17:6, 19, 21) 사라는 여전히 장막 뒤에서 나오지 않고 있습니다. 반면
아브라함은 영적 상속자를 주신다는 그 약속을 믿었습니다. 그만한 믿음이 생
겼습니다. 그래서 포피를 베었고, 초라한 모습으로 오신 주님을 알아봤습니다.

문제는 아직도 의심을 가득 품고 장막 뒤에서 한 귀로 듣고 있는 사라입
니다. 기한이 이르면, 때가 되면 '정녕' 네게로 돌아와서 아들을 주신다고 하
십니다. 확신을 주시고, 수차례나 강조하셨습니다. 그런데 그 기한이 이를
때가 도대체 언제입니까? 내일입니까? 아니면 일주일 후, 한 달 후, 1년 후입
니까? 사라나 우리나 도대체 알 수 없는 것이 바로 이 '하나님의 때'입니다.

24년을 기다린 아브라함과 사라입니다. 그럼에도 주님은 아직껏 명확
한 시간을 알려 주지 않으십니다. 그러니 만날 "왜 지금 안 되는가, 왜 지
금 안 주시는가?"가 사라의 주제가이고, 우리의 주제가입니다. 주님이 가
실 때도 모르고 오실 때도 모르니, 하늘만 쳐다보는 것입니다. 사라라고
별수 없습니다. 그걸 알지 못하니 여전히 장막에 머물러 있습니다. 아들을

준다는 말씀을 듣고도 반갑게 뛰쳐나오지 못하고, 긴가민가하고 있습니다. 어둠의 장막에 있으니 내 사건도 제대로 해석하지 못하고, 주님 오실 날도 제대로 알지 못하는 것입니다.

∞ 언젠가 내게도 하나님이 찾아와 주실 것을 믿습니까?
∞ 그때를 위해 나는 어떤 준비를 하고 있습니까?
∞ 지금 내가 하나님보다 더 절실히 바라는 것은 무엇입니까?

때를 모르니 주님의 약속을 비웃습니다

11 아브라함과 사라는 나이가 많아 늙었고 사라에게는 여성의 생
리가 끊어졌는지라 12 사라가 속으로 웃고 이르되 내가 노쇠하였
고 내 주인도 늙었으니 내게 무슨 즐거움이 있으리요(창 18:11-12)

하나님께서 아들을 주신다고 했지만, 사라 입장에서는 말도 안 되는 이야기입니다. 이미 임신하기에는 나이가 너무 많습니다. 더구나 생리가 끊어진 지 오래입니다. 임신이 아예 불가능한 것입니다. 게다가 "내 남편이 늙어서 아무 즐거움도 없다"고 합니다. 부부관계를 갖지 않은 지 이미 오래되었다는 말이죠. 그러니 하나님의 말씀을 듣고 속으로 비웃을 수밖에요.

하나님께서 이삭을 주신다고 했을 때 아브라함도 하나님 앞에 엎드려 웃었습니다. 그러고는 "이스마엘이나 하나님 앞에 살게 하소서" 했습니다 (창 17:17-18). 이때 아브라함의 웃음에는 하나님의 말씀에 대한 의심이 그대로 드러납니다. '에이, 하나님, 그게 말이나 됩니까?' 하고 표정으로나마 대꾸한 것입니다. 그런데 사라는 어땠나요? 자신의 모든 감정을 완전히 숨기고 속으로 웃었습니다. 콩으로 메주를 쑤어도 믿을 수 없다는 비웃음, 쓴웃음을 지은 것입니다. 자신은 절대 임신할 수 없다는 것이죠. 사라의 체념은 아주 심각한 상태입니다.

아브라함의 입장에서는 그 나이에 아들을 낳는다는 것이 좀 미심쩍었습니다. 그러나 사라는 아예 하나님의 말씀을 불신합니다. 그러잖아도 하갈 사건 이후 마음이 많이 상해 있던 사라입니다. 아브라함으로서는 이스마엘이 자기 핏줄이고 혈육이어서 싫을 이유가 전혀 없지만, 사라로서는 그렇지 않습니다. 더군다나 도망쳤던 하갈까지 돌아와서 지금 한 집에 같이 살고 있는데, 얼마나 마음이 힘들었겠습니까?

아브라함과 부부관계도 다 끊어진 상태입니다. 육체적인 것뿐 아니라 정신적으로도 관계가 다 끊어졌겠지요. 아이도 못 낳는 늙은 아내가 젊은 둘째 마누라가 있는 남편으로부터 무슨 사랑을 받을 수 있었겠습니까? 그럼에도 사라가 자기감정을 나타내지 않았던 것은 역시 아브라함보다 재질이 좋기 때문입니다. 재질이 좋아서, 자기 절제가 된 것입니다. '사래'는 이름대로 교양 있는, 고귀한 공주입니다. 언제나 자기감정을 숨기고, 좋은 표정만 지으며 살아왔습니다. 저도 그랬습니다. 감정을 숨기고 살았습니다. 교양이 있으려면, 품위를 지키려면 자기감정을 숨겨야 합니다.

교양 있는 척하는 것도 병입니다. 사나운 꼴을 당하면서도 교양 있는 척 '괜찮아, 괜찮아' 하고 웃어넘기면 안 됩니다. 그럴 때는 욕도 하고 화도 내야 합니다. 슬픈 일이 생겼는데도 그 감정을 억누른 채 품위만 지키고 앉아 있으면 안 됩니다. 울 땐 펑펑 울어야 합니다. 속상하면 "죽일 놈, 살릴 놈" 하면서 인간답게 이야기해야 합니다.

교양은 결코 믿음이 아닙니다. 하나님 때문에 완전히 성화되어 용서하고 인내하며 사는 인생도 아닌데, 교양 있게 행동하는 것은 아주 깊은 병입니다. 사라를 보십시오. 이름만 사라이지 믿음은 아직도 '사래'입니다. 성화를 이룬 것도 아닌데, 용서하고 참는 척, 교양 있는 척합니다. 그러면서 속으로는 하나님을 비웃습니다. 아직 여러 민족의 어미가 될 자격을 갖추지 못한 것입니다.

예수님이 십자가에 달리셨을 때도 많은 사람이 비웃었습니다. 예수님을 보고는 모두가 입술을 비쭉거리고 머리를 흔들었습니다(시 22:7). 로마 군병들, 십자가 아래를 지나가는 자들, 유대인 관원들 모두가 비웃었습니다. 예수님이 '내 죄를 위해서 죽으신다'는 것을 조금이라도 믿었다면 그렇게 비웃지는 않았을 텐데 말입니다.

믿음 좋은 남편 따라 갈대아 우르를 떠나온 사라입니다. 하나님 말씀 따른답시고 살기 좋고 기름진 땅 다 포기하고 고생고생하며 살았는데, 24년이 지나도록 아들 하나 없습니다. 믿음 좋은 남편 따라 교회를 24년이나 다녔는데 아직껏 내 집은커녕, 단칸방 신세를 벗어나지 못한다면 그 누군들 하나님의 말씀을 믿고 따르겠습니까? 비웃는 게 당연해 보이지 않습니까? 그래서 지금 사라는 하나님이 앞에 서 계신데도 비웃고 있습니다. 하나님이 지금 내 앞에 있는데도 "하나님이 어디 계셔?" 이럽니다.

예수님이 열두 제자와 최후의 만찬을 하시면서 "나는 이제 십자가를 지고 아버지께로 돌아간다. 그러나 나는 반드시 다시 돌아온다"고 하셨습니다. 그러나 제자들은 그 말을 믿지 않고 근심만 했습니다. 그리고 예수님께서 십자가에 못 박혀 돌아가시자 다 뿔뿔이 흩어졌습니다. 열두 제자나 사라나 똑같지 않나요? 그러니 우리라고 별수 있습니까? 이러니 하나님께서 속이 상하지 않으시겠습니까?

> 여호와께서 아브라함에게 이르시되 사라가 왜 웃으며 이르기를 내
> 가 늙었거늘 어떻게 아들을 낳으리요 하느냐(창 18:13)

그런데 하나님은 사라에게 직접 뭐라고 하지 않고, 여전히 아브라함에게 말씀하십니다. 사라에게 직접 말씀하셔도 될 것을 굳이 아브라함에게 하십니다. 사라는 아직 말씀이 들리지 않기 때문입니다. 말씀이 들리지 않으면 양육도 힘듭니다. 그러니 말귀를 알아듣는 아브라함에게 말씀하시는 것입니다.

똑똑한 사라보다 좀 덜 똑똑해도 아브라함을 통해서 사라를 양육해 가시는 것을 보아야 합니다. 사라는 하나님 말씀을 못 알아들으니 '사람 말을 하는' 아브라함을 통해서 양육 받을 수밖에 없습니다. 하와가 범죄했지

만 "아담아, 네가 어디 있느냐" 하신 하나님입니다. 남존여비를 말하는 게 아닙니다. 하나님께서는 말씀이 들어가는 사람을 통해서 우리를 양육하십니다. 그러므로 먼저 말씀이 들리고 먼저 깨달은 사람은 아직 말씀이 들리지 않는 사람 몫까지 대신 깨달아 주어야 합니다. 그 깨달음으로 제자를 양육해야 합니다.

하나님께서는 사라가 아직 말귀를 못 알아들으니 아브라함에게 묻습니다. "사라가 왜 나를 비웃느냐, 어떻게 내 말을 믿지 않느냐"고 하십니다. 하나님께서 사라의 비웃음을 모르실 리 없습니다. 전지전능하고 무소부재하신 하나님이 그걸 몰라서 아브라함에게 물어보셨겠습니까? 하나님께서는 당신의 말씀을 믿지 못하는 사라가 안타까운 것입니다. 그래서 사라를 탓하시지 않습니다. 사라가 "내 주인도 늙었다"면서 자식을 낳지 못하는 책임을 남편 아브라함에게 전가하는 불평을 했음에도(12절), 주님은 그것을 그대로 아브라함에게 말하지 않습니다. 오히려 사라가 "내가 늙었거늘 내가 어떻게 아들을 낳으리요"(13절) 하고 자기 책임임을 고백했다며 사라의 변명을 덮어 주십니다. 이렇게 품으시고, 우회적으로 사라를 양육해 가십니다. 이것이 하나님의 사랑입니다.

마태복음 1장의 예수님 족보를 보면 시아버지와 동침한 다말이나, 기생 라합, 이방 여인 룻, 불륜을 행한 밧세바 등이 나옵니다. 그런데 사라와 리브가 같은 요조숙녀들의 이름은 보이지 않습니다. 왜 그럴까요? 그녀들은 누가 뭐라 하지 않아도 자기가 죄인인 것을 알았기 때문이 아닐까 합니다. 시아버지와 동침한 다말은 누가 굳이 손가락질하지 않아도 자신이 죄인인 것을 알았을 것입니다. 하지만 사라는 이삭의 어머니, 여러 민족의 어머니가 되었어도 워낙 교양이 있다 보니 자기 죄를 인식하지 못합니다.

공주과가 다 그렇습니다. 남편 사랑까지 듬뿍 받으니 자기 죄를 보는 게 쉽지 않습니다. 주위를 한번 둘러보세요. 남편 사랑을 듬뿍 받으면서 뼈저리게 자기 죄를 깨닫는 여자가 있나요? 자기가 제일 잘난 줄 압니다. 전 세계에서 참으로 많은 분들이 저에게 이메일을 보내옵니다. 대부분이 "목사님 말씀 듣고 은혜 받았어요. 그래서 저도 이것을 목사님께 고백하고 싶어요" 하며 자기 죄 때문에 안타까워하는 내용들입니다. 말씀을 깨닫고 은혜 받는 사람들은 하나같이 자신이 죄인이라고 고백합니다. 그런데 사라 같은 공주과, 왕비과, 요조숙녀과들은 은혜 받았다고 구구절절 사연을 보내지 않습니다.

지질한 인생을 살아도 자신이 죄인임을 인정하고, 그것을 다 드러내며 사는 것이 복된 인생입니다. 다말도, 라합도, 밧세바도 자신의 부끄러운 과거를 드러냈기에 믿음의 조상 족보에 이름을 올렸습니다.

사라는 아직 인간의 생각을 넘어서지 못했습니다. 교양만 있지 아브라함의 믿음을 따라가기엔 힘에 부칩니다. 그러나 영적 상속자는 아브라함 혼자 세울 수 없습니다. 부족해도 사라가 함께해야 합니다. 사라나 여종 하갈이나 다 거기서 거기처럼 보이지만, 하나님께서 택하신 자는 사라입니다. 그 선택에 순종해야 합니다. 하나님이 정해 주신 배필에 순종해야 하고, 부모 자식 관계에 순종해야 합니다. 좋고 나쁘고의 문제가 아닙니다. 내 식구로 맺어지면 그 다음의 선택은 없습니다. 싫은 가족이 있어도 그를 통해 끈질기게 하나님의 음성을 들어야 합니다. 그 음성을 들으라고 싫은 가족을 붙여 주신 것입니다.

그런데 안타깝게도 사라는 여전히 하나님의 말씀을 알아듣지 못합니다.

∞ 하나님의 말씀이 잘 들립니까?

∞ 그 말씀을 비웃은 적은 없습니까?

∞ 아직도 하나님이 미덥지 못해서 내가 근심할 수밖에 없는 것은 무엇입
니까?

그러나 하나님께는 능치 못할 일이 없으십니다

———

여호와께 능하지 못한 일이 있겠느냐 기한이 이를 때에 내가 네게
로 돌아오리니 사라에게 아들이 있으리라(창 18:14)

"나는 여호와요 모든 육체의 하나님이라 내게 할 수 없는 일이 있겠느
냐"(렘 32:27) 하십니다. 하나님께 불가능이란 없습니다. 그런데 사라의 마
음은 불신으로 가득합니다. 그러나 영적인 일은 세상적 생각으로는 판단
할 수 없습니다. 내 눈에 보이는 것만 믿는다면 그 믿음이 얼마나 제한적
이겠습니까.

그럼에도 우리는 보이는 것만을 제한적으로 믿습니다. 눈에 보이지 않

는 것은 아예 믿으려 하지 않습니다. "그래도 믿어라" 하면 근심걱정부터 합니다. 약속의 말씀을 믿지 못하기 때문에 근심합니다. 예수님은 십자가에 못 박히시기 전에 제자들의 발을 씻기신 후 "근심하지 말라"(요 14:1)고 하셨습니다. 그럼에도 제자 도마는 "주께서 어디로 가시는지 우리가 알지 못하거늘 그 길을 어찌 알겠사옵나이까?" 하고 근심합니다(요 14:5). 길을 모르니 근심할 수밖에요. 그러므로 우리가 가야 할 곳이 어디인지를 정확히 알아야 합니다. 하나님 나라가 얼마나 엄청난 곳인가를 알아야 이 땅에서도 잘 기다릴 수 있습니다. 그날이 이를 때까지 십자가를 잘 지고 썩어지고 죽어지고 밀알이 됨으로 주님이 날 위해 죽어 주신 그 십자가 사랑을 확증해야 합니다.

하나님께서는 때가 되면 사라를 다시 찾아와서 영적 상속을 물려줄 아들을 주겠다고 약속하십니다. 그런데 그 '기한이 이를 때'라는 것이 도대체 언제일까요?

하나님이 정하신 때는 우리의 때와 다릅니다. 가나안 땅을 아브라함과 후손에게 주겠다고 약속하셨지만, 그 땅을 정복한 것은 그로부터 수백 년 후였습니다. 요한복음 16장 25절에 "이것을 비유로 너희에게 일렀거니와 때가 이르면 다시는 비유로 너희에게 이르지 않고 아버지에 대한 것을 밝히 이르리라"고 했습니다. 예수님도 때가 되면 밝히시고 일러주겠다고 하십니다.

'밝히 이르신다'는 것은 명확한 말로 말씀하시겠다는 뜻입니다. 그 명확한 말이 곧 성경입니다. 명확히 기록된 말씀을 명확히 들으려면 말씀을 묵상해야 합니다. 큐티를 하며 말씀을 내 삶에 적용해 보아야 합니다. "근심하지 말라" 하면 지금 내가 근심하고 있는 것이 무엇인지 묵상하고, 그 근심에서 벗어나기 위해 내 삶에 적용해야 할 것은 즉각 적용하고 실행하며 살아야 합니다. 그렇게 말씀대로 적용하고, 말씀대로 누리고, 말씀대로 살면 내 인생에, 내 가정에 말씀이 세워지고 예수님이 세워집니다. 그때 비로소 하나님의 때를 깨달을 수 있습니다. 그때 그 순간이 바로 '기한이 이른 때'입니다.

이런 때를 모르니 사라의 마음은 불신으로 가득 찰 수밖에 없습니다. 그러니 장막 뒤에 숨어서 나올 생각을 하지 않습니다. '눈에 뵈는 것이 없으니' 비웃고, 거짓말하고, 불평하고, 툴툴대고… 우리가 그러고 있습니다.

어떤 집사님은 큐티를 하면서 "네 마음에 근심하지 말라"는 말씀을 붙들고 "일을 많이 주시는 것보다는 근심 걱정하지 않도록 평강과 자유함을 얻게 해 달라"고 기도했는데, 일주일 넘게 번역일이 들어오지 않더랍니다. 그렇게 은혜 누리고(?) 있는데, 며칠 못 가 부인이 이러더랍니다.

"혼자 그렇게 은혜 누리고 사니 좋아? 근심 걱정 않겠다고 컴퓨터 게임 아니면 잠만 늘어지게 자고… 꼴좋다."

우리가 다 이렇지 않습니까?

어떤 여자 집사님은 주일 말씀을 듣고는 하나님의 말씀을 신뢰하지 못하는 자기 모습을 보게 되어 너무 은혜가 됐답니다. 그런데 월요일에 휴대폰을 세탁기에 넣는 바람에 죄다 망가져서 다시 마련했는데, 그 이튿날 새 휴대폰을 아이가 우윳곽에 푹 집어넣었대요. 먹고사는 것도 빠듯한데 휴대폰 값이 한두 푼도 아니고… 이러면 우리는 바로 뚜껑이 열리잖습니까? 은혜고 나발이고 없지 않습니까? 그러면 그 불똥은 또 어디로 튀겠습니까? 남편에게 튀잖아요. 불쌍한 우리 남편들…. 하지만 어쩌겠어요. 아내에겐 그저 돈 많이 못 버는 남편이 원순데…. 우리가 다 이렇게 툴툴거리며 삽니다.

그러나 우리와 다름없이 툴툴거리며 하나님을 못 미더워하던 사라도 결국 하나님을 믿었다고 합니다. 그 믿음으로 잉태하는 힘을 얻었답니다. 그리고 말씀처럼 영적 상속자를 수도 없이 낳았습니다.

> 11 믿음으로 사라 자신도 나이가 많아 단산하였으나 잉태할 수 있
> 는 힘을 얻었으니 이는 약속하신 이를 미쁘신 줄 알았음이라 12 이
> 러므로 죽은 자와 같은 한 사람으로 말미암아 하늘의 허다한 별
> 과 또 해변의 무수한 모래와 같이 많은 후손이 생육하였느니라
>
> (히 11:11-12)

이 하나님의 사랑, 십자가 사랑이 얼마나 놀랍습니까.

앞에서 소개한 '총 맞은 것처럼' 아프다는 집사님이 뭐라고 한 줄 압니까? 지하 1층에서 3층까지 파도 파도 바닥이 보이지 않는 끝없는 고난 때문에 몸과 마음이 너무 아팠지만, 모든 걸 내려놓고 소그룹 모임에 가면 아픔이 덜하다고 했습니다. 말씀으로 치료해 주니 잘 인내할 수 있다고 했습니다. 그렇습니다. 약한 사라가 있으니 또 아브라함이 있고, 약한 지체

가 있으니 내가 그의 곁에 있습니다. 십자가 그 사랑으로 나보다 약한 지체, 우리의 사라를 이끌어 주어야 합니다. 그것이 우리의 사명입니다.

한 초신자가 양육 훈련을 받으면서 양육자에게 "너무 힘들다"고 불평을 늘어놓았습니다. 그랬더니 그 양육자가 "저는 오늘 모임 오면서 집사님으로부터 기도를 너무 받고 싶었다"고 말했답니다. 초신자는 불평을 늘어놓고 있는데, 믿음의 선배가 믿음도 없는 자신에게 기도를 받고 싶다하니 얼마나 은혜가 됐겠어요. 불평하던 초신자가 그 말을 듣고는 쩔쩔맸답니다. "대체 언제까지 불평할 건데? 언제까지 그러고 살 건데?" 하고 책망하는 것보다 "기도해 달라"고 부탁하는 것이 얼마나 훌륭한 처방입니까. 사람을 세워 주는 이의 말이야말로 십자가 그 사랑에서 우러나오는 말입니다.

이처럼 내 곁의 사래를 '여러 민족의 어머니 사라'로 세우는 길은 오직한 길, 내가 십자가 지고 나아가는 길밖에 없습니다. 이런 사랑이 영적 상속자를 수도 없이 낳는 비결입니다.

∞ 내가 짊어져야 할 나의 십자가는 무엇입니까?

∞ 내가 이끌어 주고 돌보아야 할 나의 연약한 지체는 누구입니까?

∞ 그 연약한 지체를 위해 지금 어떤 수고를 하고 있습니까?

그럼에도 하나님을 속이려고 거짓말까지 합니다

———

사라가 두려워서 부인하여 이르되 내가 웃지 아니하였나이다 이르
시되 아니라 네가 웃었느니라(창 18:15)

하나님의 말씀을 비웃던 사라는 심지어 "웃지 않았다"며 거짓말까지 합니다. 사태의 심각성을 깨닫긴 했는데, 내 앞에 계신 분이 예사로운 사람이 아니라는 생각은 했는데, 하나님의 능력이 감지되면 거기서 빨리 꿇어 엎드려야 하는데 사라는 전혀 굴하지 않았습니다. 자기 잘못을 인정하지 않았습니다. 원어로는 '열심히, 반복해서, 절대로' 웃지 않았다고 합니다. '하나님께 맹세코!'라고 강조하며 변명을 늘어놓은 것입니다.

사라의 모습이 이렇습니다. 실망스럽기 짝이 없습니다. 그러나 우리가 다 이렇습니다. 잘못을 시인하는 게 얼마나 어렵습니까? 하나님마저 속이려 드는 사라의 이런 모습을 보노라면 연민마저 듭니다. 우리 역시 한때 뻔한 거짓말했던 것, 속으로 비웃었던 것, 하나님이 다 알고 계십니다.

거짓말하는 사람들의 18번이 "절대로 그런 일은 없어"입니다. 예사로, 죄의식도 없이 거짓말을 합니다. 여러분은 이런 말을 한 번도 한 적이 없나요? 하나님께서 철타작기에 넣어서 모조리 떨어 버리기 전까지 우리는 툭하면 이런 거짓말을 하지 않습니까?

여러 민족의 어머니가 될 사라도 이러는데 우리라고 별수 있나요? 그

러나 믿음생활 하면서 하나님도 속이고, 배우자와 자녀도 속여서는 안 됩니다. 이사야 57장 11절에서 "네가 누구를 두려워하며 누구로 말미암아 놀랐기에 거짓을 말하며 나를 생각하지 아니하며 이를 마음에 두지 아니하였느냐 네가 나를 경외하지 아니함은 내가 오랫동안 잠잠했기 때문이 아니냐"라고 하셨습니다. 그러므로 하나님은 마지막까지 사라를 단호하게 야단치시고 강력하게 책망하십니다.

"아니라, 네가 웃었느니라!"

"네가 나를 비웃었다"고 "거짓말을 하고 있다"고 무섭게 추궁하십니다. 사람들은 '좋은 게 좋은 거'라고 합니다. 그러나 사람을 양육할 땐 좋은 게 언제나 좋은 게 아닙니다. 하나님의 말씀에 힘입어서 꾸중할 때도 있어야 합니다.

24년이란 긴 세월 동안 하나님으로부터 양육 받고, 급기야 피 흘리며 할례 언약을 치르는 남편의 믿음을 곁에서 지켜보았던 사라입니다. 그럼에도 장막 뒤에 숨어서 하나님을 비웃고, 얼굴에 표정 하나 안 변한 채 거짓말을 합니다. 이런 사라를 보고 하나님의 마음이 어땠겠습니까.

그러나 하나님께서는 '그럼에도 불구하고' 사라를 인도해 가십니다. 주님이 십자가 그 사랑으로 죽어 주셨기에 사라가 여러 민족의 어머니가 되었습니다. 우리가 아무리 불평 불만을 늘어놓고 구시렁대도 예배 잘 드리고 공동체에 잘 붙어 있으면 우리도 여러 민족의 아버지가 되고 어머니가 될 줄 믿습니다. 믿음이 무엇입니까? "바라는 것들의 실상이요 보이지 않는 것들의 증거"(히 11:1)입니다. 우리가 바라는 것들에 대해서 확신을 가지고, 비록 눈에 보이지는 않지만 그것이 사실임을 아는 것이 믿음입니다. 하나님께서 경수가 끊어진 지 이미 오래고, 부부관계도 없는 90세, 100세 된 부부에게 자식을 준다고 하면 세상 잣대로 이치를 따지지 않고, 그 약속을 굳게 믿는 것, 그것이 믿음입니다. 눈에 보이지 않아도, 세상 이치에 맞지 않아도, 그것이 하나님의 말씀이기에 믿는 것이 믿음입니다. 그래서 믿음이 얼마나 어려운 것인지 아브라함 부부를 통해서 보게 됩니다.

∞ 믿음생활을 하면서도 하나님도 속이고, 배우자도 속이고, 자녀도 속인 것은 무엇입니까?

∞ 나도 속고 남도 속은 나의 거짓된 행실은 무엇입니까?

∞ 하나님 앞에서, 공동체 앞에서 아직도 고백하지 못한 나의 죄는 무엇입니까?

우리들 묵상과 적용

남편과 저는 성경에 손을 얹고 교회에서 결혼했습니다. 그러나 남편은 네 차례나 외도를 하고 결국 딴 여자와의 사이에서 아들을 낳았습니다. 그리고 딸만 낳은 저를 내쫓으려고 했습니다. 60평대 아파트를 마련하고 시부모님과 함께 살 예정이었는데 입주하는 날 시부모님과 남편은 "아들을 낳아 준 여자와 아들을 데려왔으니 너는 이제 우리 집에 들어올 필요 없다"고 통보했습니다. 너무나 억울하고 분해서 심장이 터져 버릴 것만 같았습니다. 저는 남편의 옷을 찢고 냉수를 끼얹고 짐승처럼 난리를 쳤습니다. 그랬더니 남편의 마음은 더 빨리 떠나 버렸습니다.

남편은 부모님을 모신다는 명분 아래 두 집 살림을 시작했습니다. 월, 수, 금은 저쪽 집으로 화, 목, 토는 이쪽 집으로 오가는 일을 허락도 없이 시작했습니다. 제가 조금이라도 문제를 제기하면 화를 내며 "이 상황을 못 참겠으면 이혼하자"고 했습니다. 사래가 "나는 이렇게 살 사람이 아니다"라고 여긴 것처럼, 저 또한 6년 넘게 저를 쫓아다닌 사람으로부터 이런 대접을 받고 보니 자존심이 짓이겨져 살 수가 없었습니다.

그렇게 지쳐 갈 즈음 말씀을 통해 내 죄를 하나씩 보게 되었습니다. 남편보다 나이가 한 살 더 많은 탓에 늘 남편을 어린아이 취급했던 일, 교장 선생님처럼 야단치고 훈계했던 일들이 떠올랐습니다. 특히 감추고 싶었던 죄가 생각났습니다. 사라와 같이 경수가 끊어졌다고 여겼던 저에게 늦둥이를 허락하신 사건입니다.

사십대 중반이던 저에겐 둘째 아이를 임신한 것이 큰 두려움이었습니다. "왜 하필 이런 때 선물을 주시냐? 주의 일 열심히 하려는 이때 아이가 있으면 아무것도 못하고, 큰아이가 고3인데 도대체 어쩌라는 거냐? 없던 걸로 해 주시라"고 낙태를 했습니다. 그리고 그 일을 일부러 잊어버렸습니다. 남편이 다른 여자로부터 아들을 낳았다고 했을 때 제일 먼저 생각난 죄가 바로 낙태를 행한 일이었습니다. '대가를 이렇게 치르는구나' 깨닫게 되었습니다. 말씀을 깨닫기 전에 지은 죄들은 빨리 용서해 주셨는데, 말씀을 깨닫고도 적용 못한 죄 값은 톡톡히 치르게 하신 것입니다.

우리들교회가 세워지고 초창기 등록 가정이 되었어도 남편의 이중생활은 여전했습니다. 하나님 앞에 사라가 두려워 웃지 않았다고 거짓말한 것처럼 "이중생활 정리하시라"고 권면하시는 목사님께 "아들 때문에 나도 적용하는 것"이라며 억지를 부리기까지 했습니다. 자격도 안 되는 주제임에도 불구하고 양육훈련 받으라 해도 남편은 "못 받는다. 시간 없다"고 용감하게 거절했습니다.

"매일 그쪽 집을 가도 좋으니 양육훈련만 받아라. 그러고도 마음이 안 바뀌면 이혼해 주겠다"고 했습니다. 그 제의를 받아들인 남편은 이후부터 월요일은 양육훈련, 수요일은 수요예배, 금요일은 소그룹 예배를 드리고, 주일에는 예배를 드린 후에도 온종일 교회에 있어야 했습니다. 모든 걸 양보했더니 주님은 남편으로 하여금 일주일 중 나흘이라는 시간을 하나님과 함께 있을 수 있도록 인도하셨습니다.

그런데 32주 제자훈련 중 27주 차를 진행할 때였습니다. 사무엘상 말씀을 묵상하던 중 "한나가 사무엘을 엘리 제사장에게 맡기며 하나님께 드린다"는 대목에서 남편이 깨졌습니다. '아들을 내가 끼고 있다고 사랑하는 것이 아니다. 이것은 집착이다'라는 걸 알게 되었고, '하나님께 맡기는 것이 원칙을 지키는 것이다. 이제 나는 조강지처에게 돌아가고, 아이 엄마와 아들을 떠나보내야 한다'는 걸 깨달은 것입니다. 남편은 이렇게 이중생활을 끝내고 돌아왔습니다. 이제는 양육비만 보내 주고 그들에게도 주님이 찾아가 주시기를 기도하고 있습니다.

남편은 이제 소그룹의 리더로 지체들 앞에서 그동안 자신이 얼마나 말이 안 되는 짓을 하며 주위 사람들을 괴롭혔는지, 그리고 "오래도록 기다려 준 집사람이 정말 고맙고, 사랑한다"고 고백했습니다. 주일에는 주홍글씨 같은 죄패를 이마에 붙이고 새 신자들 앞에서 자신의 죄를 간증합니다.

남편은 이제 다 늙은 저의 머리를 쓰다듬으며 귀엽다고까지 합니다. 목사님께는 오래도록 속 썩여 드려 죄송하다고 진심으로 사과드리고, 주의 일에 충성을 다하겠다고 약속했습니다.

남편은 그 죄가 드러나 이 땅에서 값을 치르고 있는데, 이제는 제가 남편 뒤에 숨어 있고 싶은 심정입니다. '남편은 가해자이고 나는 피해자'라며 장막 뒤에서 나오지 않고 있는 사라 같은 저를 불러 주셔서 여러 민족의 어머니로 살라고 하시니 감사합니다. 짝퉁 인생 될 뻔한 저를 명품 인생 될 수 있도록 영육 간에 수고하는 남편에게 감사하고, 사랑합니다.

말씀으로 기도하기

예수님이 나귀를 타고 오셨을 때 호산나를 외치며 찬양했던 우리입니다. 그러나 일주일 뒤에 주님을 십자가에 못 박았습니다. 우리가 그렇습니다. 하나님께서 찾아오셔도 그때를 알지 못하고, 하나님이 말씀하셔도 그 하나님을 비웃습니다. 이렇듯 우리에겐 아직도 넘어야 할 산이 있고, 통과해야 할 관문이 있습니다. 하나님께서 주시는 복을 누리기 위해 우리가 넘어야 할 산이 무엇인지 알기 원합니다.

나와 주님 사이에는 아직도 막幕이 있습니다(창 18:9)

이 땅에 속한 복만 누리고 싶으니 하나님의 선물이 얼마나 소중하고 귀한지 알 수 없었습니다. 그 신령한 복을 누리지 못하니 늘 하나님 곁에서 멀찌감치 떠나 있었습니다. 말씀이 들려도 못 들은 척 외면했고, 하나님의 눈에 띄는 것이 두려워 스스로 장막을 쳤습니다. 이제라도 장막을 걷고 나와 "주님, 제가 여기 있사옵나이다" 하고 살아가게 하옵소서.

하나님의 때를 우리는 알지 못합니다(창 18:10)

주님이 가실 때도 모르고 오실 때도 모르니 하늘만 멍하니 쳐다보고 살았습니다. 약속을 하셔도 그 약속을 믿지 못하니 만날 비웃고, 불평 불만만 늘어놓습니다. 이제라도 부르심에 응답하는 인생이 되기를 원합니다.

그때를 알 수 있는 믿음도 허락하옵소서.

▤▤▤ 때를 모르니 주님의 약속을 비웃습니다(창 18:11-13)

사나운 꼴을 당해도 교양 있는 척, 믿음 좋은 척 '괜찮아, 괜찮아' 하고 살았습니다. 내 잘난 멋에 살다 보니 하나님 말씀을 듣고도 비웃기만 했습니다. 이제라도 주시는 말씀에 귀 기울이기를 원합니다. 깨달음의 능력을 더하여 주옵소서. 그 깨달음으로 순종하며 살아갈 수 있도록 인도해 주옵소서.

▤▤▤ 그러나 하나님께는 능치 못할 일이 없으십니다(창 18:14)

지금 당장 손에 쥔 것도 없고, 눈에 띄는 복도 누린 것이 없으니 복 주신다는 하나님의 말씀을 비웃고, 거짓말하고, 불평하고, 툴툴대며 살았습니다. 능치 못할 게 없으신 하나님의 능력을 알지 못하니 늘 하나님의 말씀을 불신하고 비웃을 수밖에 없었습니다. 말씀대로 적용하고, 말씀대로 누리고, 말씀대로 살아가는 인생이 될 수 있도록 붙잡아 주옵소서.

▤▤▤ 그럼에도 하나님을 속이려고 거짓말까지 합니다(창 18:15)

"하나님께 맹세코!"라는 말을 스스럼없이 해대며 변명과 거짓을 일삼았습니다. 사실이 드러나도 내 잘못을 인정하지 않고, 꿇어 엎드리지 않았습니다. "절대로 나는 죄짓지 않았다"고 버텼습니다. 믿음생활을 하면서도 하나님을 속였습니다. 배우자를 속이고, 자녀를 속이고, 공동체를 속였습니다. 불쌍히 여기시고, 늘 자복하고 회개하며 살아가도록 인도해 주옵소서.

영혼의 기도

아버지 하나님, '하나님이 계시다면 어찌 이럴 수가 있는가' 하는 문제들이 우리 가운데 있습니다. 하나님께서 그 문제를 해결해 주시기를 그토록 기도했는데, 응답이 없으니 이제는 너무나 지칩니다.

그러나 오늘 말씀을 보니 문제가 나한테 있었음을 알게 되었습니다. 주님을 사랑한다 하면서도 내 스스로 장막을 쳤습니다. 듣기 좋은 말만 골라 들으려 했습니다. 속으로는 하나님을 비웃고, 급기야 하나님을 속여 가며 거짓말하고 변명을 일삼았습니다. 하나님의 눈을 피해 장막을 치고 숨어 버린 저를 불쌍히 여겨 주옵소서.

아버지 하나님, 그럼에도 그런 저를 끝까지 붙들어 주시니 감사합니다. 아무런 조건 없는 십자가 그 사랑으로 죽어 주신 예수님의 사랑이 이제야 이해됩니다. 왜 사라로 하여금 여러 민족의 어머니가 되게 하셨는지 이해가 됩니다. 그 십자가, 그 사랑으로 나를 붙드시고 살리신 이유를 이제야 알게 되었습니다.

이제는 나아가 썩어지고 죽어지는 한 알의 밀알이 되어서 사람을 살리라고 하십니다. 내게 맡기신 사라를 위하여 제가 썩어지고 죽어질 수 있도록 도와주옵소서. 연약한 우리를 위해 죽으신 주님의 사랑을 조금이라도 갚으며 살아가는 인생이 되도록 은혜를 내려 주옵소서. 예수님 이름으로 기도합니다. 아멘.

chapter _ 8

●
●
●

하나님께서 주신 복을 누리려면 먼저 내 복을

다른 사람들에게 나누어 주는 삶을 살아야 합니다.

어떻게 해야 이런 인생을 살 수 있는지 알기를 원합니다.

복을 주는 인생 ──────

장로님 집안의 아들임에도 남편은 믿음도 없고, 교회도 안 나가며 저를 힘들게 했습니다. 그럼에도 불구하고 저는 외롭게 믿음을 지키고, 큐티 모임을 이끌며 다른 이들을 섬겼습니다. 남편이 갑작스레 숨을 거두기 전날까지도 그랬습니다. 남편이 천국 가기 전날 제가 무엇을 했나 큐티 노트를 들춰 봤더니 그날도 힘든 사람들을 섬기며 상담하고 뜨겁게 예배를 드렸더군요. 그리고 큐티 노트에 이런 기록을 남겼습니다.

"이렇게 구원을 위해 기도하는 것이 어찌 기쁨이 아니겠는가. 유혹 덩어리인 육신을 입고 살기에 끝까지 믿음을 지킬 것인가가 명제인데, 이렇게 날마다 뜨겁게 기도할 수 있게 해 주셔서 감사합니다. 에스겔 선지자가

벙어리 되고, 집 밖에도 못 나가고, 무리가 줄로 동여매는 싸맴을 당했는데, 나도 당하게 해 주시니 감사합니다. 이렇게 승리해서 울고, 간증하며 울고, 기뻐서 울고, 밤낮 애통한 삶을 살게 해 주시니 감사합니다. 내 가는 길 주께서 아시리니 모든 것을 주께 맡기나이다."

이토록 개인 예배 잘 드리고, 공동체를 잘 섬겼습니다. 그리고 남편이 쓰러지던 날 아침에는 에스겔 18장을 큐티하면서 남편 구원을 위해 울면서 기도했습니다. 남편의 구원을 위해서 생명을 내놓고 기도하니, 하루하루가 마지막이라고 생각하며 살 수 있는 은혜를 주셨고, 이렇게 영혼 구원 사명을 잘 감당하는 큰 복을 누리게 해 주셨습니다. 복을 누리고 복을 전하는 인생이 되었습니다.

하나님께서 "아브라함을 강대한 나라가 되게 하고, 천하 만민이 그로 인하여 복을 받게 하시겠다"고 약속하십니다. 내 복 누리기도 급급한데 어떻게 아브라함처럼 남에게 복을 나누어 주는 인생이 될 수 있습니까? 어찌해야 이런 일이 가능할까요?

끝까지 섬김의 삶을 잘 살아야 합니다

———

그 사람들이 거기서 일어나서 소돔으로 향하고 아브라함은 그들을 전송하러 함께 나가니라(창 18:16)

'거기서'란 아브라함이 천사들을 대접했던 바로 그곳입니다. "천사들이 거기서 일어나서 소돔으로 향했다"는 것은 하나님이 이제 진노의 얼굴을 소돔으로 돌리셨다는 것입니다. 천사들은 아브라함과 사라에게는 구원의 선물을 주었지만, 소돔에는 이제 심판을 행하러 갑니다. 이날 천사들의 일정을 살펴보면, 오정 때 아브라함을 방문했다가, 날이 저물 때 소돔에 도착했고, 그 이튿날 동틀 무렵 소돔과 고모라를 완전히 초토화시키는 심판을 행합니다. 상황이 매우 급박하게 돌아갔습니다. 그야말로 하루아침에 소돔이 멸망한 것입니다. 하루 만에 누구는 구원받고, 누구는 심판 받는 일이 일어났습니다.

그런데 아브라함이 "그들을 전송하러 함께 나갔다"고 합니다. 소돔의 심판을 미리 알고 천사들을 따라간 것이 아니라 그냥 전송하러, 배웅하러 간 것입니다. 초라한 모습으로 찾아온 나그네이지만 여전한 방식으로 먼 거리까지 전송함으로 끝까지 지극히 섬기는 모습을 보여 줍니다. 그렇게 나아감으로 아브라함은 다른 사람들까지도 구원할 수 있었습니다.

초라한 나그네는 하나님의 방문일 수 있습니다. 그러므로 결코 인정하고 싶지 않은 내 자녀, 나를 힘들게 하는 배우자, 먼지를 폭삭 뒤집어쓴 초라한 나그네보다도 못한 내 부모형제일지라도 여전한 방식으로 섬겨야 합니다. 그래야 영혼 구원의 사명을 감당할 수 있습니다. 한 영혼이라도 살리는 인생이 될 수 있습니다.

예수님이 십자가에 못 박히셨을 때 그 곁에 두 명의 강도가 있었습니다(요 19:17-18). 그러나 한 강도는 구원받고 다른 강도는 구원받지 못했습니다. 내가 십자가 지는 적용을 해도 내 집 식구 중에 절반은 구원이 안 될 수도 있습니다. 그럼에도 불구하고 예수님께서 '유대인의 왕'이라는 죄패를 붙이고 가셨듯이(요 19:19) 우리 또한 내 죄를 공표하면서 여전한 방식으로 끝까지 십자가를 잘 지고 가야 합니다. 그래야 한 영혼이라도 더 구원할 수 있습니다. 복을 주는 인생이 됩니다.

"아버지여 내게 주신 자도 나 있는 곳에 나와 함께 있어 아버지께서 창세 전부터 나를 사랑하시므로 내게 주신 나의 영광을 그들로 보게 하시기를 원하옵나이다"(요 17:24)라고 예수님이 기도하셨듯이, 저도 남편이 나와 같이 천국 백성 되기를 원하고 또 원해서 기도했습니다. 그리고 아브라함이 천사들을 정성껏 대접함으로써 그 섬김의 마음이 자연히 다른 사람들에게로 이어졌던 것처럼, 저 또한 힘든 사람들을 돕고 상담하고 함께 기도하며 온 맘 다해 섬겼습니다.

아무리 남편의 구원에 목숨을 걸어도 다른 사람의 구원에 관심이 없으면, 그것은 영혼 구원에 대한 진정한 관심이 아닙니다. 열심히 전도 다니면서 "내 남편, 내 자녀의 구원은 나랑 상관이 없어" 하는 것 역시 마찬가지입니다. 내 복만 누리는 것은 진정 복된 인생이 아닙니다. 내 복을 주는 인생, 내가 받은 복을 고스란히 전하는 인생이 진정으로 복된 인생입니다.

∞ 결코 인정하고 싶지 않은 내 가족, 내 지체가 있습니까?

∞ 그들의 영혼 구원을 위해 기도하며 여전한 방식으로 잘 섬기고 있습니까?

∞ 그들의 영혼 구원을 위해 내가 가장 먼저 적용해야 할 것은 무엇입니까?

복을 주는 인생이 되려면 하나님과 친해야 합니다

여호와께서 이르시되 내가 하려는 것을 아브라함에게 숨기겠느냐

(창 18:17)

아브라함이 끝까지 나그네를 섬김으로 하나님께서 너무나 흡족하셨습니다. 급기야 "내가 하려는 것을 아브라함에게 숨기겠느냐?" 하시며 하나님의 비밀까지도 아브라함에게 털어놓겠다 하십니다. 아브라함이 그만큼 하나님의 신임을 얻은 것입니다. 이제부터는 하나님의 천상 어전 회의에 나갈 수 있는 특권을 받았습니다. 하나님이 하시는 일을 다 보여 주시겠다는데 어찌 아브라함에게 분별력이 안 생기겠습니까.

제 남편 이야기를 자꾸 하고 싶지는 않습니다. 그러나 이스라엘 백성을 툭 치면 나오는 것이 홍해의 구원 이야기 아닙니까? 출애굽기부터 계시록까지, 툭 치면 나오는 게 이스라엘의 구원 이야기이듯 저도 툭 치면 나오는 것이 남편의 구원 간증입니다.

하루 만에 일어난 심판과 구원의 이야기, 이것이 바로 제 남편의 이야기라서 이 간증을 하지 않을 수 없습니다. 제 남편은 정말 하루 만에 사형 선고를 받았습니다. 그리고 그 이튿날 새벽 남편의 구원이 이루어졌습니다. 그리고 남편은 천국으로 떠났습니다. 숨 가쁜 24시간이었습니다. 구원이냐, 심판이냐 절체절명의 순간이었습니다.

남편은 산부인과 의사였습니다. 날마다 산모를 받으면서 손에 피를 묻히는 수술을 많이 하다 보니 행여 간염에라도 걸릴까 봐 스스로 한 달에 한 번씩 꼬박꼬박 간 검사를 했습니다. 그 당시만 해도 우리나라에는 간염 보균자가 적지 않았습니다. 집안에 간 때문에 병든 사람이 하나도 없는데도, 제 남편은 워낙 완벽주의라 매달 간 검사를 철저히 했죠. 그런 남편이 어느 날 갑자기 쓰러졌는데 이유가 간 동맥 파열입니다. 간에 문제가 생긴 것입니다. 그리고 그날 그 자리에서 바로 사형선고를 받았습니다. 의사인 남편의 완벽주의를 하나님은 여지없이 초토화시킨 것입니다.

생각해 보세요. 세상에 무슨 병에 걸렸기에 진단한 지 하루 만에 세상을 떠납니까? 제아무리 병이 악화된 말기 암 환자라도 몇 달은 더 살지 않습니까? 교통사고도 아니고, 깊은 물에 빠진 것도 아니고, 갑자기 심장이 멎어 쓰러진 것도 아닌데, 어떻게 하루 만에 갈 수 있습니까.

그러나 그날 하나님은 제게 "시간이 없다"고 말씀하셨습니다. 직통계시로 들은 말씀은 결코 아닙니다. 하나님과 친해서 늘 말씀으로 교통하니, 성경을 통해, 그리고 주변 사람의 말을 통해 하나님의 말씀이 들렸습니다. 의사가 "화급을 다툰다"고 했을 때 저는 그것을 하나님의 사자가 하는 말로 받아들였습니다. 남편의 구원이 화급을 다투는 일임을 직감했습니다. 시간이 없었어요. 저는 중환자실에 들어가서 밤을 꼬박 새웠습니다. "당신이 회개하고 천국 가지 않으면, 아이들을 데리고 살 소망이 없다"고 선포하면서 회개를 촉구했습니다.

저는 평소에 남편에게 입도 벙긋 못하던 아내였습니다. 가라면 가고 오라면 왔습니다. 그런 주제에 어찌 갑자기 쓰러진 남편에게 회개하라고 촉구할 수 있겠습니까. 제가 평소에 남편을 위해 기도하지 않았더라면, 남편이 "기도해 달라"고 했을 때 어찌 즉시 그 자리에서 기도가 나왔겠습니까. 심판이 눈앞에 다가왔기에, 환자들의 신음소리조차 들리지 않던 그 조용한 중환자실에서 누가 욕을 하든 말든 밤새 울며 찬양하고 기도했습니다. 육적 야곱이 영적 이스라엘로 변하기를 기도했습니다. 하나님이 저에게 심판의 소식을 알려 주지 않으셨다면 도저히 그렇게 할 수 없었을 것입니다.

제가 그렇게 매달리자, 새벽 5시에 남편이 "목사님 안 오시냐?"며 목사님을 찾았습니다. 그래서 제가 "오늘은 주일이라 3부 예배 끝나고 오신다"고 했습니다. 그런데 30분 지나자 남편이 또 "목사님 안 오시냐?"고 물었습니다. 이 남편이, 예수님 영접도 안 한 이 사람이 그런 말을 할 사람이 아닌데, 목사님을 두 번씩이나 찾았습니다. '어쩌면 이 사람이 주일예배가 끝나기 전에 갈지도 모른다'는 생각이 갑자기 들었습니다.

그날이 주일이었기에 목사님께 "예배 다 마치고 오시라"고 부탁드리는 게 상식이었지만, 믿음은 때로 상식을 넘어서야 한다는 걸 그때 알았습니다. 정말 미친 듯이 주일 새벽에 전화를 걸어서 "목사님, 지금 꼭 좀 와 주세요" 하고 간청했습니다. 어디서 그런 용기가 났는지 모르겠습니다. '강심장'이 아니면 제가 어떻게 목사님께 예의도 없고 절차도 없이 그런 무리한 부탁을 했겠습니까?

그럼에도 불구하고 목사님이 그 아침에 달려와 주었습니다. 저에 대한 신뢰도 신뢰지만, 무엇보다 서로에게 하나님의 알려 주심이 있었기에 그리한 것입니다. 하나님께서는 남편이 회개하고 영접기도 하는 모습을 모든 사람에게 보이시기를, 또한 이 사건을 통해 하나님 스스로를 영화롭게 하기를 원하셨습니다.

어느새 30년이 지난 일임에도 그 당시의 순간순간, 일분일초가 마치 중계방송을 보듯 생생하게 기억납니다. 구원이 얼마나 화급하고 중요한 일인지 알게 해 주었는데 그 순간을 어찌 평생 잊을 수가 있겠습니까? 그러나 그 회개와 구원의 자리에 함께 있었으면서도 구원에 무관심한 사람이 있었습니다. 이제 와서는 아예 그 사건을 기억조차 못하는 사람도 있고, 남편의 구원을 남의 일로 생각하는 사람도 있습니다. 예수님이 십자가에 못 박히셨어도 그러거나 말거나, 그저 부수입에만 눈독을 들이며 제비뽑기까지 하여 예수님의 옷을 챙겼던 군병들과 다름없습니다. 이들이 예수님의 죽음의 의미를 알 리 없기 때문입니다.

그 새벽에 하나님의 시간이 재깍재깍 흘러가고 있었습니다. 목사님이 오신다고 했기에 친지들에게 집에 있는 어린 딸과 아들을 빨리 데려다 달라고 부탁했습니다. 그런데 그 부탁을 받은 분들이 집에 가서 좀 쉬었다 오는 바람에 아이들이 아빠의 감격스러운 회개와 영접기도 순간을 보질 못했습니다. 아빠와 마지막 예배를 드리지 못했습니다. 아이들이 그 중요한 장면을 못 본 것이 지금까지도 너무나 안타깝고, 아쉽고, 가슴이 미어집니다. 아이들이 그 순간을 보지 못했기에 같은 혈육이고, 같은 교회를 다녀도 같은 마음이 안 되는 것입니다. 우리 모두가 구원에 대해 한마음 되기를 간절히 바랍니다.

"주 여호와께서는 자기의 비밀을 그 종 선지자들에게 보이지 아니하시고는 결코 행하심이 없으시리라"(암 3:7)는 말씀처럼 하나님께서는 무슨 일이든지 행하기 전에 반드시 하나님의 비밀을 보여 주십니다. 다만 누구에게나 아무에게나 보여 주시는 것은 아닙니다. 하나님과 친밀한 관계가 있어야 합니다. 그래야 하나님의 비밀과 하나님의 때를 알 수 있습니다. 교회 다닌다고 해서 저절로 하나님과 친해지는 것은 아닙니다. 늘 말씀에 귀 기울여야 합니다. 그날 그 일분일초를 다투던 화급함에도 불구하고 하나님께서는 제가 해야 할 일이 무엇인지 보여 주셨습니다. 말씀 묵상을 통해 늘 하나님과 친밀한 교제를 하고 있었기에 그것이 가능했습니다.

매튜 켈리가 쓴《친밀함》이라는 책을 보니, "훌륭한 인간관계는 우리가 자신의 이야기를 기억하도록 도와준다"고 합니다. 진정한 친밀함이란 서로 간에 모든 이야기, 즉 수치나 부끄러움에도 불구하고 모든 이야기를 다 나누는 것을 의미하며, 서로 간의 이야기를 기억함으로 상대방에 대한 건강한 인식을 갖게 된답니다. 저도 이렇게 날마다 간증을 하니까 그날의 일이 항상 감격스럽고 또렷이 기억이 납니다. 그러므로 제 자신에 대해 스스로 건강한 인식을 갖게 되었다고 생각합니다.

교회 공동체에서 지체들과 나눔을 하는 것이 건강한 자기인식을 갖게 하는 길입니다. 내 죄와 수치를 고백하는 것 자체가 건강하다는 증거입니다. 이걸 날마다 반복하면, 내 이야기를 말씀으로 하는 훈련이 됩니다. 어디에서나 전도할 수 있는 능력이 생깁니다.

외국으로 시집을 간 한 자매가 우리들교회에서 양육 받은 대로 현지 한

인교회 사모님과 말씀을 나누었답니다. 그런데 그 교회의 사모님이 저에게 메일을 보내왔습니다. "그 자매 때문에 샘솟는 말씀의 비밀을 알았다. 덕분에 나도 살고, 성도들도 살아나고, 교회가 살아나고 있다. 너무나 고맙다"는 내용이었습니다. 양육 잘 받은 우리들교회 성도들은 어디를 가도 이렇게 선교사 역할을 톡톡히 하는 것 같습니다. 이처럼 우리의 말씀 적용과 나눔이 천하 만민에게 복을 전하고 있습니다.

∞ 하나님께서 내게 주신 특권은 무엇입니까? 그 특권을 잘 사용하고 있습니까?

∞ 나는 영혼 구원에 얼마나 관심이 있습니까?

∞ 그동안 내가 구한 영혼은 몇이나 됩니까?

∞ 지금 당장 달려가 내가 손잡아 주어야 할 영혼은 누구입니까?

복을 주는 인생은 의와 공도를 행하는 인생입니다

———

아브라함은 강대한 나라가 되고 천하 만민은 그로 말미암아 복을 받게 될 것이 아니냐(창 18:18)

역사상 존재했던 모든 나라 중에서 가장 강한 나라는 로마입니다. 강력한 군사력과 잘 정비된 법제, 잘 닦인 도로망을 갖춘 강력한 국가였습니다. 몽골 제국도, 페르시아 제국도 로마만큼 강하지 못했다고 합니다. 그런데 이 로마를 이긴 것이 있습니다. 서기 313년 콘스탄티노플 황제가 밀라노 칙령을 발표함으로써 기독교를 핍박하던 로마가 기독교를 공인한 것입니다. 이 사건을 두고 역사가들은 '로마가 기독교에 정복당했다'고 표현합니다. 왜 그럴까요?

> 내가 그로 그 자식과 권속에게 명하여 여호와의 도를 지켜 의와 공
> 도를 행하게 하려고 그를 택하였나니 이는 나 여호와가 아브라함
> 에게 대하여 말한 일을 이루려 함이니라(창 18:19)

의와 공도를 행하게 하려고 아브라함을 택했다고 하십니다. 의와 공도를 행하게 하려고 우리를 택하셨습니다. 기독교는 결코 칼과 창으로 로마와 싸우지 않았습니다. 로마가 창과 칼로 덤비면 그 창에 찔리고 칼에 베임을 당해서 죽었습니다. 대신 의와 공도를 행했습니다. 지하 카타콤베에서 고난과 가난과 싸웠습니다. 가족을 잃은 슬픔과 분노와 싸웠습니다. 그런 중에도 사랑을 포기하지 않았습니다. 지하 감옥 카타콤베에서 아들을 낳고, 손자를 낳고, 증손자, 고손자를 낳으면서 견뎠습니다. 그러는 동안 로마는 서서히 무너졌습니다. 성도들의 사랑 앞에서, 섬김 앞에서 결국 항복하고 말았습니다. 그래서 세상에서 가장 강한 나라는 바로 그리스도가 세운 나라입니다. 가장 강대한 나라, 우리가 바로 그 하나님 나라의 백성

입니다. 우리로 인하여 천하 만민이 복을 받게 될 것입니다. 이를 위하여 우리는 의와 공도를 행해야 하는 것입니다.

그렇다면 우리가 행해야 할 '의'는 무엇이고, '공도'는 무엇일까요?

예수님께서 십자가에 못 박히셨을 때 그 곁에 함께 매달린 강도가 "당신의 나라에 임하실 때 나를 기억해 달라"고 했습니다. 그 강도가 무슨 좋은 일을 행했습니까? 무슨 의를 행했습니까? 그런데 예수님은 "오늘 네가 나와 함께 낙원에 있으리라"(눅 23:43)고 하셨습니다. 강도가 예수님을 믿고 영접하였기에 그를 의롭게 여겨 주신 것입니다. 에스겔 18장 22절 말씀처럼 예수만 믿으면 "그 범죄한 것이 하나도 기억함이 되지 아니하리니 그가 행한 공의로 살리라"고 했습니다. 그러므로 최고의 의는 오직 예수를 믿는 것입니다.

제 남편이 그랬습니다. 장로님의 아들이었지만 45년 만에, 죽기 전에 자기가 죄인이라고 회개하고 예수님을 구세주로 영접했습니다. 그리고 곧 떠났는데, 살아생전에 무슨 의로운 행함이 있었겠습니까. 우리 인생은 모두가 죄인이기에, 나의 행위로 구원받을 근거는 없습니다. 그러므로 "내가 죄인이니까 나를 구원해 달라"고 하는 것이 가장 의로운 일입니다.

남편이 떠나던 그날 큐티 말씀도 "만일 악인이 그 행한 악을 떠나 정의와 공의를 행하면 그 영혼을 보전하리라 그가 스스로 헤아리고 그 행한 모든 죄악에서 돌이켜 떠났으니 반드시 살고 죽지 아니하리라"(겔 18:27-28)였습니다. "네 남편이 스스로 돌이켰으니 정녕 살고 죽지 아니하리라"는 것이었습니다. 오직 한 가지의 의, 예수님을 믿어서 남편이 영원히 살았다는 것입니다.

그런데 말이죠. 우리 남편이 이제 예수님을 영접하고 의를 행하며 살려는데, 왜 하필이면 그때 데려가셨을까요? 몇 년이라도 그렇게 살게 하신 후 데려가면 안 되느냔 말입니다. 그러니 '공평치 않다'는 말이 제 입에서 나올 수밖에 없잖아요. 그러나 그날의 큐티 말씀은 28절에서 끝나지 않았습니다. 29절로 이어졌습니다.

> 그런데 이스라엘 족속은 이르기를 주의 길이 공평하지 아니하다
> 하는도다 이스라엘 족속아 나의 길이 어찌 공평하지 아니하냐 너
> 희 길이 공평하지 아니한 것 아니냐(겔 18:29)

남편이 예수님을 영접한 것은 '의로운 일'이지만, 그럼에도 불구하고 천국으로 데려가신 일은 '공평한 일'이라는 겁니다. 23절에서 "내가 어찌 악인이 죽는 것을 조금인들 기뻐하랴 그가 돌이켜 그 길에서 떠나 사는 것을 어찌 기뻐하지 아니하겠느냐"는 말씀을 미리 주시지 않았더라면 제가 29절 말씀을 어떻게 감당할 수 있었겠습니까? 하나님께서는 위로의 말씀까지도 미리 예비해 두셨습니다. 어떻게 이렇게 정확한 말씀을 주실 수가 있을까요?

하나님께서 "네 남편이 여호와의 도를 지켜 예수 믿고 의를 행함으로 천국에 갔다"고 해 주시니 그보다 더한 위로의 말씀이 어디 있겠습니까? 하나님께서 아브라함을 통해 그의 자식과 권속에게 명하여 여호와의 도

를 지켜 의와 공도를 행하게 하려 했던 것처럼, 제 남편에게도 여호와의 도를 지켜 의와 공도를 행하게 하려고 저를 미리 택하셨던 것입니다. 그 말씀을 받고 보니 제 인생이 얼마나 목적이 있는 인생인지 알게 되었습니다. 저를 통해 많은 권속들에게 의와 공도를 행하게 하시려는 하나님의 계획을 깨닫게 되었습니다. 이로 인해 비록 남편은 이 세상을 떠났지만, 저는 오히려 복을 주는 인생이 되었습니다.

∞ 내가 가장 자랑하고 싶은 나의 '의'는 무엇입니까?
∞ 내게 복은커녕 망하는 사건을 주셔도 그것이 하나님의 공평이심을 인정합니까?

복을 주는 인생이 되려면 죄악을 제거해야 합니다

———

20 여호와께서 또 이르시되 소돔과 고모라에 대한 부르짖음이 크고 그 죄악이 심히 무거우니 21 내가 이제 내려가서 그 모든 행한 것이 과연 내게 들린 부르짖음과 같은지 그렇지 않은지 내가 보고 알려 하노라(창 18:20-21)

아브라함은 하나님이 인도하시는 삶을 살기 위해 갈대아 우르를 떠나왔습니다. 죽음의 땅 갈대아 우르에서 약속의 땅 가나안으로 방향을 바꾸었습니다. 이것이 바로 회개입니다. 그런데 소돔과 고모라 사람들은 아브라함이 예전에 갈대아 우르에 있었던 것처럼 아직 삶의 방향을 바꾸지 못하고 있었습니다. 하나님께서 죄악이 심히 중하다고 하셨습니다. 문명은 비록 눈부시게 발달했을지언정, 세상적인 삶의 수준은 높았을지언정 소돔과 고모라는 복된 곳이 아닙니다. 진노의 도시입니다.

"선악을 알게 하는 나무의 열매는 먹지 말라 네가 먹는 날에는 반드시 죽으리라"(창 2:17) 하신 하나님의 경고에도 불구하고 아담과 하와는 뱀의 꾐에 빠져 선악과를 먹었습니다. 정녕 죽게 되는 죄를 지은 것입니다. 독배를 마신 것입니다. 우리는 이 독으로 인해서 고통을 받게 되었고, 독을 토하는 자가 되었습니다. 슬픔과 분노와 외로움과 상처의 독을 품고, 가난과 질병과 결핍의 독을 품게 되었습니다. 부부간에, 부모자식 간에, 친구들 간에 깨어진 관계로 인해 독을 품고 삽니다. 삶 곳곳에 독이 퍼져 우리를 망가뜨리고 있습니다. 그러므로 그 진노의 자리에서 벗어나려면 해독^{解毒}을 해야 합니다.

이 모든 독의 뿌리에 무엇이 있습니까? 죄가 있습니다. 이 죄에서 벗어나야 합니다. 죄에서 벗어나는 길은 오직 회개뿐입니다. 회개가 곧 해독제입니다.

구소련에서 종교를 부활시킨 개척자라는 점이 인정되어 종교계의 노벨상이라 불리는 템플턴상을 수상한 작가 솔제니친은 "온 세상이 고통으로 가득한 이유는 사람들이 하나님을 떠나 있기 때문"이라고 했습니다. 그러나 그는 예수님을 믿기 전 자신이 죄에 중독된 삶을 사는 줄 몰랐습니다. 그래서 삶이 왜 고단하고 허무한지를 몰랐습니다. 그런 그가 수용소에 갇혀 있던 중 수술을 받고 회복실에 누워 있는데, 어떤 의사가 그의 귀에다 대고 예수 그리스도에 관해서 말해 주었답니다. "우리는 죄에 중독되어 있으며, 우리의 죄를 위해서 그분이 십자가를 지셨다."

이튿날 솔제니친은 회복실 문을 나서다 지난밤에 자신에게 복음을 전한 그 의사가 살해되었다는 말을 들었습니다. 그 의사가 죽는 날까지 의와 공도를 행하며 솔제니친에게 복음을 전하지 않았더라면, 어쩌면 솔제니친은 죽는 날까지 중독에 빠져 살았을지도 모릅니다. 회개함 없이 하나님을 떠난 인생을 살았을지도 모릅니다. 그리고 그가 쓴 소설로 세상 사람들에게 복을 주는 인생을 살지 못했을지도 모릅니다.

제 남편은 세상적으로 말하면 너무나 완벽한 남자였습니다. 부모에겐 효자였고 바람 한번 안 피웠으며 아이들에겐 자상한 아버지였습니다. 돈도 잘 벌었죠. 이렇듯 남들 보기에 의로운 남편이 주님을 예배하지 않고, 주일 성수도 안 하고, 십일조도 안 하고, 병원 스트레스 때문에 늘 술을 마셨습니다. 저는 그때 바람피우는 남편이 제일 부러웠습니다. 왜냐하면 바람피우는 남편은 차라리 밖에 나가니까요. 남편은 술도 친구들이랑 마시지 않고 집에서 저를 앉혀 놓고 혼자 마셨습니다.

주일에 교회 안 가는 이유도 골프나 치며 놀려는 게 아니라 환자를 보기 위해 병원 문을 열었기 때문입니다. "기름도 한 방울 안 나는 나라에서 골프는 왜 치냐, 큰 차는 왜 타냐?"가 남편의 주제가였습니다. 수도세, 전

기세까지 아낀 돈으로 여기저기 기부하면서도 "교회는 왜 짓냐? 그 돈으로 불쌍한 사람 도와줘야지" 했습니다. 의가 하늘을 찔렀습니다. 자기 스스로 그토록 의롭고, 너무나 완벽하게 옳으니 한국 사회를 비판하고 한국 교회를 비판하는 데 사명감을 가졌습니다.

게다가 제 남편은 산부인과 의사로서 실력도 있고 병원 운영도 잘했습니다. 아들 낳고 딸 낳고 잘만 살던 사람이었습니다. 그런데 갑자기 하루아침에 쓰러졌습니다. 하나님께서 참으실 수 없는 부분이 있었던 것입니다.

저희 부부는 남들이 부러워하는 '의사와 피아니스트 부부'였지만, 의와 공도를 행함에 있어선 형편없는 부부였습니다. 그러므로 더 형편없는 저를 먼저 부르고 택하셨습니다. 남편이 돈 잘 번다고 저까지 덩달아 교회 안 다니고 기도 안 했으면 하루 만에 일어나는 심판에서 남편이 어떻게 구원받을 수 있었겠습니까? 어떻게 자기 죄를 고백했겠습니까? 그러나 하나님께서 저를 택하셨기에 마지막 순간에나마 남편에 대한 애통함으로 기도하게 하셨습니다. 그리고 그 간절한 기도가 남편의 회개를 불러일으켰습니다.

제가 남편의 마지막 순간에 "당신이 회개하고 천국 가지 않으면 애들 데리고 살 소망이 없다"고 하자, 남편이 갑자기 "하나님, 용서해 주세요" 했습니다. 그러나 저는 남편이 입으로만 회개한다는 걸 알았습니다. 그러므로 아직 구원에 이르지 않았음을 알았습니다. 그래서 계속 울며 기도했습니다.

이튿날 새벽 동이 틀 무렵, 소돔에 심판이 행해지던 바로 그 동틀 무렵,

연락을 받고 황급히 오신 목사님이 "오늘 천국 문 앞에 서셨습니다. 거기 어떻게 들어가실 수 있겠습니까?" 하고 물었습니다. 양쪽 팔에는 갖은 수액과 피를 공급하는 링거 줄을 주렁주렁 매달고, 입에는 산소 호흡기를 문 채 가쁜 숨을 몰아쉬던 남편이 놀랍게도 "예수 이름으로요" 하고 대답했습니다. 그러고는 친지들이 다 보는 가운데 울먹이며 자신의 죄를 고백하기 시작했습니다.

"제가 믿음이 없어서 교회를 안 나간 것이 아니라, 죄를 지어서 교회를 나갈 수가 없었습니다. 목사님, 제 죄가 무엇인지 아십니까?"

목사님이 고개를 끄덕이자, 남편의 고백이 계속되었습니다.

"제가 산부인과 의사로 낙태수술을 했기 때문에 교회에 나갈 수가 없었습니다. 저를 회복시켜 주셔도 감사하고, 안 해 주셔도 할 말이 없습니다."

"우리 가운데 죄 없는 인생이 어디 있겠습니까. 달걀이 다섯 개 중 한 개가 썩어도 알고는 못 먹고, 만 개 중에 한 개가 썩어도 알고는 못 먹습니다. 내 행위로 천국 갈 사람은 아무도 없습니다. 내 죄를 위해 죽으신 예수님을 믿기만 하면 우리는 구원받고 천국에 가는 것입니다. 이 예수님을 믿으십니까?"

목사님이 남편에게 이렇게 묻자 남편은 믿는다고 대답했습니다. 그리고 목사님을 따라 많은 사람이 보는 가운데 영접기도를 했습니다.

"예수님, 저는 죄인입니다. 지금까지 세상이 저의 주인이었습니다. 이제 나를 위해 죽어 주신 예수님을 제 인생의 주님으로 영접합니다. 연약한 인생입니다. 저를 영접해 주시옵소서."

그 한마디 한마디를 들으며, 저는 기적이 따로 없다고 생각했습니다. 한없는 감격이었습니다. 그렇게 회개와 영접기도가 끝나자 남편은 제게 "그동안 당신이 신앙생활 하는 것 못마땅해 하며 괴롭힌 것 잘못했다"고 고백했습니다. 친정아버지에게는 "아들 없는 집안에 장가들었음에도 아들 노릇 못했다. 용서하시라"고 용서를 구했습니다. 시댁 식구들에게는 "내가 비판한 것 잘못했다. 내가 다 사랑한다"고 회개했습니다. 독이 해독되는 시간이었습니다.

그렇게 영접을 하고 나서 세 시간 정도 지나자 남편의 얼굴이 천사처럼 변했습니다. 그리고 제가 해야 할 일을 하나하나 알려 주었습니다. 먼저 자신이 오래 살 사람이 아니라고 했습니다. 아침 7시에 주님을 영접했는데 "12시가 되면 산소호흡기와 수혈을 다 뽑겠다"고 했습니다. 그러면서 "집에 가서 병원비 가져오라. 작은 일부터 하라"고 당부했습니다.

"병원에 가서 기름 값 결제할 것 다 결제하라. 당신 혼자 내 장례식을 치를 수 없을 테니 사무장과 힘을 합해 장례를 치르라."

홀로 남편의 장례를 치를 저를 그렇게 걱정하고 염려했습니다. 구원받지 않았다면 그런 변화가 있었겠습니까? 하루 만에 이 모든 변화가 일어났습니다. 그때 남편의 모습은 평생에 보지 못한 사랑스러운 모습이었습니다.

살아생전에, 몸 건강할 때, 그렇게 영접하고 함께 주의 일을 했더라면 얼마나 좋았겠습니까. 저는 그날 기뻐서 울고, 안타까워서 울었습니다.

구원이 이토록 중요한데, 가장 가까운 사람조차 그의 구원에 관심이 없는 사람이 있습니다. 병실에서 남편의 구원을 위해 울며 기도하고 있는데, 시댁 식구 중 한 사람이 저를 불러내더니 "철이 없고 경솔해도 분수가 있지, 그렇게 대놓고 환자에게 병명을 이야기해서 살 소망을 끊어 놓으면 어떡하냐!"고 야단을 쳤습니다.

"너희 속에 있는 소망에 관한 이유를 묻는 자에게는 대답할 것을 항상 준비하되 온유와 두려움으로 하고 선한 양심을 가지라"(벧전 3:15-16)고 했습니다. 저는 구원에 관한 소망이 너무 뚜렷하고 선한 양심을 가졌기에 그분에게 그랬습니다.

"저는 남편의 구원을 위해서 생명을 내놓았는데, 남편이 구원이 안 되면 책임지시겠어요? 제가 생명을 내놓았는데, 지금 저보다 남편을 더 사랑하세요?"

집안에서 가장 어린 제가 그렇게 말하니까 그분이 아무 말도 못했습니다. 하나님이 지혜를 주셨기에 한 말이지 제가 똑똑해서 한 말이 아니었습니다. 날마다 하던 말을 했을 뿐입니다. 구원을 하찮게 여기고, 옳고 그름만 따지고, 인간의 사랑에 목을 매면서 독을 품고 있으면 절대로 복을 주는 인생을 살지 못합니다.

하루 만에 소돔과 고모라의 심판이 이루어졌는데 롯은 구원받았습니다. 모든 사람이 곧 죽는 줄도 모르고 "좀 더 자자, 좀 더 놀자" 하고 있는데 롯은 성문 앞에서 천사를 기다렸습니다. 롯에게 심판의 소식이 미리 들리지 않았더라면 해질녘에 그렇게 성문 앞에 나가 있었을까요?

하나님께서는 왜 저에게 그렇게 급한 마음을 주셨을까요? 그 사건 전날까지 날마다 큐티하며 하나님과 교제했기에 심판의 소식을 미리 알도록 해 주셨기 때문입니다. 그로 인해 하루 만에 감격적인 구원이 이루어졌습니다. 그러니 제가 날마다 '하나님께서는 왜 이토록 날 사랑하시나' 하지 않겠습니까. 이 구원의 선물이 아니고는 제가 이 세상 무엇으로 이토록 감격할 수 있겠습니까. 자녀들이 공부를 잘해서 이토록 감격하겠습니까, 큰 집을 주셔서 이토록 감격하겠습니까.

하나님께서는 우리 주 예수 그리스도를 죽은 자 가운데서 살리셨습니다. 이 능력으로 우리를 죽음의 자리, 죄의 자리에서 구출하셨습니다. 제가 십자가를 지기로 하니, 부활의 아침이 와서 남편을 죄의 자리에서 구출해 주시고, 저로 하여금 천하 만민에게 복을 주는 인생이 되게 하셨습니다. 초라한 나귀 같은 저의 등에 예수님을 태우니 예수님이 저를 높여 주셔서 여기까지 왔습니다.

하나님께서는 구원 때문에 안타까워하는 사람을 택하시고, 복을 주는 인생이 되도록 능력을 주십니다. 제가 산 증인입니다. 제가 구원 때문에 눈물짓는 것 말고는 뭐가 잘나서 지금 이렇게 목회를 하고 있겠습니까. 저보다 훌륭한 분들이 얼마나 많습니까. 그런데 저는 지금까지 이 구원 때문에 눈물흘리지 않은 날이 없습니다. 이 구원 때문에 눈물 흘리는 저를 하나님께서는 복을 주는 인생이 되게 하셨습니다.

남편이 주님을 영접한 순간만 생각하면 '어떻게 그런 일이 있을 수 있는가?' 하여 아직도 눈물이 납니다. 하나님께서는 저와 남편의 죄악을 제해 주시고, 십자가에 죽어 주심으로 부활을 맛보게 하셨습니다. 일촉즉발의 심판의 위기에서, 하루 만에 일어난 그 회개와 영접으로 구원받은 순간은 30여 년의 세월이 흐른 지금까지도 제 삶의 원동력이 되고 있습니다. 예수님을 영접하는 것보다 더 큰 축복은 없다는 것을 저는 그때 알았습니다. 제 남편은 그렇게 갔어도 복을 주는 인생이 되었습니다.

구원보다 더 큰 선물은 없습니다. 나에게 온 초라한 사람을 영접하고 대접하고 멀리까지 나가서 지극히 섬길 때 하나님께서 내게 모든 것을 주시는 것을 믿습니다. 모든 집안 식구가 구원될 것을 믿습니다.

∞ 가족 간에, 지체 간에 아직도 해결되지 못한 갈등이 있습니까?

∞ 내 가족의 구원을 위해 애통함으로 기도하고 있습니까?

∞ 아직도 끊지 못한 나의 중독은 무엇입니까?

∞ 나의 구원을 위해 멸망해야 할 나의 소돔과 고모라는 무엇입니까?

우리들 묵상과 적용

저는 불신가정에서 태어났습니다. 장애인인 부모님과 어려운 가정형편 때문에 언제나 무시당하며 자란 저는 반드시 성공해서 절대로 무시당하지 않는 사람이 되기로 굳게 마음먹고 독하게 공부했습니다.

대학 4학년 때 지금의 아내를 만나 고등학생인 남동생과 한 방을 쓰며 동거생활을 시작했습니다. 다른 형제들보다 많이 배운 제가 장애인인 부모님과 가족들을 보살펴야 한다는 의로움으로 아내에게 일방적인 헌신을 강요했습니다. 동생의 대학 등록금과 시골 부모님 집의 건축 비용 등 결혼 초부터 줄곧 돈 들어갈 일이 많았고, 그로 인해 날마다 아내와 다퉜습니다. 돈 없다고 불평하는 아내에게 가계부를 쓰게 하고 주기적으로 검사했습니다. 장애인 부모에 대한 열등감 때문에 아내의 언행 하나하나에 민감하게 반응하며 부모님을 무시한다고 미워했습니다. 나중에는 아내와 상의 없이 일방적으로 집안일을 결정했고, 아내와 가족들 간에 마찰이 일어날 때마다 '당신은 트러블메이커'라며 가족들 편에 서서 아내를 정죄했습니다. 그러면서 출세를 위해 술, 당구와 카드놀이 등 각종 도박과 골프, 외박도 자주했습니다.

부모님과 형제들이 저의 우상이었고 소돔과 고모라 같은 음란한 사회생활로 인해 우리 부부의 갈등은 점점 깊어 갔습니다. 하나님을 떠나 살았기에 돈의 독, 부모의 독을 품고 심한 욕설을 퍼부으며 새벽까지 피 말리게 싸우는 날이 잦아졌습니다. 급기야는 장모님과 딸 앞에서 서로 치고박는 싸움까지 하다가 아내가 더 이상은 못 살겠다며 약을 먹고 자살을 시도하여 응급실에 실려 가는 일까지 생겼습니다. 그래도 주위 사람들의 시선과 회사 생활의 불이익 때문에 이혼을 못하고 있었는데, 집안일에 일일이 참견한다며 어머니께 화를 내는 아내를 보고 더 이상은 견딜 수 없어 이혼을 요구했습니다.

힘든 결혼생활 때문에 먼저 우리들교회에 나오게 된 아내는 저의 끈질긴 이혼 요구에 "우리들교회에 네 번만 나와 주면 이혼해 주겠다"고 했습니다. 아내의 말을 따라 우리들교회에 나와 두 번째 설교 말씀을 들었을 때, '평범하지 못한 삶을 살아온 나 때문에 아내가 많이 힘들었겠구나!' 하는 생각이 들었습니다.

그 당시 아내는 갑상선 수술을 하게 되었는데, '이혼하기 전에 할 도리'라 여겨 제가 병간호를 했습니다. 교회 집사님들이 매일 문병 와서 기도와 말씀을 전하셨고, 소그룹 모임 리더는 제게 모임 참석을 권면했습니다. 신세 지고는 못 사는 터라 할 수 없이 소그룹 모임에 나가게 되었습니다. 이후 매주 주일예배와 소그룹 모임에 참석하고, 교회의 일대일 양육훈련까지 받게 되었습니다.

양육을 받게 되자 하나님과 친해진 후 숨길 것이 없어진 아브라함처럼 그동안 제가 얼마나 많은 죄를 지었으며, 저의 열등감으로 인해 장애인 부모님을 비롯한 가족에 대해 제가 얼마나 객관적이지 못했는지를 깨달았습니다. 악하고 음란하여 죽을 수밖에 없는 저의 영혼 구원을 위해 아내가 정말 너무 많이 수고했다는 것을 알게 되었습니다.

하나님의 천사들이 오정에 아브라함을 방문하고 이튿날 동틀 무렵 소돔과 고모라가 심판을 받았습니다. 이처럼 이혼하느냐 마느냐, 구원과 심판이 갈리는 급박한 상황에서 우리 가정의 실상을 파악하기 위해 오신 하나님께서 구원의 애통함으로 끝까지 섬기는 집사님들의 기도를 들으시고 저희 가정의 이혼을 막아 주셨습니다.

이렇듯 하나님은 주님을 떠나서 가난과 장애인 부모로 인해 받은 무시와 깨어진 부부관계의 독을 품고 살던 저의 죄를 깨닫게 하셨습니다. 저를 구원해 주시고 최고의 의와 공도를 행하게 하셨습니다. 그러나 십자가 옆에 있는 두 강도 중 하나가 구원을 받았어도 그 모습은 여전히 강도였던 것처럼 저는 툭하면 옛날이야기를 하며 저의 죄를 들추는 아내가 너무 미웠습니다. 그리고 "소원해진 가족과 관계가 빨리 회복되지 않는 것은 당신이 자기 죄를 깨닫지 못하고 말씀을 적용하지 않아서 그렇다"며 아내를 정죄했습니다.

그러나 소돔과 고모라의 심히 중한 죄악을 알게 되면서 제 가족이 구원받지 못하는 이유가 저의 음란죄 때문이었음을 깨달았습니다. 아내의 반응이 두려워서 과거 안마시술소를 드나들던 죄를 고백하지 못했는데, 이것이야말로 제가 회개함으로 해독해야 할 독이었음을 알게 된 것입니다. 저는 실상을 파악하러 오신 하나님과 아내, 그리고 공동체 식구들 앞에서 저의 음란죄를 고백하고 회개했습니다.

이혼하기 위해 우리들교회에 온 저를, 강대한 예수 그리스도의 나라 백성이 되게 해 주시니 감사합니다. 소그룹 모임의 리더로서 하나님의 천상 어전 회의에 나가는 특권을 주시고, 딸을 소년부 소그룹의 리더로 수지맞는 인생이 되게 하시니 감사드립니다. 날마다 구원을 위한 애통함으로 섬김의 십자가를 지며 내 죄를 회개함으로 복을 주는 인생이 되기를 원합니다.

말씀으로 기도하기

하나님의 복을 누리려면 무엇보다 다른 사람의 영혼 구원에 힘쓰고, 남에게 복을 나누어 주는 인생이 되어야 합니다. 내가 복을 받음으로 복을 나누어 주는 것이 아니라, 내가 가진 것을 나누어 줌으로 복을 누리는 것입니다.

끝까지 섬김의 삶을 잘 살아야 합니다(창 18:16)

아직도 인정하고 싶지 않은 내 자식, 내 배우자가 있습니다. 그들의 구원을 위해 목숨 걸고 기도하고 섬겨도 도무지 변화가 없습니다. 이제는 정말 내려놓고 싶습니다. 내 구원도 급한데 이제는 그들을 돌볼 만한 여유도 기력도 없습니다. 그럼에도 그들을 여전한 방식으로 잘 섬기라고 하십니다. 내게 맡기신 십자가를 잘 지고 가라고 하시니 주님의 은혜가 더욱 간절합니다.

복을 주는 인생이 되려면 하나님과 친해야 합니다(창 18:17)

내가 받은 복만 잘 챙기고 살면 그만인 줄 알았습니다. 예수님이 십자가에 못 박히셨어도 그러거나 말거나 제비뽑기까지 하며 예수님의 옷을 챙겼던 군병들과 다름없는 죄인입니다. 이제라도 내가 받은 복을 고스란히 전해 주는 인생이 되기를 소원합니다. 하나님께서 내게 주신 특권으로 사람을 살리는 영혼 구원에 힘쓸 수 있기를 원합니다.

==== 복을 주는 인생은 의와 공도를 행하는 인생입니다(창 18:18-19)
의와 공도를 행하게 하려고 아브라함을 택하셨던 하나님께서 이제 나를 택하셨다고 합니다. 나로 인하여 이 세상에 의와 공도가 행하게 되고, 천하 만민이 복 받기를 원하십니다. 그럼에도 불구하고 내 의를 내세우며 불공평한 하나님을 탓하던 인생입니다. 복은커녕 망하는 사건을 주셔도 그것이 하나님의 공평이심을 인정하며 살아갈 수 있는 믿음을 허락하옵소서.

==== 복을 주는 인생이 되려면 죄악을 제거해야 합니다(창 18:20-21)
복을 나누는 인생이 되려면 진노의 자리에서 벗어나라 하십니다. 중독의 쓴 뿌리까지 통째로 뽑아 버리라 하십니다. 죄에서 벗어나라 하십니다. 이제라도 죄로 더럽혀진 내 두루마기를 벗어 빨고 회개의 자리로 나아갈 수 있도록 인도하여 주옵소서. 회개함으로 복을 누리고 복을 나누는 인생이 되게 은혜를 더하여 주옵소서.

영혼의 기도

아버지 하나님, 복을 주는 인생이 되어야 하는데 제 곁에 강도가 둘이나 있습니다. 십자가에 매달린 예수님 옆에 제자는 한 명도 없고, 강도만 둘이 있었던 것처럼, 제게 남은 것도 두 강도뿐입니다. 강도 같은 남편이 있고, 아내가 있고, 자식들이 있습니다. 그러나 주님께서 그 초라한 강도들 곁을 떠나지 않으셨듯이 저 또한 이 강도 같은 식구들 곁을 잘 지킬 수 있도록 은혜를 더하여 주옵소서. 이들이 지질하고 초라해도 끝까지 잘 섬기며 살아갈 수 있도록 붙잡아 주옵소서.

하나님, 입으로 몸으로 머리로 독을 내뿜으며 가족들에게, 지체들에게 숱한 상처를 입혔습니다. 저를 불쌍히 여겨 주옵소서. 제 안에 있는 모든 죄악, 모든 독소가 제거되기를 원합니다. 강도 같은 가족에게 그 어떤 죄가 있다 해도 그 죄를 탓하지 않고, 저 먼저 '내 죄패'를 붙이고 회개하며 나아가기를 원합니다. 끝까지 여전한 방식으로 섬길 때 복을 주는 인생이 된다고 하셨사오니 여전한 방식으로 내 배우자, 내 자녀, 내 부모를 끝까지 섬기면서 갈 수 있도록 은혜를 더하여 주옵소서.

주홍같이 붉은 죄라도, 나의 죄를 위해 죽으신 예수님을 믿기만 하면 구원이 되는 줄 믿습니다. 당신의 나라에 임하실 때 저를 기억해 달라고 했던 강도도 예수님을 믿음으로 구원됐는데 우리 중에 구원되지 못할 사람이 누가 있겠습니까. 우리 모두가 예수님을 믿기만 하면 복을 주는 사람으로, 사랑스런 인생으로 변할 것을 믿습니다. 우리 모두 예수 믿고 주님을 영접해서 복을 주는 인생이 될 줄 믿습니다. 하나님과 친해지기를 소원합니다. 의와 공도를 행하는 인생이 되기를 소원합니다.

오늘 이 시간, 주님을 영접해서 복을 주는 인생이 될 수 있도록 주여 역사하여 주옵소서. 하나님의 사랑이 너무나 감사해서 목이 메어 "왜 이리도 절 사랑하시나요" 하는 고백이 저희 입술에서 터져 나올 수 있도록 역사하여 주옵소서. 예수님 이름으로 기도합니다. 아멘.

chapter _ 9

●
●
●

하나님의 소원은 영혼 구원입니다.

이 주님의 소원이 우리의 소원이 되기를 원합니다.

내 영혼을 구원해 주신 하나님께 감사하며 영혼 구원을 위

해 살아가는 인생이 되기를 원합니다.

100퍼센트 옳으신 ————
하나님

어떤 사람이 아침 일찍 장터에 나가서 생선을 사려고 하는데, 가격을 물으니 만 원이라고 합니다. 그가 "이 생선 너무 싱싱한데, 저한테 5천 원에 파시면 안 될까요?" 하고 묻자 생선장수는 개시를 잘해야 하루 장사가 잘될 것이라 생각해서 "알았수다!" 하고 승낙했습니다. 그러곤 기분 좋게 생선을 막 토막 내려는데 그가 쭈뼛거리면서 "그런데 저기… 혹시 4천 원에는 안 될까요?" 하고 다시 묻습니다. 생선장수는 이왕에 준다 했으니 까짓 천 원 더 깎아 주기로 했습니다. 생선을 다듬으려는데 잠시 후 그가 다시 미적거리면서 "혹시 3천 원에는 안 될까요?" 합니다. 그러다가는 "저기요… 화 내지 마시고… 2천 원에는 혹시 안 될까요?" 합니다. 생선장수는 하도 어이가 없어서 '아침부터 재수 없게, 당장 꺼져!' 하고 한마디 쏘아붙이려는데 그 손님이 급기야 "가진 게 천 원밖에 없는데…" 하고 하소연을 하는 겁니다.

여러분이 생선가게 주인이라면 이 손님에게 어떻게 하시겠습니까? 당장 내쫓든지, 욕을 퍼붓든지, 아침부터 재수 없다며 그 앞에 소금이라도 뿌리지 않겠습니까?

그런데 입장을 바꿔서 생각해 보세요. 집안 형편이 너무 어려워 제대로 먹지 못해 영양실조에 걸린 아이가 다 죽어 가는 소리로 "생선이 먹고 싶다"고 하는데 여러분이 그 아이의 부모라면 어떻게 하시겠어요? 가진 돈이라고는 탈탈 털어 봐야 단돈 천 원밖에 없는데, 생선은커녕 당장 끼니를 이을 쌀 한줌 살 돈도 안 되지만, 생선가게로 달려가 "영양실조에 걸려 다 죽어 가는 아이가 생선이 먹고 싶다는데, 가진 거라곤 천 원밖에 없어요. 천 원만 받으시고 이 생선을 저에게 파시면 안 될까요?" 하지 않겠습니까?

맨 정신으로는 이 수치스럽고 개념 없는 짓을 어찌할 수 있겠습니까? 그러나 굶어 죽어 가는 내 아이를 생각하면 그 간절함으로 여섯 번이라도 할 수 있지 않습니까? 나 때문에는 못해도, 내 자식을 위해서, 죽어 가는 다른 사람을 위해서는 할 수 있는 것입니다. 그런 간절함이 생선장수에게 전해진다면 단돈 천 원으로 만 원짜리 생선 한 마리를 살 수도 있을 것입니다.

오늘 아브라함이 이런 마음으로 중보기도를 했습니다. 죽어 가는 아이를 살리고자 하는 간절한 마음으로 기도했습니다. 이것이 영혼 구원에 대한 하나님의 마음입니다. 하나님의 소원입니다. 그 하나님의 소원을 이루어 드리기 위해 우리는 어떤 노력을 기울여야 할까요?

하나님을 멈추시게 하는 일꾼이 되어야 합니다

> 22 그 사람들이 거기서 떠나 소돔으로 향하여 가고 아브라함은 여
> 호와 앞에 그대로 섰더니 23 아브라함이 가까이 나아가 이르되 주
> 께서 의인을 악인과 함께 멸하려 하시나이까(창 18:22-23)

하나님과 친한 아브라함이 하나님을 전송하러 나갔다가 소돔의 심판 소식을 듣게 되었습니다. 천사들이 심판하러 소돔을 향해 가는데, 아브라함이 여호와 앞에 그대로 섰습니다. 그리고 더 가까이 나아갔습니다.

하나님께 '묻자와 가로되'의 인생을 사는 사람들은 내 식구의 심판 소식을 듣고 날뛰지 않습니다. 심판을 행하실 하나님께 가까이 나아갑니다.

하나님께서는 악하고 음란한 이 세상의 구원을 위해서도 하나님을 멈춰 서게 하는 일꾼을 필요로 하십니다. 아브라함이 그 일꾼입니다. 하나님은 당신의 전령자로서 아브라함이 이 일을 하기 원하셨습니다.

"다윗의 자손 예수여 나를 불쌍히 여기소서"(막 10:47)라고 외친 맹인 바디매오의 기도가 예수님을 멈춰 서게 했습니다. 우리 중에도 너무나 급박한 하루간의 심판에서 하나님을 멈추게 할 일꾼이 있어야 합니다. 이런 일

꾼이 몇 명만 있어도 모든 교회가 영혼 구원으로 크게 부흥할 것입니다.

그런데 누구를 돕는다는 것은 간단한 일이 아닙니다. 교회 안에는 누군가에게 도움을 줄 만한 능력을 가진 사람이 흔치 않습니다. 그럼에도 그 어디에도 도망갈 곳이 없어서 교회를 찾습니다. 교회는 피난처이고, 은신처입니다. 우리들교회에도 상상조차 하기 힘든 분들이 많이 옵니다. 이럴 수도 없고 저럴 수도 없는 분들이 옵니다. 그러므로 교회는 흑백 논리를 떠나 회색지대를 마련해 두어야 합니다. 옳고 그름을 가리기에 앞서 양쪽 모두를 포용할 수 있어야 합니다. 음식과 무기 양쪽 다 공급할 수 있어야 합니다.

하나님은 마지막 날 심판대에 선 교회를 향해 "몇 가지 계명을 어겼느냐?" 묻지 않고 "다윗처럼 절망적인 상황에 빠진 이들에게 얼마나 자주 베풀었느냐?"고 물으실 것입니다.

맥스 루케이도의 《믿음 연습》이라는 책에는 다윗에게 떡을 공급한 제사장 아히멜렉의 이야기가 언급되어 있습니다(삼상 21장). 다윗이 사울의 핍박을 피해 도망갔을 때 아히멜렉 제사장이 다윗의 목을 축여 주고 먹을 것을 주었습니다. 그리고 골리앗의 칼(과거에 다윗이 골리앗을 죽이고 전리품으로 보관해 두었던)을 무기로 쓰라고 챙겨 주었습니다. 아히멜렉 제사장은 이 일로 인해 나중에 사울에게 죽임을 당했습니다(삼상 22장).

이렇듯 하나님을 멈추시게 하는 일꾼은 내 목숨을 내놓고서라도 도망쳐 온 사람의 목숨을 살리고자 하는 사람입니다. 그러므로 집안에는 목숨을 내놓는 한 사람이 있어야 하고, 공동체에도 목숨을 내놓는 한 사람이 있어야 합니다. 이렇게 목숨을 내놓는 한 사람이 있을 때 하나님의 소원인 영혼 구원이 이루어질 수 있습니다. 이것이 바로 우리가 그 한 사람이 되어 하나님의 마음을 품고 영혼 구원을 위해 기도해야 하는 이유입니다.

내 식구 때문에 힘들어 본 적이 없는 사람은 교회 공동체에서도 남의 말을 잘 못 들어 줍니다. 그런 모습만 딱 봐도 이 사람이 힘든 사람과 살아봤나 안 살아봤나를 알 수 있습니다. 남의 이야기를 잘 들어 주지 못하는 사람은 정말 구원과 상관없는 사람들입니다.

하나님께서 소돔과 고모라를 심판하신다고 했을 때(창 18:20-21) 아브라함은 무엇보다 먼저 롯이 생각났습니다. 갈대아 우르에서부터 아들 삼아 데려온 혈육인 롯이 그곳에 있었기 때문입니다.

아브라함은 롯 때문에 생명을 내걸고 전쟁도 치렀지만, 그의 구원에는 아무런 도움이 되지 못했습니다. 롯은 완전히 애물단지나 다름없습니다.

롯의 눈에는 그저 소돔 땅이 여호와의 동산 같고 물댄 동산처럼 보였습니다. "가나안보다는 훨씬 살기 좋다. 예수 믿으면 누가 밥 먹여 주냐?" 이러면서 아브라함 곁을 떠나 그곳으로 갔습니다. 그리고 너무나 잘 먹고 잘 사느라 주님을 만날 틈이 없었습니다. 24년이 지나도록 구원받지 못하고 세상에 빠져 있었습니다.

아브라함은 아들처럼 생각하는 롯이 너무나 잘 먹고 잘살고 있기에, 구원과는 점점 멀어지는데도 그저 눈물을 흘리면서 기다릴 수밖에 없었습니다. 그런데 롯이 살고 있는 소돔 땅에 심판이 임한다는 소식이 들렸습니다. 아직 구원하지 못했는데 소돔 땅에, 롯에게 멸망의 때가 임했다는 것입니다. 배은망덕한 조카 롯만 생각하면 이가 갈려서 "그래, 나는 구원이고 너는 심판이야. 잘됐다. 잘 먹고 잘난 척하더니 맛 좀 봐라. 쌤통이다" 할 수도 있습니다.

부부관계도 그렇지 않나요? 날마다 무시하고, 폭력을 일삼고, 숨도 제대로 못 쉬게 굴던 남편이 딴 여자와 눈이 맞았는지 아예 집을 나갔다가 드디어 파산했다는 소식이 들려옵니다. 불치병에 걸렸다는 소식이 들려옵니다. 그러면 "쌤통이다. 천벌을 받았다. 고소해 죽겠네" 하는 것이 당연하지 않나요? 우리 인생이 그렇지 않습니까? 그런데 아브라함은 롯이 망하게 되었다는 소식을 듣고는 '이제 구원의 때가 왔구나' 했습니다. 그래서 "이때라~ 이때라~" 찬양을 하며 롯의 구원을 위해 기도하기 시작했습니다.

오늘 곳곳에서 망하는 소식이 들리지 않습니까? 우리는 이 사건들을 구원의 문제로 연결해 달라고 기도해야 합니다. 아직 구원받지 못한 내 가족이, 내 친지가, 내 이웃이 망하는 소식을 들을 때, 이때가 바로 구원의 때입니다.

∞ 내 식구의 심판 소식이 들립니까? 그의 구원을 위해 지금 당장 내가 해야 할 일은 무엇입니까?

∞ 나는 공동체에서 옳고 그름을 가리는 흑백 논리로 지체들을 심판하고 있지는 않습니까?

∞ 내게 맡기신 영혼들에게 음식과 무기를 잘 공급하고 있습니까?

∞ 가족을 위해, 공동체를 위해 목숨이라도 내놓을 수 있습니까?

하나님의 마음을 품고 중보기도 해야 합니다

---

23 아브라함이 가까이 나아가 이르되 주께서 의인을 악인과 함께 멸하려 하시나이까 24 그 성 중에 의인 오십 명이 있을지라도 주께서 그곳을 멸하시고 그 오십 의인을 위하여 용서하지 아니하시리이까 25 주께서 이같이 하사 의인을 악인과 함께 죽이심은 부당하오며 의인과 악인을 같이하심도 부당하니이다 세상을 심판하시는 이가 정의를 행하실 것이 아니니이까(창 18:23-25)

하나님은 마음대로 심판하시는 분이 아닙니다. 그러므로 영혼 구원을 위해 기도할 때 '악한 소돔'을 무조건 용서해 달라고 기도하면 응답하지 않으십니다. 사악한 소돔이 멸망하는데 '그래도 이건 너무 가혹한 것이 아닐까?' 하는 마음을 품고 기도하면 안 됩니다. 사악한 소돔의 악은 반드시 멸망해야 하기 때문입니다.

아브라함이 그랬습니다. 롯을 구하고자 하나님 앞에 나아갔을 때 소돔을 구해 달라는 기도는 하지 않았습니다. 다만 그는 "의인을 악인과 함께 멸하려 하시나이까"(23절) 하고 여쭈었습니다. 그리고 "의인을 악인과 함께 죽이심은 부당하오며 의인과 악인을 같이하심도 부당하니이다 세상을 심판하시는 이가 정의를 행하실 것이 아니니이까"(25절) 하고 간구했습니다.

이처럼 영혼 구원을 위해 중보기도 하려면 반드시 알아야 할 것이 있습니다. 중보기도는 하나님의 거룩하신 성품에 근거해서 해야 합니다. 그래서 우리의 기준도 거룩이어야 합니다. 행복이 아닌 거룩을 기준으로 기도해야 하나님이 응답하십니다. '망하면 어떡해?'가 아니라 '이 사람에게 왜 이런 일이 왔는가'를 분별하고, 비록 그의 악은 심판을 당할지라도 의로운 부분을 구원해 주시기를 기도해야 합니다.

의인은 세상에서 고통을 당하고 징계를 받을 수는 있어도 절대 심판당하지 않습니다. 한꺼번에 많은 사람이 죽는 대형 참사가 일어나도 의인은 심판당하지 않습니다. 영생보험을 들어 놨기 때문에 절대로 의인은 망하는 법이 없습니다. 이 세상에 이렇게 죄가 관영^{貫盈}하는데도 아직도 악인을 심판하지 않는 것은 한 사람의 의인을 더 찾아내기 위해서 주님이 심판을 유보하고 계시기 때문입니다. "온 세상을 심판하시는 이가 정의를 행하신다. 그분이 바로 하나님"이라고 아브라함이 고백한 것처럼 이 땅을 심판하실 이는 오직 하나님밖에 없습니다. 100퍼센트 옳으신 하나님의 심판은 틀릴 리도 없습니다. 우리는 이처럼 하나님의 절대 주권을 믿고 기도해야 합니다.

∞ 한 영혼의 구원을 위해 중보기도 하고 있습니까?

∞ 하나님의 거룩한 성품을 닮기 위해 내가 끊고 돌이켜야 할 나의 죄는 무엇입니까? 내 삶에 우선 적용해야 할 것은 무엇입니까?

∞ 제아무리 억울하고 어처구니없는 일을 당해도 그것이 100퍼센트 옳으신 하나님께서 나의 구원을 위해 행하신 심판이라는 것을 인정합니까?

나의 실상을 알고 겸손히 기도해야 합니다

아브라함이 대답하여 이르되 나는 티끌이나 재와 같사오나 감히
주께 아뢰나이다(창 18:27)

하나님 앞에 나아간 아브라함은 자신을 티끌이나 재와 같은 존재에 불
과하다고 고백합니다. 아브라함이 괜히 이렇게 기도한 것이 아닙니다. 워
낙에 겸손한 사람이라서 그런 겸손이 나온 것이 아닙니다. 그 자신이 그토
록 의로웠다면 하나님께 엎드릴 이유가 무엇이겠습니까? 지나온 과거를
돌이켜 볼수록 자신의 비천함이 너무나 깨달아진 때문입니다. 100퍼센트
죄인임을 알기에 하나님께 바짝 엎드린 것입니다.

"나는 의인이고 너는 죄인이야" 하고 정죄하면 무슨 중보기도가 되겠습
니까? '나는 너보다 더한 죄인인데, 하나님께서 티끌보다 못한 나를 택해
주셔서 이렇게 기도하게 됐다'는 자세로 중보기도를 해야 합니다. 하나님
앞에 서려면 우리가 아무짝에도 쓸모없는 인생이라는 것을 알아야 합니
다. 먼지와 재로 이루어진 흙 속에 생기를 불어넣어서 만든 것이 우리 인
간이라는 것을 알아야 합니다. 그럼에도 전적인 은혜로 하나님께 감히 기
도할 수 있는 자격까지 갖게 되었음을 인정하고, 겸손히 나아가야 합니다.

∞ 나는 티끌이나 재와 같은 존재에 불과하다는 것을 인정합니까?

∞ 하나님 앞에 서면 나의 비천함이 깨달아집니까?

∞ 나는 의인입니까, 죄인입니까?

끈질기게 남은 부분을 보고 기도해야 합니다

———

28 오십 의인 중에 오 명이 부족하다면 그 오 명이 부족함으로 말미암아 온 성읍을 멸하시리이까 이르시되 내가 거기서 사십오 명을 찾으면 멸하지 아니하리라 29 아브라함이 또 아뢰어 이르되 거기서 사십 명을 찾으시면 어찌하려 하시나이까 이르시되 사십 명으로 말미암아 멸하지 아니하리라 30 아브라함이 이르되 내 주여 노하지 마시옵고 말씀하게 하옵소서 거기서 삼십 명을 찾으시면 어찌하려 하시나이까 이르시되 내가 거기서 삼십 명을 찾으면 그리하지 아니하리라 31 아브라함이 또 이르되 내가 감히 내 주께 아뢰나이다 거기서 이십 명을 찾으시면 어찌하려 하시나이까 이르시되 내가 이십 명으로 말미암아 그리하지 아니하리라 32 아브라함이 또 이르되 주는 노하지 마옵소서 내가 이번만 더 아뢰리이다 거기서 십 명을 찾으시면 어찌하려 하시나이까 이르시되 내가 십 명으로 말미암아 멸하지 아니하리라(창 18:28-32)

아브라함은 소돔에 적어도 50명의 의인은 있지 않을까 생각했습니다. 그래서 "그 성 중에 의인 오십 명이 있을지라도 주께서 그곳을 멸하시고 그 오십 의인을 위하여 용서하지 아니하시리이까"(24절) 하고 간구했습니다. 그런데 막상 하나님께서 "내가 만일 소돔 성읍 가운데에서 의인 오십 명을 찾으면 그들을 위하여 온 지역을 용서하리라"(26절) 하시자, 갑자기 '아, 그 정도가 안 될 수도 있겠다'는 생각이 들었습니다. 그래서 45명을 찾으면 그곳을 멸하지 말아 달라고 간구합니다(28절). 그러다가는 40명으로 또 줄여서 부탁합니다. 그러다가 30절에서는 "내 주여 노하지 마시옵고 말씀하게 하옵소서… 30명은 안 될까요?" 또 31절에서는 "내가 감히 내 주께 아뢰나이다. 20명은 안 될까요?" 하다가 급기야 32절에 가서는 "주는 노하지 마옵소서 내가 이번만 더 아뢰리이다. 10명…"이라고 하며 하나님께 간구합니다.

이 장 서두에서 영양실조에 걸려 다 죽어 가는 아이를 위해 단돈 천 원으로 생선 한 마리를 사려는 부모의 이야기를 괜히 한 것이 아닙니다. 만 원짜리 물건을 5천 원, 4천 원, 3천 원… 이렇게 깎으면서 당당하게 말하는 사람이 어디 있겠습니까? "너무 죄송해요, 화내지 말아 주세요" 하면서 간절한 마음으로 부탁해야 상대방의 마음이 움직이지 않겠습니까?

기도하면서 "능치 못한 일이 없으신 하나님"만 부르짖을 수만은 없다는 것을 오늘 아브라함의 기도를 통해서 봅니다. 어찌 보면 억지를 쓰는 것 같지만, 롯을 구원하기 위한 아브라함의 기도는 그렇게 구차했습니다. 끈질겼습니다. 오십 명에서 열 명까지, 무려 여섯 번이나 번복해서 기준을 낮추어 가며 끈질기게 기도했습니다. 왜 이렇게까지 기도해야 했을까요?

아브라함은 무엇보다 자신이 죄인임을 알았기에 소돔 사람들의 타락과 죄를 보면서도 그들을 정죄하거나 힐난하지 않았습니다. 아마도 '개구리 올챙이 적 생각'을 하지 않았을까요? 아브라함은 자신도 죄인이기에 하나님이 택해 주신 것 외에는 그들과 다를 바가 없다는 것을 알고 있었습니다. 그러니 "하나님, 저 사람에게도 씨가 있어요. 예수의 씨가 있어요" 하고 기도한 것입니다. 내 육신 전체를 천만이라 생각하면 그중에 50이라도 의로운 것이 있으면 구원해 주시겠느냐고, 40이라도, 30이라도, 20이라도, 10이라도 의로운 것이 있으면 구원해 달라고 기도한 것입니다. 선한 예수 씨가 조금이라도 있으면 용서해 달라고 기도한 것입니다.

그러므로 영혼 구원을 위해 기도할 때는 우선 내가 죄인임을 알고 그 상대방을 위해 중보해야 합니다. "저 문제 많은 사람…"이 아니라, "나 같은 죄인 살리시고 구원해 주신 것처럼 내 배우자, 내 자식, 내 부모님을 살려 달라"고 기도해야 합니다. 날마다 악을 행하는 저들이라 하더라도 저들의 남은 부분을 보고 구원해 달라고 기도해야 합니다.

∞ 영혼 구원을 위해 끈질기게 기도한 적이 있습니까? 그 결과는 어떠했습니까?

∞ 끈질기게라도 붙들고 지금 당장 내가 구원해야 할 영혼은 누구입니까?

기도해도 멈출 수 없는 이 세상의 심판이 있습니다

여호와께서 아브라함과 말씀을 마치시고 가시니 아브라함도 자기
곳으로 돌아갔더라(창 18:33)

그러나 아브라함이 그렇게 기도했어도 하나님은 아무 응답도 하지 않
고 그냥 떠나가십니다. 아브라함도 더 이상 기도할 수가 없어서 '자기 곳
으로' 돌아갑니다. 그러다 아브라함이 뒤늦게 '그 성에는 의인이 한 명도
없다'는 것을 깨달았습니다. '소돔 성엔 더 이상 소망이 없다, 의인이 한 명
도 없으므로 멸망할 수밖에 없다, 그러니 더 이상 기도해도 응답하지 않겠
다'는 하나님의 뜻을 깨달은 것입니다. 그렇게 화려한 소돔 성에 단 한 명
의 의인이 없었던 것을 보면, 정말 잘 먹고 잘사는 곳에서 의인을 찾기란
하늘에서 별을 따는 일만큼이나 어려운 것 같습니다.

아무튼 아브라함은 "의인이 단 한 명이라도 있으면 용서해 주시겠느
냐?"는 기도를 더 이상 하지 않았습니다. 하나님 역시 "의인 한 명이라도
있으면 내가 그 성을 구원하겠다"고 하지 않으셨습니다. 하나님과 아브라
함이 동시에 침묵한 것입니다.

예전 같았으면 당장 소돔으로 달려가 롯을 구해 냈을 아브라함입니다.
롯이 그돌라오멜에게 사로잡혀 있을 때(창 14장)도 목숨을 무릅쓰고 롯을
구한 아브라함입니다. 사로잡혔다는 소식을 듣는 즉시 훈련된 318명을 데

리고 가서 구해 냈습니다. 그때는 기도했다는 기록도 없습니다. 그런데 이번에는 롯의 생명이 위태로운 줄 알고도 소돔으로 달려가지 않고, 창자가 끊어지도록 생명을 내놓는 기도만 했습니다. 그러고는 자기가 있던 곳으로 가만히 돌아갔습니다. 아브라함의 이 변화는 과연 무엇을 의미할까요?

듀크 로빈슨 목사의 '내 인생을 힘들게 하는 좋은 사람 콤플렉스'라는 글을 읽었습니다. 그에 따르면, 무의식중에 좋은 사람이 되려고 하는 근성이 우리를 함정에 빠뜨릴 때가 많다고 합니다. 부탁을 거절하면 스스로 이기적이라는 죄책감에 시달리고, 그렇다고 들어주자니 피곤하고… 이런 진퇴양난에 빠져 무의식적으로 분노를 느끼게 된답니다. 그러다 결국 '그래서는 안 된다'는 걸 알면서도 부탁을 들어주고, 또 그러고 나서는 그런 자신이 못내 원망스러워 화가 쌓여 우울증으로 발전한다는 것입니다. 듀크 로빈슨 목사는 다음과 같은 해결책을 제시합니다.

"다른 사람의 문제까지 내가 해결하겠다는 고집에서 한 발짝 물러나라. 그렇다고 수수방관하거나 귀를 막으라는 말은 아니다. 또 정서적으로 거리를 두라는 말도 아니다. 그러나 그의 인생을 좌우하거나 책임지려고 해서는 안 된다. 거리를 둔다는 것은, 곤경에서 벗어나야 할 책임은 당신이 아니라 전적으로 당사자에게 있음을 아는 확신에서 출발한다. 당신은 엄밀하게 말해 그 당사자하고는 구별된 존재임을 인식해야 한다. 그러므로 돕고 싶다면 개입하기보다 존중해야 한다. 거리를 둔다는 것은 상대방의 결정과 그 결과까지도 존중하겠다는 방증이다. 물론 누군가가 심각한 중독 증세로 제 몸을 가누지 못한다면 계속 관심을 가져야 하지만, 돕기를 중단하는 것이 효과적인 치료 방법이 될 수 있다. …구조대원은 상대방을 변화시키려고 노력하지만, 관찰자는 항상 자신의 행동을 바꾸는 데 주안점을 둔다. 그래서 상대방의 일은 그의 역량에 맡긴다. 본인의 의지가 있어야 인생이 달라진다는 것을 알아야 한다."

구조대원이 되지 않겠다는 의지가 있어야 그를 제대로 구조할 수 있답니다. 즉 구조대원이 아닌 관찰자가 되어야 한다는 것입니다.

그렇다면 과연 우리는 언제 돕기를 중단하고, 언제 관찰자가 되어야 하나요? 아브라함처럼 언제 구하러 달려가고, 언제 기도만 해야 하는 걸까요?

이웃을 섬기면서도 그 반응이나 효과가 기대에 미치지 못하면 '내가 왜 남들 때문에 이렇게 쓸데없이 돈을 쓰고 시간을 쓰나?' 하는 생각이 들 때가 있습니다. 이처럼 기쁨이 없는 것은 이미 섬김이 아닙니다. 내 이기적인 행위, 기복적인 기도에 불과합니다. "나와 같이 모든 일에 모든 사람을 기쁘게 하여 자신의 유익을 구하지 아니하고 많은 사람의 유익을 구하여 그들로 구원을 받게 하라"(고전 10:33)고 했습니다. 내 기쁨을 위하여, 내 유익을 위하여 영혼 구원에 나서는 것이 아닙니다. 남을 돕는다면서도 내 기쁨, 내 유익을 추구하다 보니 이내 맥이 빠지고, 김이 샙니다. 탈진되고, 소진됩니다. 이런 마음가짐으로는 절대 사람을 구하는 구조대원이 될 수 없습니다.

아브라함이 이것을 깨달았습니다. 그래서 구조대원이 되어 롯을 구하겠다는 생각을 아예 단념하고 관찰자가 되어 기도에 매달린 것입니다.

그러나 끈질기게 기도해도 멈출 수 없는 이 세상의 심판이 있다는 걸 인정해야 합니다. 기도해도 안 되는 것이 있음을 알아야 합니다. 늘 "능치 못한 일이 없으신 하나님"만 부르짖을 수만은 없다는 것을 알아야 합니다.

예수님의 십자가 곁에 매달린 두 강도 중에서 한 명만이 구원되었습니다(눅 23:39-43). 인생의 절반은 구원이 안 될 수도 있다는 것입니다. 목숨을 걸고 기도해도 의인이 한 명도 없으면 구원받지 못할 수도 있습니다. 아브라함이 절망적인 소돔을 위해, 롯을 위해 끈질기게 기도했지만, 그럼에도 하나님은 소돔 성의 멸망을 돌이키지 않으셨습니다.

∞ 응답 받지 못한 기도가 있습니까? 하나님께서 침묵으로 응답하신 나의 기도는 무엇입니까?

∞ 구하는 것을 얻지 못해도 깨달은 것이 있다면 그것이 기도 응답임을 인정합니까?

∞ 남을 돕는다면서도 내 기쁨, 내 유익을 추구하지는 않습니까?

하나님 앞에 끈질기게 기도한 것 자체가 응답입니다

———

그렇다면 지금까지 아브라함이 애타게 기도한 것은 다 헛수고일까요? 수포로 돌아갔을까요? 29절부터 네 번이나 "어찌하시려나이까, 이 소돔과 고모라를 어찌하시려나이까? 40명만, 30명만, 20명만 있어도 이를 어찌하시려나이까?" 하고 애타게 간구하던 그의 기도는 정말 어찌되었나요?

아브라함의 기도는 언뜻 보기엔 응답 받지 못한 기도일 수 있습니다. 그러나 절대로 이 세상에 헛수고는 없습니다. 하나님 앞에 끈질기게 기도 했다는 자체가 이미 응답 받은 기도입니다. 반드시 원하는 결과가 주어지는 것이 기도 응답이 아닙니다. 하나님은 100퍼센트 옳으십니다. 무조건 옳으십니다. 하나님의 심판은 너무나 공정하기 때문에 어떤 불평도 해서는 안 됩니다. "어찌하여 공평치 않다 하느냐, 이스라엘아 너희가 공평치 않은 것이 아니냐" 하시지 않았습니까?

하나님은 아브라함을 생각하사 소돔 성을 엎으실 때 롯을 그중에서 내보내셨습니다(창 19:29). 소돔 성의 악은 그대로 심판하시고, 롯은 구원해 내셨습니다. 아브라함의 기도를 들어주신 것입니다.

하나님께서 소돔 성은 멸하고 롯을 구원하신 것처럼 제 남편의 육신은 비록 심판으로 멸하였지만, 영혼은 구원받았습니다. 하나님은 중한 심판 계획을 육적으로 실행하시고, 그런 가운데서 영적으로 구원해 주셨습니다. 육신의 성전이 무너지는 것만큼만 영의 성전이 지어진다고 했습니다. 육신의 성전은 무너지는 게 축복입니다. 영혼이 더 중요하지 않습니까?

영혼 구원이 무엇입니까? 하늘나라에서 함께 살 수 있도록 인도하는 것이 영혼 구원입니다. 남편의 사망은 제가 남편의 영혼 구원을 위해 그토록 간절하게 드리던 기도의 응답이었습니다. 제 남편이 임종 직전, 인생의 마지막 순간에 자기 죄를 회개하고 간 것은 결코 맨입으로 된 것이 아닙니다. 티끌과 같은 제가 그의 영혼 구원을 위해 그토록 열심히 간구한 기도의 응답이었습니다. 하나님의 소원이 이루어진 사건이었습니다.

제 남편은 하루아침에 갔지만, 하나님은 "너의 기도를 인하여 내가 너의 남편의 육신을 엎는 중에 그의 영혼을 내어 보내어 구원했다"고 말씀을 통해 제게 깨달음을 주셨습니다. 이 말씀이 믿어지는 것이 은혜입니다.

∞ 영의 성전을 짓기 위해 반드시 무너뜨려야 할 나의 육의 성전은 무엇입니까?

∞ 기도 응답을 받지 못해 하나님을 원망하고 따지려 든 적은 없습니까?

∞ 응답 받지 못한 기도 때문에 말씀을 뒤늦게 깨달은 적이 있습니까?

수치와 인내를 각오해야 합니다

———

도저히 구원 안 될 것 같은 소돔 성 같은 영혼의 구원을 위하여 기도하려면 아브라함처럼 목숨이라도 내놓아야 합니다. "하나님 앞에 티끌과 같은 내가 감히 주께 고하나이다. 내 주여 노하지 마옵시고…" 하며 바닥에 엎드려야 합니다. "한 번만 더, 한 번만 더…" 하는 아브라함이 비굴해 보입니까? 만 원짜리 생선 한 마리 구하려고 '5천 원, 4천 원, 2천 원…' 하며 값을 깎는 부모의 모습이 구차하고 비굴해 보이나요? 영혼 구원을 위한 기도를 하려면 적어도 그런 간절함이 있어야 합니다. 무시와 수치를 각오하고 발등에 불이 떨어진 심정으로, 숨이 턱에 닿을 때까지 끈질기게 간구해야 합니다.

내가 먹고 싶은 생선을 사려고 내 욕심으로 값을 깎으려 들면 생선장수가 그런 심보를 모를 리 없습니다. "재수 없다"며 상을 둘러엎을지도 모릅니다. 내 유익을 위하여 밤낮 '하나님, 5천 원, 아니 4천 원, 3천 원…' 하고 눈물 흘리며 기도하는 것도 마찬가지입니다. 이타적인 기도인지 이기적인 기도인지 사람들은 속아도 하나님은 속지 않으십니다. 이기적인 기도는 '분노하므로 응답하시고 진노하므로 폐하시는'(호 13:11) 응답만 있을 뿐이지만 영혼 구원을 위한 기도는 아무리 끈질기게 해도 귀 기울이십니다.

아브라함도 죄인이었지만 자기의 죄를 알고 롯을 위해서 기도했습니다. 저 또한 제가 죄인인 것을 아니까, 우리 남편을 위해서 생명을 내놓고 기도했습니다. 제 생명을 거둬 가라고 기도했습니다. 남편을 구원해 달라며 그렇게 생명을 내놓고 기도했는데 참지 못할 일이 무엇이겠습니까. 부끄러울 일이 무엇이겠습니까.

저는 결혼 후 남편과 여행 한 번 가 본 적이 없습니다. 시집살이 때문에, 남편 병원 일이 바빠서 7년이 지나도록 아무 데도 못 갔습니다. 사는 재미가 하나도 없었어요. 그저 바라는 것이 있다면, 기도원이라도 한 번 갔으면 좋겠는데, 이런 남편에게 기도원 가자면 냉큼 따라나서겠습니까?

그런데 어느 날 청평 부근에서 구국금식기도회가 열린다는 일간지 기사를 봤습니다. 많은 사람이 모인다고 하고, 유명한 강사님들이 오신다고 해서 여기만 가면 이 남편이 구원받을 것 같은 생각에, 기도를 너무너무 간절히 했습니다. 그리고 남편에게 "티끌과 같은 내가… 이렇게 간절히 원하는데… 죽은 사람 소원도 들어준다는데… 여기 한 번만 같이 가 달라"고 애원했습니다. 처음으로 간곡하게 부탁했더니 이 사람이 대뜸 가겠다고 했습니다. 아니 이게 웬 기적입니까? 그것도 공휴일이 있어 2박 3일 동안이나 함께 가 주겠다는 겁니다. 이 소식을 온 동네방네, 아니 전 세계에 알리고 싶을 만큼 기뻤습니다. 저는 기도회가 열리는 날까지 남편의 마음이 바뀌지 않도록 앉으나 서나 기도하고, 제가 눈만 쬐끔 치켜떠도 화낼까 봐 조심조심, 또 조심조심했습니다.

드디어 디데이가 되었습니다. 아침에 시댁으로 가서 기도원을 다녀오겠다고, 2박 3일간 잘 다녀오겠다고 인사를 드렸습니다. 그랬더니 '장로님' 되는 시아버님이 교회도 안 나가는 아들이 "기도원에 다녀오겠습니다" 하면 너무나 기뻐하셔야 하는데, "그 광신자들처럼 기도원에 다니고 그러지 말라우" 하고 딱 잘라 말하는 겁니다. 그러자 남편 얼굴이 순식간에 싹 바뀌었습니다. "장로님이 가지 말라고 하는 기도원을, 아무것도 모르는 주제에 가려고 하냐? 참 큰일이야 큰일! 요새 교계가 참 이상하게 돌아간다니까" 하면서 "안 가!" 이러는 것입니다. 그 자리에서 제가 뭐라고 했겠습니까?

"…알았어요" 하고 찍소리도 못한 채 뒷걸음쳐 나왔습니다. 그런데 남편이 금세 따라 나와선 "가자!" 하는 거예요. 너무나 고맙고 황송했습니다. 들뜬 마음으로 기도원을 향해 가고 있는데 청평 초입부터 기도원 가는 길이 인산인해를 이뤘습니다. 그 광경을 보고 남편이 대뜸 "내일 아침에 집에 가자" 했습니다. 남편은 기도원 장소가 청평이라고 하니 무슨 콘도쯤으로 생각했는데 수많은 인파가 산으로 가는 걸 보고 아차 싶었던 거죠. 게다가 여자들이 바글바글 올라가니 딱 싫은 겁니다. 그 말 듣고 제가 뭐라고 했겠습니까? "알았어요" 했습니다.

그런데 차에서 내려 기도원을 향해 절반쯤 올라가더니 "그냥 오늘 저녁에 가자"고 했습니다. 그래서 제가 또 "알았어요" 했습니다. 남편은 본당에 도착하더니 "이 예배만 드리고 가자"고 했습니다. 그래서 또 "알았어요" 했습니다. 저는 그저 죄인처럼 "알았어요, 알았어요" 했습니다.

그러나 남편의 변덕은 여기서 그치지 않았습니다. 본당에 들어서니 역한 냄새가 코를 찔렀습니다. 제가 맡기에도 좀 역했습니다. 구국금식기도회다 보니 금식기도 하는 분들이 많은 데다 기도원까지 땀 흘려 걸어오느라 신발과 양말에 땀이 차서 냄새가 진동한 것입니다. 기도원 다녀 본 분들은 다 그러려니 합니다. 그런데 생전처음 그런 냄새를 맡은 남편은 본당에 한 발짝도 딛지 않고 "에이, 그냥 가자"고 했습니다. 그래서 또 할 수 없이 "알았어요" 하고 내려오는데 눈물이 왈칵 쏟아졌습니다.

눈물이 앞을 가려 길도 조심조심, 행여 눈물 흘리는 제 모습을 보고 또 뭐라 그럴까 봐 조심조심 내려오는데 마침 부속성전이 눈에 띄었습니다.

"저기… 여기… 부속성전에서도 예배드리는 모양인데… 여기는 냄새가 안 날 것 같은데… 여기서라도 예배 한번… 말씀이라도 한번 듣고… 그리고 가면 안 될까요?"

갖은 조바심을 다 내어 부탁했더니 기적처럼 남편이 부속성전을 향해

발길을 돌렸습니다. 그런데 말이죠. 부속성전에 앉아 말씀을 듣기 시작한 지 5분도 채 안 되어 남편은 "가자!" 하며 벌떡 일어나는 겁니다. 또 "네" 했습니다. 그 길로 서울로 돌아와 명동에 가서 외식을 하고 집으로 왔습니다.

너무 속상하잖아요. 얼마나 기도를 많이 했는데… 그러나 저는 절대 포기하지 않았습니다. 그 이튿날 당시 다니던 교회에서 부부세미나가 열렸는데, 새벽 6시에 떠나는 당일치기 세미나였습니다. 그래서 집에 도착할 무렵 "혹시… 내일 새벽에… 그거라도 좀… 같이… 가 주시지… 않겠어요?" 했습니다. 남편은 그 말이 끝나기가 무섭게 눈을 크게 치뜨고는 "말이 많다!" 하고 한마디로 호령했습니다. 그래서 "알았어요, 알았어요" 하고 말았습니다. 그러고는 그날 그냥 잤습니다.

저는 그런 아내였고, 남편은 그런 남편이었습니다. 그런데 그런 남편이 갑자기 새벽에 일어나더니 "가자!" 했습니다. 그래서 그 새벽에, 세수도 제대로 못하고 후다닥 챙겨서 나왔습니다. 도대체 예측할 수 없는 남편이었습니다. "가자" 했다가도 수가 틀리면 "안 간다" 하기 일쑤고, "안 간다" 했다가도 갑자기 "가자" 했습니다. 그럼에도 그때 제가 무슨 사족을 달면 큰일이 났습니다. 저는 그냥 하자는 대로 해야만 했습니다.

그렇게 하루 종일 부부세미나를 들은 적이 있습니다. 그렇게 함께 들어 주는 것만도 너무나 고마웠습니다. 그 고마우신 남편 쳐다보느라 저는 그날 말씀이 하나도 안 들렸습니다. 너무나 오랫동안 기도했고, 또 그 기도에 응답해 주셔서 그나마 그 세미나에 참석하게 하신 것인데, 그럼에도 자꾸 사탄의 영이 총궐기를 해서 말씀을 막았습니다.

세미나 마지막에 강사가 "서로 손잡고 기도하고, 용서하라"고 했습니다. "사랑한다고 서로 말해 주라"고도 했습니다. "그동안 원수진 일 있으면 서로 악수하고 사과하고 용서하라"고 했습니다. 그랬더니 곁에 있던 남녀 집사님들이 사역하면서 무슨 안 좋은 일이 있었던지 서로 잘못했다며 손을 잡고 악수를 했습니다. 남편은 그걸 보더니 대뜸 한마디 쏘아붙였습니다. "너 저러려고 교회 다니냐?" 뚜껑 열린 남편 눈치 보느라 저는 집으로 가는 내내 차 안에서 벌벌 떨었습니다.

또 이런 적도 있습니다. 병원 옆의 교회에 유명한 강사님이 오신다고 해서 기도를 엄청 했습니다. 그리고 조심스럽게 부탁을 해서 겨우겨우 남편과 그 집회에 갔습니다. 워낙 유명한 강사인지라 일단 재미있을 테니 5분 만에 뛰쳐나가는 일은 없을 것 같아서 신신당부 끝에 겨우 모시고 갔는데, 결국 은혜보다는 시험만 받고 왔습니다. 하필 그날이 부흥회 마무리 시간이어서 설교는 없고 헌금 작정 시간만 가졌던 것입니다. 더 가관이었던 것은 그 당시 300만 원이면 아주 큰돈인데 그 강사 분이 "300만 원 손들어, 200만 원 손들어" 이러는 겁니다.

결국 중간에 뛰쳐나온 남편은 있는 대로 저한테 퍼부었습니다. 한국 교계를 비판할 사명을 띠고 이 땅에 태어난 우리 남편 아닙니까. 왜 이렇게 되는 일이 없는지, 하필이면 왜 그날 그런 이야기를 하는지….

또 어느 날은 남편이 저에게 폭력을 행사한 적이 있습니다. 저는 그 사건을 구원의 기회로 삼고 "교회만 가면 용서해 주겠다"고 해서 각서까지 쓰게 하고 처음으로 함께 교회에 갔습니다. 세상에! 겨우겨우 모시고 교회에 갔는데, 그날따라 예배 도중에 평소 안 하던 건축헌금을 작정하는 순서가 있었습니다. 정말 오묘한 일이 아닐 수 없었습니다. 남편이 돈에는 정말 무서운 사람인데, 교회나 예배 처소에 갈 때마다 강단에 서신 분들이 그렇게 돈 이야기를 하는 것입니다.

남편은 너무나 의로워서 하나님 믿기가 얼마나 힘든지, 그 어려움이 이루 말할 수가 없었습니다. 온 세상의 악한 영이 총동원해서 남편의 믿음을, 구원을 막았습니다. 남편의 교회 비판은 더 거세질 수밖에요. "300만 원, 200만 원" 하며 심지어 반말로 "손들어" 할 때는 두 눈 딱 감고 이렇게 외치고 싶었습니다.

"그 입 좀 다물어 주시면 좋겠어요! 하필이면 왜 오늘이냐고요! 이렇게 목숨을 걸고 남편을 데리고 왔는데, 어떻게 이럴 수가 있습니까!"

저는 남편이 왜 그렇게 교회를 비판했을까 생각해 봅니다. 죄의 문제가 해결되지 않은 채로 설교를 들으니 비판이 되는 겁니다. 1980년대만 해도 낙태수술, 탈세, 촌지 등을 관행으로 생각했습니다. 그것을 죄라고 여기지 않았습니다. 하지만 남편은 구원받을 영혼이었으므로 그것 때문에 괴로웠을 겁니다. 괴로워서 그렇게 비판만 일삼았을 것입니다. 또한 죄를 가지고 있으니 말씀이 들리지 않았을 것입니다. 말씀을 들으면서도 속이 부글부글 끓는 사람들은 죄의 문제가 해결되지 않아서 그렇습니다. 남편도 죄고백이 안 되니 그렇게 독을 품고 살았던 것입니다. 아무리 그의 행위가 의로웠어도, 그 속에는 병적인 화가 있었고, 죄의 문제를 오픈할 공동체가 없었습니다. 자기 죄가 안 보이니 남의 말을 들어주지도 않았습니다.

그러므로 날마다 죄를 회개하는 것이 나를 자유케 하고 평강으로 이끄는 길입니다. 교회 공동체에서 한 겹 한 겹 죄를 오픈할 때 어마어마한 평강과 자유함을 누리게 됨을 믿으시기 바랍니다.

환자를 진찰할 때 그토록 최선을 다하는 남편이었지만 몇 번 가지도 않은 교회에서 설교 들을 때는 졸기 바빴습니다. 찬송도, 기도도 하지 않았습니다. 그런 남편을 지켜보면서도 저는 굴하지 않고 "교회 한번 가실까요?" 했습니다. 함께 교회에만 가면 집에 돌아와 욕을 바가지로 얻어먹으면서도 "한번 가실까요?"를 잊어버릴 만하면 했습니다. 멸시와 무시를 받으면서도 시도 때도 없이 끈질기게 권했습니다.

"하나님, 이번 한 번만, 이번 한 번만 더 남편의 마음을 움직여 주셔서, 이번 한 번만이라도 더 교회에 가게 해 주세요."

이런 중보기도를 하며 제가 얼마나 많은 수치와 조롱을 당했겠습니까. 그러나 제가 얼마나 쓰레기만도 못한지, 제 속에 죄가 얼마나 득실거리는지 알았기에 수치와 조롱을 당한다고 생각하지 않았습니다. 그저 '나는 그냥 죽었다~' 했습니다. 하나님의 마음을 조금이라도 품을 수 있었기에 이 세상에 참지 못할 것이 없었습니다. 사랑하는 한 사람의 영혼 구원을 위해서 생명을 내놓고 기도하는데 제가 참지 못할 것이 무엇이겠습니까? '내가 왜 이런 사람과 살아야 하나, 내가 왜 이렇게 참고 살아야 하나' 하는 사람은 하나님의 마음을 품지 않은 사람입니다.

이런 중보기도 때문에 남편이 마지막 날에 그렇게 회개를 한 것입니다. 그냥 하루아침에, 자고 일어나니 그저, 맨입으로 회개한 게 아닙니다.

이러한 인내와 무시당함과 수치와 조롱과 매 맞음을 하나님이 다 기억하시고, 남편의 육신의 성을 엎는 중에 저를 생각하셔서 남편의 영혼을 구원해 주신 것입니다. 결국 롯도, 제 남편도 부끄러운 구원을 얻었습니다. 하루도 주의 일을 못 해 보고 갔지만, 그들의 영혼 구원을 위해 계속해서 인내하며 중보기도 하는 것보다 더 아름답고 위대한 인생은 없습니다. 평생 이루어지지 않는다 해도 누구를 위해 중보기도 하는 것보다 더 아름다운 인생이 없습니다. 중보기도 하는 것 자체가 믿음이고, 이미 응답 받은 인생입니다.

세상에서 내게 맡겨 준 영혼을 위해 끝까지 기도해야 하는 중보기도의 모범을 아브라함이 보여 주었습니다. 하나님의 소원인 영혼 구원을 위해서는 하나님을 멈추시게 할 만큼, 가까이 나아갈 수 있을 만큼 하나님과 정말 친한 일꾼이 되어야 합니다. 힘든 가족이 수고함으로 내가 중보기도 하게 되는 것을 감사해야 합니다.

그 어떤 망하는 사건이 와도 그것이 구원으로 연결된다는 것을 믿고, 아버지 하나님의 마음을 품고 기도해야 합니다. 하나님의 기준을 알고, 내 자신의 실상을 알고 겸손하고 끈질기게 "우리 모든 식구의 남은 부분을 주님 봐 주세요. 구원받을 만한 남은 부분이 있어요, 그 부분을 봐 주세요" 이렇게 간절히 매달리며 기도해야 합니다. 수치와 인내를 각오하고 기도해야 합니다. 중보기도는 바로 이 마음으로 해야 합니다. 지도자적인 마음을 가지고 항상 구속사적인 관점으로 해야 합니다. 그 사람이 잘되기 위함보다, 하나님의 소원인 영혼 구원이 이루어지기 위해서 기도해야 하는 것입니다. 하나님은 다 기억하십니다. 하나도 잊지 않으세요. 내가 한번 순종한 것 때문에 한 영혼이 돌아오게 하십니다.

∞ 수치를 무릅쓰고 내가 육적으로 구하고자 애썼던 것은 무엇입니까?

∞ 믿음 때문에 세상의 수치와 조롱을 받은 적이 있습니까?

∞ 숨이 턱에 닿을 때까지 끈질기게 하나님께 간구한 것은 무엇입니까?

불신 가정에서 태어났지만 유년 시절부터 교회를 다니기 시작했습니다. 그러나 대학 시절 주님께 헌신하겠다고 다짐한 것이 있어 두렵기도 했지만 성품 좋은 남편을 만나자 불신결혼을 했습니다. 시댁은 1년에 제사가 12번이 넘는 전통적인 유교 집안의 큰 집이었습니다. 주말이 더 바쁜 웨딩업에 종사한 남편은 쉬는 요일도 없이 일만 했고, 저는 직장을 다니며 주말마다 혼자서 시댁에 가야 했기에 교회와 자연히 멀어졌습니다.

시어머니는 식구들을 희생해서라도 동네 어른들을 초청해서 대접하는 것을 즐기셨습니다. 저는 그런 시어머니를 도우러 남편도 없이 혼자 시댁에 가서 일을 해야 하는 상황을 이해할 수 없었고 우울하기 짝이 없어서 이혼하고 싶었는데 임신이 되었습니다. 저는 하나님이 주신 아이를 원망했고, 그 스트레스 때문인지 배 속의 아이는 심장이 멈춰 유산되고 말았습니다.

하나님의 소원인 영혼 구원을 이루는 삶을 살려면 하나님 앞에 서서 임박한 하나님의 심판을 멈추시게 하는 일꾼이 되어야 한다고 합니다. 남편과 시댁의 구원을 위해 간절히 기도해야 함에도 저는 악하고 음란한 세상에 속한 남편과 시댁의 인정을 받고자 구걸하는 자세로 살았습니다. 그러면서도 시댁을 미워하고 원망하며 살았습니다. 이 유산 사건에도 불구하고 제 죄가 깨달아지지 않아 날마다 지옥을 사는 것 같았습니다.

그런데 저보다 늦게 결혼한 손윗동서는 결혼과 동시에 임신했고, 이후 연년생으로 아이들을 낳았습니다. 저는 인공수정, 시험관 등을 통해 아이를 가졌지만 또 실패로 끝나고 말았습니다. 게다가 아이를 낳지 못한다는 핀잔을 듣고 우는 저를 향해 폭언을 퍼부으신 시어머니로 인해 상처를 받고 두 달여 밤마다 악몽에 시달렸습니다. 그리고 심한 우울증과 폭식증까지 생겼습니다.

이렇게 온전히 바닥으로 내려가고 나서야 저는 하나님을 찾았습니다. 교회에 다시 나가 교회학교 교사, 성가대, 여전도회 등 할 수 있는 것은 다 했습니다. 시어머니 몰래 신학원 과정도 다녔고, 큐티 모임에도 갔습니다. 큐티 나눔은 힘든 제가 회복되는 계기가 되었습니다.

그럼에도 유산이 계속되었습니다. 죽음의 땅 갈대아 우르는 떠나왔지만 아직 생명의 땅 가나안에 들어가지 못한 제게 남은 것은 하나님께 부르짖는 일밖에 없었습니다. 불쌍히 여겨 달라며 매일 부르짖었더니 뜻밖에도 하나님은 남편의 직장을 지방에서 서울로 옮겨 주시는 은혜를 주셨습니다. 이례적인 발령이라고 했습니다. 저는 상상조차 한 적이 없기 때문에 하나님이 하신 일임을 확신할 수 있었습니다. 경주에서 열린 교회학교 교사 수련회 때 김양재 목사님을 뵙고, 《복 있는 사람은》이란 책을 읽었기에 서울로 오자마자 우리들교회에 등록했습니다.

주일예배, 수요예배, 목장예배는 말씀으로 깨어나는 시간들이었고, 목장은 나의 힘듦을 토로할 수 있는 유일한 피난처였습니다. 그리고 환난당하고 빚지고 원통한 사람들이 모인 우리들공동체 지체들의 중보기도와 공예배 때마다 태의 문을 열어 달라는 목사님의 애통한 기도 덕분에 저는 임신이 되었습니다. "내 식구 때문에 힘들어 본 사람들이 하나님의 소원인 영혼 구원을 이룬다"고 하셨는데 심판 중에 있던 소돔 성의 롯을 위해 간구한 아브라함의 기도가 응답되어 저로 하여금 임신이 되게 하신 것입니다.

그런데 임신은 되었지만 "이번에도 힘들 것 같다, 유산될 것 같다"며 포기하라는 의사의 말을 들었습니다. 저는 공의를 행하시는 하나님께 매달렸습니다. "이혼이 하고 싶어 하나님이 허락하신 첫아이의 임신을 원망했던 저의 악은 심판을 당하는 게 마땅하지만, 내 행복이 아닌 영적 상속자를 낳는 거룩을 위해서라도 이 아이를 살려 달라"고 기도했습니다. "쓰레기보다 못한 티끌 같은 죄인인 나를 용서하시라"고 회개했습니다.

큰 병원으로 옮겨 두 달여 입원한 중에도 끈질기게 저의 남은 부분을 생각해 달라고 기도했습니다. 기도해도 멈출 수 없는 심판이 있다는 것을 알았기에 또다시 유산할 수 있다는 사실을 받아들이면서도 생명은 오직 하나님의 주권에 있기에 겸손한 마음으로 믿고 기도했습니다.

하나님의 마음을 품고 함께 기도해 주신 우리들공동체의 중보기도를 받아 주신 주님은 저로 하여금 무사히 출산하게 해 주셨습니다. 거의 모든 시간을 누워 있어야 했고, 시시때때로 위험한 고비도 있었습니다. 기도하지 않고서는 견디기 힘든 시간들이었지만 지나고 보니 우리 가정의 구원을 위해 끝까지 기도의 줄을 놓지 말라고 주신 과정들이었습니다. 이렇게 수고한 아이 때문에 남편은 교회에 나오게 되었고, 소그룹 모임에도 참석하고, 세례도 받고 양육도 받으며 가정이 점점 중수되어 가고 있습니다.

그런데 아이만 낳으면 끝날 것 같았던 우울증은 '아이를 길러야 한다'는 두려움으로 재발되었습니다. 이런 우울증 때문에 도망가고 싶은 마음도 있었습니다. 그러나 쓰레기보다 못한 티끌 같은 저의 죄를 회개히였더니 폭식증이 신기하게 사라졌습니다. 2주 만에 4킬로그램이 빠지는 은혜도 주셨습니다. "간증하면 더 빠져요" 하는 농담을 듣고 간증을 준비하면서 또 1킬로그램이 빠지는 은혜(?)도 주셨습니다.

예전엔 툭하면 '죽고 싶다'는 생각을 했는데 요즘은 전혀 그런 생각이 안 드니 저를 온전히 치유해 가시는 하나님이 믿어집니다. 육신의 성전이 무너지는 것만큼 영의 성전이 세워진다 하셨는데 저의 불임과 우울증으로 수치와 낮아짐을 경험하게 하셔서 구원의 사건이 되게 해 주신 하나님, 감사합니다.

말씀으로 기도하기

영혼 구원은 하나님의 소원입니다. 그 하나님의 소원을 이루어 드리기 위해 우리는 죽어 가는 아이를 살리고자 하는 간절한 마음, 아버지 하나님의 마음을 품고 중보기도 해야 합니다. 그러나 기도해도 멈출 수 없는 이 세상의 심판이 있다는 걸 인정해야 합니다. 망할 수밖에 없는 악에 대한 심판, 그 어떤 망하는 사건이 와도 그로 인하여 구원이 이루어진다는 것을 믿고 끈질기게 기도해야 합니다.

하나님을 멈추시게 하는 일꾼이 되어야 합니다(창 18:22-23)

내 식구의 심판 소식을 들어도 놀라 날뛰지 않기를 원합니다. 그것이 내 식구를 구하기 위한 하나님의 계획임을 깨닫고 한 걸음 더 나아가 하나님 앞에 무릎 꿇기를 원합니다. 한 영혼을 구하기 위해서라면 내 목숨을 내놓고서라도 나아가고자 합니다. 하나님의 마음을 품고 하나님의 소원인 영혼 구원을 이루어 가도록 담대한 믿음을 허락하옵소서.

하나님의 마음을 품고 중보기도 해야 합니다(창 18:23-25)

중보기도를 하면서도 '응답 받지 못하면 어떡해? 그 사람 망하면 어떡해?' 하며 걱정했습니다. 내 유익을 위해 중보기도를 하다 보니 어느새 그 기도마저도 육적인 간구가 되었습니다. 중보기도 하려면 우선 하나님의 거룩하신 성품을 갖추라고 하십니다. 그래야 하나님이 응답하신다고 합니다. 하나님의 마음을 품고 중보기도 할 수 있도록 은혜를 허락하옵소서.

≡≡≡≡ 나의 실상을 알고 겸손히 기도해야 합니다(창 18:27)

무엇보다 제가 티끌이나 재 같은 존재에 불과한 인생, 100퍼센트 죄인에 불과한 비천한 인생임을 깨닫게 하옵소서. 아무짝에도 쓸모없는 인생이지만 그럼에도 전적인 은혜로 하나님께 바짝 엎드려 기도할 수 있는 자격까지 갖게 되었음을 인정하고, 겸손히 나아가기를 원합니다.

≡≡≡≡ 끈질기게 남은 부분을 보고 기도해야 합니다(창 18:28-32)

문제 많은 내 자식, 내 배우자 때문에 사는 것이 너무 힘듭니다. 꼴도 보기 싫습니다. 그럼에도 저들에게 남은 부분이 있음을 보게 하여 주옵소서. 나 같은 죄인도 살리시고 구원해 주신 것처럼 그 남은 부분 때문에라도 그들을 구원하여 주옵소서

≡≡≡≡ 기도해도 멈출 수 없는 이 세상의 심판이 있습니다(창 18:33)

돕고 섬겨도 내게 돌아오는 유익이 없으니 맥이 빠지고, 김이 샙니다. 끈질기게 기도해도 심판이 멈추지 않으니 탈진되고, 소진됩니다. 기도해도 안 되는 것이 있음을 깨닫게 해 주옵소서. 응답받지 못해도 그것이 기도 응답임을 깨닫는 믿음을 허락하옵소서.

영혼의 기도

아버지 하나님, 하나님의 성품인 거룩의 기준을 가지고 기도해야 하는데, 날마다 제 행복의 기준을 가지고 기도했습니다. 가족을 섬긴다고 하면서도 내 유익을 위해 수고했습니다. 그러니 제게 돌아오는 것이 아무것도 없어 허탈하고 생색만 납니다. 하나님의 응답이 없어서 날마다 불평을 합니다.

끊임없이 제 안에서 육신의 정욕이 솟구치는데 감히 누구를 위해서 기도할 수가 있겠습니까. 영혼 구원을 위해 중보기도 할 자격도, 누구를 섬길 자격도 없는 쓰레기만도 못한 인생임을 다시 한 번 고백합니다. 하나님께서 저를 먼저 택해 주셨음에도 먼저 된 자로서 본을 보이지 못한 저를 용서하여 주옵소서.

그럼에도 이 부족한 겨자씨만 한 믿음이 있는 저를 귀하게 여겨 주시니 감사합니다. 저의 겨자씨만 한 기도를 생각하사 어떤 심판 중에라도 저의 가족을 구원해 주실 것을 믿습니다.

기도하는 인생이 가장 아름답고 가장 성공한 인생이라는 것을 알게 도와주옵소서. 중보기도 하기에 합당한 믿음을 허락하옵소서. 제 속의 남은 부분부터 보게 하여 주옵소서. 하나님의 소원인 영혼 구원이 제 마음속에 구구절절 넘쳐흐를 수 있도록, 하나님의 소원이 저의 소원이 될 수 있도록 주님 역사하여 주옵소서. 예수님 이름으로 기도합니다. 아멘.

part4

부끄러워도

오직

구원뿐

chapter _ 10

•
•
•

두 주인을 섬길 수 없다고 합니다.

오직 한 주인, 하나님만 섬기는 인생 되도록

우리의 영혼이 깨어 있기를 원합니다.

두 주인

제아무리 능력 있는 남자라도 두 아내를 데리고 살려면 여러모로 힘이 듭니다. 여자가 두 남편을 섬겨도 마찬가지겠지요. 숱한 갈등이 뒤따를 것입니다. 그런데 몇 해 전 우리들교회 홈페이지에 올라온 소그룹 모임 나눔을 보았더니 네 명의 첩과 일곱 명의 여자로부터 열아홉 명의 자녀를 낳은 할아버지가 있더군요. 조선의 왕들은 유교를 숭상하면서도 후궁을 여럿 두고 그녀들로부터 많은 자식을 얻었습니다. 그 조선 왕족 못지않은 이 할아버지의 능력을 부러워하는 남자들도 적지 않겠지만, 이 할아버지는 자녀들에게 갖은 상처를 다 물려주었습니다. 자녀들이 상처의 집합체라고 합니다. 누가 봐도 똑똑하고 멀쩡한데 사랑 받을 줄도 줄 줄도 모른다는 겁니다. 그래서 결혼해도 가정을 제대로 꾸리며 사는 자녀가 전혀 없답니다. 한 집안에 부인이 둘만 되어도 엄청난 갈등일 텐데, 이 집안이 얼마나 심각한 갈등구조 속에 살았을지 눈에 선합니다.

누가복음 16장 13절에서 예수님은 "너희는 하나님과 재물을 겸하여 섬길 수 없느니라"고 말씀하셨습니다. 그런데 돈을 좋아하는 바리새인들은 이 말씀을 듣고 비웃었습니다(14절). 누구보다도 열심히 금식하고 헌금했던 바리새인들이었지만 경건의 모양만 있고 경건의 능력은 부인했습니다(딤후 3:5). 하나님보다 재물의 능력을 더 믿었기 때문입니다.

롯 또한 두 주인을 섬겼다고 합니다. 두 주인을 섬긴 롯에게 과연 어떤 일이 일어났을까요?

두 주인을 섬겨도 경건의 모양은 있습니다

———

저녁때에 그 두 천사가 소돔에 이르니 마침 롯이 소돔 성문에 앉아
있다가 그들을 보고 일어나 영접하고 땅에 엎드려 절하며(창 19:1)

날이 저물 때에 롯이 성문에 앉아 있습니다. 아브라함은 장막 문에 앉아 있었고(창 18:1), 롯은 소돔 성문에 앉아 있으니 롯이 더 성공한 것 같지 않습니까? 장막과 성읍, 그야말로 하늘과 땅 차이 아닙니까? 그러나 아브

라함은 복을 약속 받았고, 롯은 멸망의 성읍에서 심판을 기다리는 처지가 되었습니다. 그러므로 겉모양만 보고 사람을 판단해선 안 됩니다.

롯은 인생의 뒤안길에서 소돔의 악함을 보았기에 인생이 허무하다는 것을 깨달았을 것입니다. 그렇기에 소돔 성 안으로 들어가지도 못하고, 나가지도 못한 채 성문에 앉아 있었습니다. 그런 그에게 천사들이 나타났습니다. 소돔에서는 믿음의 사람을 찾아볼 수가 없었는데 천사들이 나타났으니 얼마나 반가웠겠습니까?

날이 저물 때, 인생이 허무하다는 것을 느껴 본 적이 있습니까? 이도 저도 재미가 없어서 성문에 우두커니 앉아 있던 적이 있습니까? 우리는 인생의 허무를 느껴야 합니다. 그래야 하나님께로 가는 길이 조금이라도 열립니다. 롯도 마찬가지였을 것입니다. 허무가 엄습하니 난생처음으로 하나님을 사모하는 마음이 생겼을 것입니다. 그러므로 천사들을 보고 일어나 영접하고 땅에 엎드려 절했을 것입니다. 소돔 땅에 오래 살긴 했어도 경건의 모습이 조금이나마 남아 있었겠지요. 그러나 그는 아직도 소돔 성에 미련이 있었습니다. 하나님에 대한 관심이 좀 생겼지만, 기근에 시달리는 가나안으로 가기는 싫었습니다. 그러니 이렇게 우두커니 성문에 앉아 있을 수밖에 없었습니다.

제 남편에게도 한때 이런 모습이 있었습니다. 저는 남편이 천국 가기 1년 전에 남편의 구원을 위해 이런 기도를 했습니다.

"남편이 인생이 허무한 것을 알게 해 주시고, 개미같이 일하는 것이 인생의 전부가 아님을 알게 해 주시옵소서."

그런데 그 기도를 하나님께서 들어주셨습니다. 그날 남편의 입에서 "인생이 허무하단 말이야. 내가 왜 이렇게 개미처럼 일하는지 몰라" 하는 말이 나왔습니다. 제가 기도한 '허무'와 '개미'라는 단어를 그대로 말한 것입니다. 그러면서 남편은 "5년만 더 병원을 하고 나머지는 무의촌에 가서 어려운 사람을 돕고 살겠다"고 했습니다. 제 기도에 응답하신 하나님께서 그에게 인생이 허무함을 알게 해 주셨기 때문입니다. 이후 남편은 일주일간의 사경회를 하루도 빠지지 않고 참석하기도 했습니다. 경건의 모양이 있었습니다. 이 또한 남편이 인생의 허무함을 느끼고, 하나님을 사모했기에 가능했던 일입니다.

> 2 이르되 내 주여 돌이켜 종의 집으로 들어와 발을 씻고 주무시고
> 일찍이 일어나 갈 길을 가소서 그들이 이르되 아니라 우리가 거리
> 에서 밤을 새우리라 3 롯이 간청하매 그제서야 돌이켜 그 집으로
> 들어오는지라 롯이 그들을 위하여 식탁을 베풀고 무교병을 구우니
> 그들이 먹으니라(창 19:2-3)

이렇듯 인생의 허무함을 느끼면 하나님을 사모하게 되고, 하나님의 사람을 간절히 붙들 수밖에 없습니다. 경건의 모습을 취하게 됩니다. 롯도 그들을 위하여 식탁을 베풀고 무교병을 구워 음식을 대접했습니다.

제 남편 역시 낙태 시술을 하면서도 영아원에는 꼬박꼬박 기부를 했습니다. 롯이 경건하고 친절한 소돔 성 지도자 중의 한 사람이었듯이 제 남

편도 병원에서는 너무나 친절한 원장님이었습니다. 산모들이 아이를 데리고 오면 꼭 일어나서 "거, 그놈 잘생겼다" 하면서 아이들을 한 번씩 안아주었습니다. 소돔 성의 음란한 행실로 말미암아 의로운 롯이 고통을 받았다고 했는데(벧후 2:7), 남편도 산부인과 의사를 하면서 여자들의 음란한 행실을 볼 때마다 얼마나 비판을 했는지 모릅니다. 그러니 얼마나 경건해 보입니까? 이 세상의 모든 악에 대해서 혼자 고뇌하는 듯한 모습이었습니다. 그래서 저는 남편을 '바람피울 확률 제로'인 남자로 믿었습니다.

제가 대학 1학년 때 친정어머니가 돌아가셨는데 아버지는 그로부터 3년 뒤 재혼을 했습니다. 아버지가 새어머니와 멀쩡히 잘 살고 있는데도 남편은 "결혼은 한 번 했으면 됐지, 왜 재혼을 하나?"며 아버지의 재혼조차 비판했습니다. 너무나 경건해 보이지 않습니까?

겉보기엔 남편만큼 경건한 사람이 없는 것처럼 소돔 성에서도 롯만한 의인이 없는 것 같습니다. 롯은 부지중에 천사를 대접했습니다. 아브라함에겐 근심거리였지만, 경건한 아브라함에게서 신앙의 훈련을 받았기에 이처럼 경건의 흔적이 남아 있었습니다. 한때나마 아브라함 곁에 붙어 있었더니 떡고물이라도 이렇게 묻어 있었던 것입니다. 그래서 누구 곁에 있는가가 참으로 중요합니다.

∞ 내 삶의 중심은 어디로 기울어져 있습니까? 하나님입니까, 세상입니까?

∞ 하나님보다 더 중요하게 여기는 것이 있습니까? 그것은 무엇입니까?

∞ 사람을 판단하는 나의 기준은 무엇입니까? 겉모양으로만 사람을 판단

하고 있지는 않습니까?

∞ 내 안에 남아 있는 경건의 흔적은 무엇입니까?

그러나 경건의 진정성은 없습니다

———

천사를 맞이하고 식탁을 베푼 롯이지만 아브라함과는 다른 경건의 모습입니다. 하나님의 방문을 받은 아브라함은 나그네를 보자 곧 달려 나가 영접하며 몸을 땅에 굽혔고(창 18:2), 롯은 그냥 일어나서 영접을 했습니다(창 19:1). 또한 아브라함은 "원하건대 종을 떠나 지나가지 마옵시고, 당신들의 발을 씻으시고 나무 아래에서 쉬소서. 당신들의 마음을 상쾌하게 하신 후 지나가소서"(창 18:3-5) 하면서 지극정성으로 대접했지만, 롯은 "내 주여 돌이켜 종의 집으로 들어와 발을 씻고 주무시고 일찍이 일어나 갈 길을 가소서"(창 19:2) 합니다. 손님더러 "일찍이 일어나 가라"고 합니다. 이 한 마디에서 두 사람의 차이가 드러납니다. 대접이라고 다 똑같지 않습니다.

그러니 아브라함이 청했을 때는 "네 말대로 하라"고 응한 여호와의 천사들이 롯의 청에는 "그냥 거리에서 밤을 새우겠다"고 합니다. 그래도 롯이 간청을 하니 그제야 돌이켜 그 집으로 들어왔습니다(창 19:3). 겉으로만 경건한 롯의 기도도 간청을 하니 들어주시는 하나님입니다. 우리도 비록 부족하지만, 끝까지 간청해야 합니다.

그런데 롯의 부족한 모습은 여기서 그치지 않습니다. 롯은 무교병을 대접했습니다. 그런데 무교병이 어떤 음식입니까? 무교병은 유월절 후에 먹는, 누룩을 넣지 않는 고난의 떡입니다. 물론 급하니까, 그것밖에 준비할게 없으니까 그것으로라도 대접했겠지요. 그러나 아브라함은 어땠습니까? 아브라함은 '급히' 장막으로 가서 고운 가루를 가져다가 속히 떡을 만들고, 기름지고 좋은 송아지를 잡아 '급히' 요리를 했습니다. 게다가 먹는 동안 옆에 서서 나그네들의 시중을 들었습니다.

급하기는 아브라함이나 롯이나 마찬가지였습니다. 뜨거운 한낮에 아브라함을 방문하여 식사 대접을 받고 즉시 길을 떠났던 천사들은 날이 저물어 소돔에 도착했습니다. 그리고 롯의 집에서 밤을 보내기로 했습니다. 그러니 시간으로 따지면 롯이 더 여유가 있는 셈이죠. 그런데 무엇이 그리 급했는지, 롯은 무교병을 구워 대접했습니다. 갈수록 롯의 대접은 아브라함에 비해 그 질이 떨어집니다. 게다가 천사들이 왔다는 소식을 들은 소돔 백성이 롯의 집을 에워싸고 "이끌어 내라 우리가 그들을 상관하리라" (창 19:5) 하고 아우성을 치자 롯의 반응은 점입가경입니다.

> 7 이르되 청하노니 내 형제들아 이런 악을 행하지 말라 8 내게 남자를 가까이하지 아니한 두 딸이 있노라 청하건대 내가 그들을 너희에게로 이끌어 내리니 너희 눈에 좋을 대로 그들에게 행하고 이 사람들은 내 집에 들어왔은즉 이 사람들에게는 아무 일도 저지르지 말라
>
> (창 19:7-8)

소돔의 백성이 천사들을 끌어내어 성관계를 갖겠다고 하자, 롯은 이를 말리느라 처녀인 자기 딸들을 내어 주겠다고 합니다. 너무나 극진히 천사들을 위하는 것 같습니다. 그러나 이 말 속에는 진정성이 결여되어 있습니다. 악을 다른 악으로 막는, 극단적이고 비상식적인 처방입니다. 게다가 지금 롯은 소돔 백성을 향해 뭐라고 부릅니까? "내 형제들아" 합니다. 조금 전만 해도 소돔의 악에 넌더리가 나서 성문 앞에서 서성거리던 사람이 "소돔 백성들아" 하고 그들을 원망하거나 탓하지 않고, "내 형제들아" 하면서 위선적인 태도를 취합니다. 그러니 그의 말 속에서 진정성을 찾기가 어렵습니다.

물론 당시에는 귀한 사람이 오면 딸을 내주는 것이 관행이었다고 합니다. 그러나 하나님을 만난 사람에게는 창조 질서가 우선입니다. 그 시대의 관행을 떠나 창조 질서를 따라야 합니다. 그러니 인생이 쉽지가 않습니다. 롯처럼 천사들을 보호하느라, 딸들의 처녀성을 바치는 것은 진정성이 결여된 것이지요. 창조 질서에 어긋나는 것입니다.

롯이 이처럼 영적이지 못하니, 항상 핀트를 잘못 맞추고, 때를 잘못 맞추었습니다. 천사들에게 집으로 들어오라고 간청한 것도 결국엔 떼 부리는 기도에 불과했습니다. 그런 그의 집에 천사가 들어가자 은혜는커녕 난리가 났습니다. 진노함으로 폐하시는 응답이 임한 것입니다.

천사들은 죄악을 살피러 소돔으로 갔습니다(창 18:21). 한밤중에 일어나는 소돔의 악을 보기 위해 날이 저물 때 도착했습니다. 그러므로 천사들은 롯의 집에 머무를 경황이 없었습니다. 그럼에도 롯은 간청을 하고, 떼 부리는 기도를 해서 '바쁜' 천사들을 집으로 모셨습니다. 그러고는 '고난의 떡' 무교병을 대접하고, 소돔 백성에겐 딸들을 바치겠다고 합니다. 누가 시킨 것도 아닌데, 자기 스스로 간이며 쓸개며 다 끄집어내 놓고 마구 대접을 하겠다고 나선 것입니다. 그러나 하나님의 말씀을 모르면 이렇게 대접하고도 아니함만 못한 결과를 초래하게 됩니다. 언제 대접을 해야 하는지, 때에 맞는 말을 어떻게 해야 하는지를 모르고, 그저 내가 하고 싶은 대로만 하니 열심히 살고도 내 열심 때문에 망하는 것입니다.

∞ 가족과 공동체를 낮은 자세로 정성껏 잘 섬기고 있습니까?

∞ 내 믿음을 위한답시고 가족의 희생을 요구한 적은 없습니까?

∞ 떼 부리는 기도를 한 적이 있습니까?

∞ 내 지나친 열심 때문에 오히려 망한 사건은 무엇입니까?

두 주인을 섬기면 악한 세상을 사랑할 수밖에 없습니다

———

롯이 왜 성문에 앉아 있었나요? 한쪽으로는 소돔을 비판하면서도 한쪽으로는 누리고 싶은 마음이 있었기에 그곳을 떠나지 못했습니다. 괴로우면 그곳을 벗어나면 되는데, 벗어날 노력도 않고 "괴로워, 괴로워" 한 것입니다. 이 세상의 음란에 마음과 눈을 빼앗긴 사람의 특징입니다. 그런데 하나님은 꼭 이런 약점을 통해 찾아오십니다. 우리를 시험하십니다.

하나님은 초라한 나그네의 모습으로 아브라함에게 찾아오셨지만, 소돔의 백성에게는 아주 잘생긴 두 천사의 모습으로 찾아오셨습니다. 이들이 홀딱 반할 만한 그런 모습으로 소돔을 방문했습니다. 소돔 백성이 죄다 안목의 정욕에 붙들린 바 되었으니 잘생긴 남자의 모습으로 그들을 시험하신 겁니다.

하나님은 이처럼 여러 가지 다양한 모습으로 찾아오십니다. 신학자들은 오직 한 분이신 하나님이 이렇게 여러 모습으로 표현되는 것은 '고의적으로 하나님의 세계에 대한 인간 이해의 어려움을 나타내기 위한 표현'이라고 분석합니다. 그럼에도 믿음이 성숙한 사람들, 하나님과 친한 사람들은 이게 분별이 됩니다. 친하지 않으면 겉으로 나타나는 것밖에 못 보지만, 친해지면 본질을 알게 되니 그 사람 속에 있는 것까지도 볼 수 있게 되는 것입니다.

아무튼 천사들과 상관하겠다는 소돔 백성의 행동만 보더라도 소돔의 극단적인 성적 타락을 알 수 있습니다. 이들은 다 '남색男色하는 자'들이었습니다. 그러니 소돔Sodom에서 sodomy, 즉 '남색'이라는 표현이 나왔습니다. 동성연애는 성적 타락의 절정입니다. 롯이 천사들과 상관하지 말라고 했더니 9절에서 이들이 뭐라고 합니까?

> 그들이 이르되 너는 물러나라 또 이르되 이 자가 들어와서 거류하
> 면서 우리의 법관이 되려 하는도다 이제 우리가 그들보다 너를 더

해하리라 하고 롯을 밀치며 가까이 가서 그 문을 부수려고 하는지라(창 19:9)

롯이 자기 딴에는 좋은 일을 하겠다고 나섰는데 소돔 백성이 "너는 물러나라" 합니다. "이 자가 들어와서 거류하면서 우리의 법관이 되려고 한다"고 다그칩니다. "니가 뭔데 나서냐?"는 것입니다.

창세기 14장 12절에 보면, '소돔에 거주하는 롯'이라는 표현이 나옵니다. 이 표현에 담겨진 의미는 롯이 소돔의 백성 되기를 간절히 원한다는 것입니다. 소돔에 뼈 묻을 각오를 하고 살면서, 스스로 소돔 백성이라고 여긴 것입니다. 가나안만 생각하면 기근이 떠오르고, 마므레의 상수리 수풀 장막 문에 앉아 있는 아브라함만 생각하면 치가 떨리는 롯입니다. 이제는 예배도 드리기 싫고, 잘 먹고 잘사는 게 인생의 목적이 되었습니다.

그래서 이제 겨우 세련된 소돔 백성이 되어 영원히 소돔에 살 줄 알았습니다. 그런데 그런 롯에게 소돔 백성이 달려들어 "이 자가 들어와서 거류한다"고 지적합니다. '거류'居留란 어떤 곳에 일시적으로 머물러 사는 것을 뜻하기도 하고, 남의 나라 영토에 머물러 사는 것을 뜻합니다. 소돔 백성이 롯을 자기네 백성으로 취급하지 않는다는 의미입니다. 이들에게 롯은 그저 강 건너온 히브리인, 약소민족에 불과했습니다. 롯은 스스로를 소돔 사람으로 여겼지만, 소돔 백성은 그를 난민이나 약소국가에서 피난 온 외국인 정도로 하대했던 것입니다. 20년이 넘도록 소돔에서 살았는데도 말입니다.

소돔 백성은 롯을 밀치고 문까지 부수려 합니다. 이성을 잃은 짐승처럼 행동합니다. 미쳐 날뜁니다. 한 사람도 아니고 남녀노소가 다 가담을 해서 난리를 피웁니다(창 19:4). 롯은 결국 하나님도 놓치고, 소돔 사람들로부터 도 배척을 당합니다. 양쪽을 다 잃고, 결국 수치만 당합니다. 여러분은 어떻습니까? 하나님과 재물을 겸하여 섬길 수가 없는데, 어떻게 해서든 둘 다 취하려고 애쓰고 있지 않습니까?

롯은 어떻게 해서든 천사들을 잘 보호하고, 주님께 조금이나마 더 가까이 가려고 하는데, 소돔 사람들은 그런 롯을 죽이겠다고 달려듭니다. 나름 대로 옳은 말이라 했는데, 그 말을 들은 소돔 사람들은 오히려 격분해서 "니가 뭔데, 우리의 법관이 되려 하는가" 하는 것입니다. 딴에는 열심을 내었지만 겨우 이런 말밖에 못 듣습니다.

저도 나름대로는 늘 옳은 말을 한다고 했는데, 그로 인해 오히려 남들을 격분시키던 시절이 있었습니다. 저는 너무나 착하게, 교양 있고 품위 있게 말하는데 듣는 사람은 오히려 격분하고, 저를 무시했습니다. 그래서 저는 롯의 입장이 잘 이해됩니다.

남편이 운영하던 병원에는 직원들이 적지 않았습니다. 간호사, 사무장, 식당 조리사, 운전기사… 이들이 안주인인 저를 무시했습니다. 무엇보다 남편이 저를 무시하는 데다 제게 실권이 없었기 때문이죠. 제가 급한 용건이 있어서 기사 아저씨한테 "차 좀 타고 나가요" 해도 아저씨는 휘파람을 휘휘 불며 "원장님한테 허락 받고 오쇼" 했습니다. 제가 부들부들 떨면서 "어떻게 나한테 그렇게 말하느냐" 하면 남편이 불쑥 나타나서는 "네가 뭔데 차를 타려고 하냐?"고 한 술 더 떠 저를 나무랐습니다. 그러니 기사 아저씨가 "이 자가 우리의 법관이 되려 하는도다" 하지 않겠어요? 여기서 무시당하고 저기서 무시당하며 살았습니다.

간호사들은 남편한테는 쩔쩔매면서 남편만 없으면 자기들 마음대로 외출했습니다. 그들 눈에는 원장 사모인 제가 사람으로 보이지도 않았나 봅니다. 제가 "당신 외출했을 때 간호사들이 이렇게 저렇게 나가서 늦게 들어왔다"고 일러바치면 남편은 되레 "당신이 뭔데 병원 일에 간섭해?" 하면서 면박을 주었습니다. 제가 이 집의 안주인이라고 생색을 조금이라도 낼라치면 직원들로부터 "이 자가 우리의 법관이 되려 하는도다" 하는 소리를 들어야 했습니다.

입원한 산모들을 위한 식사 메뉴라도 잘 짜고, 반찬이라도 맛있게 척척 해냈다면 남편이 저를 무시하지 않았겠지요. 간호사 없을 때 제가 대신 수술실 들어가 수술 도구 척척 챙겨 줄 줄 알았더라면 남편이고 직원들이 저를 그렇게 무시했겠습니까? 그런데 정말이지 제가 할 줄 아는 게 전혀 없었습니다. 그런 저를 누가 인정하고 싶겠습니까? 위에서부터 아래까지 다 저를 무시했어요. 아무런 가책도 없이 침을 뱉고 무시했습니다. 제가 그렇게 무시를 받았기에 지금 이렇게 목회를 하고 있는 건지도 모르겠습니다.

그런데 그때는 그게 인정이 안 됐습니다. 실력 없는 것은 인정 않고 생색내고 잘난 척만 했습니다. 그래서 더 무시를 받았습니다. 학창 시절 늘 인정만 받고 살았기에 그런 무시를 참기가 천 배 만 배 더 어려웠습니다.

나름대로는 그들에게 잘해 준다고 했지만 그 섬김 또한 영혼에 대한 진정한 사랑에서 우러나온 것이 아니었습니다. 아무리 제가 예수를 잘 믿고, 큐티를 하고, 전도를 해도 '저 사람은 내 밑에서 일하는 사람이야' 하는 교만한 마음이 자리 잡고 있으니 진정한 사랑이 우러나올 수가 없었습니다. 그들에게 잘해 준 이유는 순전히 두려움 때문이었습니다. 주방 아주머니가 주방을 비우면 제가 대신 산모들의 밥을 해야 하는데 그럴 자신이 없으니 두려워서 잘해 줄 수밖에 없었습니다. 간호사가 자리를 비우면 제가 대신 수술을 도와야 하는데 그럴 수 없으니 벌벌 떨면서 간호사들에게 잘해야만 했습니다. 그저 두려워서, 내 유익 때문에 잘해 준 것입니다.

결국 제 욕심 때문에, 교만 때문에 아랫사람들에게 잘해 주고도 무시를 받은 것입니다. 평생 교회를 다니며 쌓은 경건의 모양도 아무런 도움이 되지 못했습니다. 모양만 번듯하니 경건의 능력이 되지 못했습니다. 그러니 병원에 그 많은 식구들이 있었음에도 제 고민을 토로할 지체가 한 명도 없었습니다. 무시하고 무시 받는 관계에 있으니 사랑을 나눌 지체가 있을 리 만무하지요.

지나고 나서 보니 그런 게 보입니다. 그때는 그저 당한다고만 생각했지 제 잘못은 보이지 않았습니다. 그래서 지금 제게 남아 있는 병원 식구가 아무도 없습니다. 제 교만의 증거입니다.

저와 남편은 둘 다 장로님의 아들딸이고, 평생 교회를 다녔지만 지체가 하나도 없었습니다. 의사와 피아니스트 부부로 번드르르했지만 둘 다 잘나고 교만했기에 지체가 붙어 있을 수 없었습니다. 혼자 선하고 의롭다고 하니 누가 그런 사람이랑 말을 섞고 싶겠습니까. 그래서 한때 죽으려고 한 적도 있습니다. 말을 나눌 사람이 아무도 없어서 죽고 싶던 때가 있었습니다. 그때를 생각하면 지금도 눈물이 납니다.

아브라함은 외롭고 쓸쓸할 때 집에서 기르고 훈련한 자가 318명이나 있었습니다. 그리고 이방 사람인 마므레 형제들과 동맹을 맺었습니다. 그런데 저는 이들과 동맹을 맺지도 못했습니다. 오히려 소돔 사람들이 무리지어 롯을 괴롭혔듯, 간호사들이 다 한편이 되어서 저를 왕따시켰습니다.

내가 아무리 남에게 잘해도, 하나님의 법을 무시하면 내 말을 신뢰하는 사람은 아무도 없습니다. 하나님의 법을 모른 채 베푸는 것은 알맹이 없는 친절이기에 신뢰 받을 수 없습니다. 롯이 아무리 착한 것 같아도 그는 보탬이 안 되는 사람입니다. 소돔 백성이 천사와 상관하겠다고 들이닥친 이 마당에 딸들을 내준들 무슨 소용이 있겠습니까? 그게 딸들에게나, 무리에게나, 천사에게나 무슨 도움이 되겠습니까?

의와 공도를 행하게 하기 위해서는 말씀을 알아야 합니다. 말씀을 모르면 영원히 수치당할 수밖에 없습니다. 롯이 지금 그 지경에 처했습니다. 전쟁이 났을 때 아브라함 곁에는 같이 싸워 줄 사람이 있었지만, 롯에겐 아무도 편들어 주는 사람이 없었습니다.

10 그 사람들이 손을 내밀어 롯을 집으로 끌어들이고 문을 닫고

11 문 밖의 무리를 대소를 막론하고 그 눈을 어둡게 하니 그들이 문을 찾느라고 헤매었더라(창 19:10-11)

그런 위기에 처한 롯을 천사들이 손을 내밀어 구해 줍니다. 그리고 천사들은 소돔 사람들이 더 이상 롯을 붙들지 못하도록 그들의 눈을 어둡게 합니다. 그럼에도 소돔 백성은 문을 찾느라 헤맵니다. 대상이 안 보이면 그만둬야 함에도 불구하고 문을 찾느라 난리를 칩니다. 집착이 이만저만 아닙니다. 중독 때문에 '너 죽고, 나 죽자' 합니다. 도박을 끊으려고 손을 자르면 발로 도박을 하고, 발을 자르면 그다음에는 입으로 한답니다. 이처럼 인간의 힘으로는 중독을 못 끊습니다. 소돔의 악에서 스스로 빠져나올 자가 없습니다.

롯이라고 별수 있겠습니까? 이런 난리를 겪고 나서야 겨우 정신을 차립니다. 롯으로 하여금 악한 소돔을 사랑했다는 것을 깨닫게 하시려고, 하나님께서는 소돔 백성의 더럽고 추한 모습을 있는 그대로 보여 주십니다. 그리고 롯이 훗날에라도 한 주인을 섬기고자 했기에, 하나님께서는 소돔 백성의 눈을 어둡게 해서 그를 구해 주셨습니다.

그렇습니다. 롯이 잘나서가 아니라 하나님께서 인도해 주셔서 그나마 여기까지 올 수 있었습니다. 롯의 힘으로 온 게 아닙니다. 누구든지 자기 힘으로는 이 쾌락과 환락에서 헤어날 수 없습니다. 돈이 없든지, 몸이 불구가 되든지, 그 세계에서 완전히 쫓겨나야 합니다. 성적으로 타락한 세상에서는 이렇게 쫓겨나지 않으면 절대 나오기 힘듭니다.

하나님은 두 주인을 섬길 수 없다고 하셨습니다. 하나님과 재물을 겸하여 섬기는 자를 '미워한다'고까지 하셨습니다(눅 16:15). 우리의 악을 인하여 더 큰 악인 바벨론을 일으켜도, 어떤 상황이 닥쳐도 한 주인 하나님만 섬겨야 합니다.

저도 두 주인을 섬겼기에 입술이 떨리고 뼈가 썩는 것 같은 고난을 겪어야 했습니다. 그러나 오직 하나님 한 주인만을 섬기게 하시고, 그린 저를 영혼 구원의 도구로 삼으셔서 오늘날 이렇게 높은 곳으로 다니게 하심(합 3:19)을 믿습니다. 우리 모두가 이렇게 한 주인이신 하나님만 섬기고 살기를 기도합니다.

∞ 아주 잘생긴 모습으로 찾아온 '천사' 때문에 유혹에 빠진 사건이 있습니까? 그 '천사'는 누구(무엇)입니까?

∞ 지금 내가 가장 집착하고 있는 것은 무엇입니까? 끊기 힘든 중독은 무엇입니까?

∞ 그 집착과 중독을 끊기 위해 내가 지금 당장 적용해야 할 것은 무엇입니까?

저는 불신가정의 1남 6녀 중 여섯째로 태어났습니다. 교회 나가는 외할머니의 모습이 좋아 보여 고등학교 때 친구의 권유로 교회에 몇 번 나가 보기도 했습니다. 그러나 연세 많은 아버지를 대신해 집안을 일으켜야 한다는 중압감으로 늘 위축되어 살았습니다.

대학 2학년 때 아버지가 병으로 돌아가시고 누님 댁 좁은 방에서 눈칫밥을 먹으며 학교를 다녔습니다. 취업에 대한 불안감과 날마다 부부싸움을 하는 누님 댁으로 늦은 밤에라도 들어가야 하는 것이 싫었던 저에게 밤하늘에 빛나는 교회의 십자가는 참 따뜻해 보였습니다. 그래서 찾아간 교회가 알고 보니 이단이었습니다. 입신양명과 현실 도피의 탈출구를 찾고 있던 저는 종교적 환상에 빠져들어 갔습니다. 그곳에 롯처럼 거하면서 법관 노릇을 하려고 했지만 그곳 백성으로 취급 받지 못한 채 저는 결국 쫓겨났습니다.

그 후 한참 동안 엄청난 신앙의 피폐함과 방황을 겪어야 했습니다. 다니던 회사의 형편이 어려워지자 주식에 투자하여 어려운 재정 상황을 해결해 보려다가 크게 손해를 보기도 했습니다. 하나님과 재물을 겸하여 섬기려 했던 잘못을 깨닫고 하나님께 도움을 요청해야 했지만, 오직 세상의 방법으로 소돔에서 살아남으려 했을 뿐입니다. 남은 것은 결국 감당할 수 없는 많은 빚과 정신적인 공허함, 곤고함뿐이었습니다.

사업 경험도 없고 나이 들어 취직도 쉽지 않던 저는 동생이 하던 사업체에 뛰어들었습니다. 그러나 내 힘으로 재판관이 된 것이 아니었기에 저는 리더십이 없었던 롯과 같았습니다. 매제 덕분에 들어간 회사에서 저는 돈 한 푼 투자하지 않고 억지로 회사 지분을 확보하고, 이런저런 이권에 관여하며 자금을 모았습니다. 회사 지분을 가진 대부분의 주주에게는 그 사실을 숨긴 채 저와 몇몇 주주들에게만 수익금을 분배하기도 했습니다.

빠른 시일 내에 돈을 많이 벌어서 그동안의 삶을 보상 받고 싶었던 저는 이렇게 정직하지 못하게 모은 돈으로 회사를 설립했습니다. 그리고 돈을 많이 벌게 해 주시면 성전도 짓고 사회사업도 하겠다는 떼 부리는 기도를 했습니다. 하나님과 재물을 겸하여 섬기는 것이 두 주인을 섬기는 것이라고 하셨는데, 돈을 좋아하여 진정성은 없고 경건의 모양만 가지고 제 자신을 속였습니다. 결국 돈이 많이 생기자 회사 임원들과 함께 술집에 가서 음란한 죄도 범하게 되었습니다. 소돔의 악을 보고 괴로워하면서도 성문에서 서성이며 떠나지 못하는 롯처럼 십수 년 교회는 다녔지만 가치관이 변하지 않아 소돔의 음란을 끊지 못하고 괴로워만 했습니다. 도박을 하는 자가 손가락을 잘라도, 발가락을 잘라도, 하나님이 끊어 주시지 않으면 도박을 끊을 수 없는 것처럼 쾌락과 환락에서 빠져나올 수가 없었습니다.

결국 사업은 점점 어려워지게 되었고 빚도 늘어 갔습니다. 어떻게 해서라도 적자를 만회하려는 욕심에 금융다단계에 손을 댔다가 전세 보증금마저 잃게 되었습니다.

계속해서 망하는 사건 가운데 제가 할 수 있는 게 아무것도 없다는 것이 깨달아지자 비로소 저를 위해 십자가에서 돌아가신 주님이 생각났습니다.

그러나 가정생활에서는 모든 결정을 제 주관대로 처리했습니다. 어머니의 지나친 간섭으로 힘들어하는 아내에게도 '때에 맞는 말'을 어떻게 해야 하는지 몰라 제가 하고 싶은 대로만 말했습니다. 제 열심으로 살며 남편으로서 존경만 받으려 했고 아내에게는 희생만 요구했습니다.

우울증 증상까지 보이던 아내는 그때부터 우리들교회에 다니기 시작했습니다. 아내와의 갈등을 풀기 위해 저도 우리들교회에 등록하고 소그룹 모임에 참여하니 그제야 "가정을 중수하라"는 목사님의 말씀이 들리기 시작했습니다. 소그룹 모임에서 우리 가정의 문제를 오픈했을 때 고부간의 갈등을 해결하기 위해선 먼저 저의 죄를 회개해야 한다는 것을 깨달았습니다.

전쟁할 때 아브라함은 같이 싸워 줄 사람이 있었지만, 롯은 죽을 지경이 되어도 그 곁에 아무도 없었다고 합니다. 롯처럼 외로운 가운데 지체가 없어서 비참하게 죽을 뻔한 저를 우리들공동체로 이끌어 주신 하나님께 감사드립니다.

말씀으로 기도하기

믿음생활을 아무리 오래 해도 말씀이 깨달아지지 않으면 겉만 번지르르한 성도에 불과합니다. 두 주인을 섬기는 '하나님 따로 세상 따로'인 인생이 될 수밖에 없습니다. 믿음생활을 하면서도 내 속의 욕심을 내려놓지 못하고 내 속의 소돔을 포기하지 못하면 이곳저곳에서 무시를 당하게 됩니다. 경건의 모양을 가졌지만 경건의 능력이 없으니 세상에서도 천국에서도 환영 받지 못합니다.

≡≡≡ 두 주인을 섬겨도 경건의 모양은 있습니다(창 19:1-3)

가족, 돈, 직장을 하나님보다 더 중요하게 여기며 살았습니다. 재물을 좇고 사람을 따르다 보니 이제 비로소 그 인생이 허무하다는 것을 깨닫게 됩니다. 쇼핑도, 골프도, 세상의 갖은 유흥도 이제는 다 재미가 없습니다. 이제라도 하나님께로 가는 길이 열리기를 소원합니다. 오직 하나님만 바라는 믿음을 허락하옵소서. 일어나 영접하고 땅에 엎드려 절하는 인생이 될 수 있도록 인도하여 주옵소서.

≡≡≡ 그러나 경건의 진정성은 없습니다(창 19:7-8)

때로 저의 경건한 믿음생활을 위해 가족의 희생을 요구했습니다. 가족과 공동체를 섬기면서도 늘 생색을 냈습니다. 대접을 하면서도 제 유익만을 구했습니다. 제가 하고 싶은 것만 하고, 하고 싶은 것에만 열심을 냈습니다. 결과가 나쁘면 남 탓만 했습니다. 이토록 진정성 없는 경건의 겉모습을 불쌍히 여겨 주옵소서. 하나님의 경건이 임할 수 있도록 은혜 내려 주옵소서.

═══ 두 주인을 섬기면 악한 세상을 사랑할 수밖에 없습니다(창 19:9-11)
아주 잘생긴 모습으로 찾아온 '천사'가 전부인 줄 알고 그에게 매달렸습니다. 집착하고 그 매력에 빠져 살았습니다. 오늘도 이미 떠나 버린 사람을 찾아 삼만 리를 헤맸습니다. "너 죽고, 나 죽자" 해도 그 집착과 중독을 놓지 못하니 이제는 세상사는 것조차 괴롭습니다. 세상의 것들을 내려놓지 못하는 저를 불쌍히 여겨 주옵소서. 하나님의 방법으로 끊게 해 주옵소서. 오직 한 주인만 섬기는 인생이 되도록 붙잡아 주옵소서.

영혼의 기도

아버지 하나님, 하나님 따로 세상 따로 두 주인을 섬기며 살아도 아무런 문제가 없는 줄 알았습니다. 그러나 결국 이도저도 아닌 인생이 되고 말았습니다. 믿음생활을 하면서도 제 속에 진정성이 없으니 하나님의 은혜도 누리지 못하고, 세상의 본도 되지 못하니 무시와 배척만 당했습니다. 두 주인을 포기하지 못하는 제 속의 욕심 때문임을 이제야 깨닫습니다. 이제라도 저의 정욕을 쳐 주시고, 오직 한 주인, 여호와 하나님만 섬길 수 있도록 은혜를 내려 주옵소서.

하나님, 믿음도 없으면서 제 믿음이 대단한 줄 알았습니다. 가정과 직장, 공동체에서 제 스스로 법관이 되어 가족을 정죄하고, 지체를 심판했습니다. 그래서 수도 없이 "이놈이 우리의 법관이 되려 하는도다" 하는 힐난을 들었습니다. 끊임없이 무시를 당할 수밖에 없었습니다. 이제야 비로소 두 주인을 섬긴 것이 얼마나 비참한 결말을 초래하는지 알게 되었습니다.

심판의 날이 와서야 처음이자 마지막으로 하나님 앞에 엎드렸던 롯처럼 이제라도 하나님 앞에 엎드립니다. 긍휼히 여기시고 멸망당하지 않게 지켜 주옵소서.

진정으로 오직 한 주인만 잘 모시고 살아가는 경건의 능력을 더하여 주옵소서. 세상 모든 사람에게 경건의 능력을 나타내 보이는 우리 모두가 되도록 은혜를 내려 주옵소서. 예수님 이름으로 기도합니다. 아멘.

chapter_ 11

.
.
.

우리의 생명은 유한합니다. 건강을 위한 갖은 노력도, 돈도

우리의 생명과 영혼을 영원히 지켜 주지 못합니다.

경건만이 범사에 유익합니다.

경건만이 영원한 생명을 약속합니다.

생명을 보존하라 ────────

쥐가 옮기는 흑사병(페스트)으로 인해 중세시대에 유럽에서만 2천만여 명이 목숨을 잃었습니다. 20세기 초에는 스페인 독감으로 7천만 명이 죽고, 이후 홍콩독감, 사스, 조류독감, 돼지독감 등의 전염병으로 죽은 사람이 1, 2차 세계대전으로 죽은 사람보다 더 많다고 합니다. 몇 해 전에는 메르스로 인해 온 나라가 발칵 뒤집혀서 전염병을 막는 일이 얼마나 힘든지를 온 국민이 몸소 체험했습니다.

그럼에도 불구하고 이를 막기 위한 대책은 아직도 많이 미흡합니다. 우리나라가 보유하고 있는 백신 수는 전체 인구의 5퍼센트밖에 안 된다고 합니다. 절대적으로 부족합니다. 전염병이 나돌 때마다 전 세계는 백신을 구하기 위한 전쟁을 치러야 합니다. 부지불식간에 변종 바이러스가 창궐하면 그야말로 불가항력적으로 당할 수밖에 없습니다. 온 세계 과학자가 다 달려들어도 변이를 거듭하는 신종 바이러스를 정복할 수 없습니다. 사람이 할 수 있는 일이 아무것도 없습니다. 그야말로 하나님의 영역입니다.

하나님의 영역이면 하나님께 물어야 하지 않겠습니까? 사도 바울은 "육체의 연단은 약간의 유익이 있으나 경건은 범사에 유익하니 금생과 내생에 약속이 있느니라"(딤전 4:8)고 했습니다.

몸을 단련시키고, 건강을 유지하고, 병을 예방하기 위한 노력이 비록 유익한 것이라 하더라도 우리의 생명, 우리의 영혼을 영원히 지켜 주지는 않습니다. 경건만이 범사에 유익합니다. 경건만이 우리의 생명을 지켜 줍니다. 영원한 생명을 약속합니다.

하나님을 만나는 것, 오늘이라도 예수 그리스도를 내 삶의 주인으로 영접하는 것이 그래서 인생 최고의 백신입니다. 내 무능함을 인정하고, 내 죄를 고백하며 하나님 앞에 무릎을 꿇는 것이 바로 경건입니다. 경건을 이루면 금생과 내생에 약속이 있다고 합니다.

오늘 내가 예수 믿으면 죽어도 살아도 우리는 할렐루야입니다. 영생보험을 드는 것입니다. 이처럼 든든한 것이 없습니다.

경건으로 이끌어 주는 지도자가 필요합니다

---

12 그 사람들이 롯에게 이르되 이외에 네게 속한 자가 또 있느냐 네 사위나 자녀나 성 중에 네게 속한 자들을 다 성 밖으로 이끌어 내라 13 그들에 대한 부르짖음이 여호와 앞에 크므로 여호와께서 이 곳을 멸하시려고 우리를 보내셨나니 우리가 멸하리라 (창 19:12-13)

나름대로 하나님의 천사들을 보호하려던 롯은 소돔 백성으로부터 오히려 무시를 당하고 목숨마저 위태로울 지경에 처했습니다. 롯은 비록 두 주인을 섬겼지만 하나님께서는 그를 포기하지 않으시고, 끝까지 구원하기를 원하셨습니다. 사위나 자녀, 모든 권속까지 챙겨 주셨어요.

하나님께서는 애초부터 소돔을 멸하기로 작정하고 천사들을 보내셨습니다. 남색하는 소돔의 백성이 발악을 해도 하나님께서는 소돔 백성의 눈을 어둡게 함으로 심판을 시작하셨어요. 소돔은 이제 포기해야 할 땅이 되었습니다. 내가 두고 온 것, 아직 남은 것이 있다 하더라도 하나님께서 싹 쓸어버리기로 작정하신 땅입니다. 전쟁이 났으니 잠시 피난 가는 것이 아닙니다. 이제 다시는 돌아올 수 없는 땅이 되었습니다. 싹 쓸려 없어질 곳이므로 더 이상 미련 갖지 말고 떠나야 합니다. 이 유한한 세상 소돔에서 무한한 하나님 나라, 구원의 세계로 거처를 옮겨야 합니다. 그래야만 생명을 보존할 수 있습니다.

2003년 2월 18일 오전 9시 53분에 대구 중앙로에서 일어난 대구 지하철 참사를 기억하실 것입니다. 객차 12량이 전소되고, 사망자가 192명, 부상자는 151명의 대형 사고였습니다. 그런데 사고 당시 화재경보기가 울리지 않았고, 인명 대피 방송도 없었다는 사실이 나중에 밝혀졌습니다. 심지어 처음 화재가 발생했을 때 "곧 출발할 테니 기다려 주십시오" 했다는 겁니다.

세월호 사건 때도 그랬습니다. 배가 기울어 물속으로 가라앉고 있음에도 "가만히 있으라"는 안내 방송만 믿고 있다가 꽃다운 우리의 아들딸들이 그 차가운 바다에 수장되었습니다. 승객들을 보호해야 할 의무가 있는 선장이 저 먼저 살겠다고 가장 먼저 배에서 탈출해 버리는 바람에 어처구니없게도 314명이 목숨을 잃었습니다. 유가족은 물론 온 국민의 가슴에 지울 수 없는 상처를 남겼습니다. 두 사건 모두 사고 초기에 강력한 리더십을 가진 한 사람이 나서서 이끌어 주었더라면 더 많은 목숨을 구할 수 있었을 것입니다.

롯도 절체절명의 위기에서 이끌어 내신 여호와의 손길이 있었기에 살아났습니다. 롯뿐만 아니라 그 권속들에게까지 구원의 손을 내밀어 주셨습니다. "주 예수를 믿으라 그리하면 너와 네 집이 구원을 받으리라"(행 16:31)고 했듯이 롯으로 인해 그의 식구들까지 구원의 손길을 뻗치셨습니다. 아버지 같은 아브라함을 등지고 소돔으로 떠났던 롯, 배신도 그런 배신이 없는데 그 롯을 소돔에서 구원해 주셨습니다. 그 하나님의 사랑이 그저 놀랍기만 합니다.

∞ 하나님께서 심판을 통해 싹 쓸어가 버린 나의 소유는 무엇입니까?

∞ 심판을 통해 잃어버린 것들에 대해 아직도 미련이 남습니까?

∞ 내게 임한 심판이 사건이 나의 구원을 위한 것임이 깨달아졌습니까?
아니면 아직도 분하고 원통합니까?

경건을 농담으로 여기면 생명을 보존할 수 없습니다

롯이 나가서 그 딸들과 결혼할 사위들에게 말하여 이르기를 여호
와께서 이 성을 멸하실 터이니 너희는 일어나 이곳에서 떠나라 하
되 그의 사위들은 농담으로 여겼더라(창 19:14)

하나님이 우리에게 베푸신 가장 큰 축복은 심판입니다. 그러므로 창세
기부터 계시록까지 계속되는 것이 심판의 이야기입니다. 이 심판에서 구
원을 받으라고 하십니다. 이 심판의 소식을 듣고도 동의하지 않는 식구들
을 우리가 이끌어 내야 합니다. 이것이 우리의 십자가입니다.

복음을 전해도 비웃고 조롱하면서 "아이고, 이 큰 소돔 성이 어떻게 멸
망합니까? 웃기지 마세요. 정 그러시다면 장인어른이나 열심히 믿고 교회
다니세요" 이러는 사위가 있을 수 있죠. 집집마다 이런 식구들이 있지요.
그럴 때 여러분은 왜 이 식구들이 나의 믿음을 비웃는지 생각해 보아야

323

합니다.

한 방송사에서 20대 대학생 다섯 명에게 간단한 실험을 했답니다. 시험 문제를 주고 10분 후 답안지를 걷으러 오겠다고 했대요. 두 문제 정도 풀 무렵 갑자기 실내에 연기가 차기 시작했습니다. 그중 한 사람이 당황해서 어쩔 줄 모르는데, 나머지 네 사람은 아무 일도 없는 것처럼 태연히 문제를 풀더랍니다. 다른 사람들이 다 괜찮다고 하니 당황해하던 한 사람도 결국 끝까지 자리에 앉아 문제를 풀었답니다.

그 사람 말이 "불이 난 것 같아 걱정은 되었지만 여기가 방송국이고, 나는 지금 시험 보러 왔고, 시험을 잘 보면 혹시 입사가 될 수도 있겠다 싶어 끝까지 문제를 풀고 나왔다"는 것입니다.

그런데 여기에 함정이 있습니다. 이 다섯 명 중 네 사람은 이 실험의 진짜 목적을 사전에 알고 있었습니다. 이 실험의 공모자였던 겁니다. 그래서 뿌연 연기가 나도 아무 일도 없는 듯이 문제를 풀었던 것입니다. 그런데 네 명이 그렇게 연기를 잘하니까 단 한 명의 피실험자는 나머지 사람들의 눈치를 보다가 끝까지 행동을 같이한 것입니다. 다른 다섯 그룹에도 이런 실험을 했는데, 혼자 뛰쳐나가는 경우는 없었답니다. 그러니 대구 지하철이나 세월호 참사가 일어나도 다들 그렇게 자리를 지키고 있을 수밖에요.

이는 무엇을 말하고 있는 걸까요? 우리 인간은 자기만의 독자적인 자아를 가진 존재이지만 모든 면이 독립적이지는 않습니다. 인간은 100퍼센트 죄인이기에 저마다 약한 부분이 있습니다. 그래서 무언가 결정하려 할 때는 다른 사람들의 행동을 살피고, 그걸 따라 하는 경향이 있습니다. 자신이 경험하지 못한 낯선 환경이나 상황일수록 자신의 결정 근거를 타인과 집단으로부터 얻으려 합니다. 그러므로 제아무리 독립적인 성향을 가진 사람이라도 끊임없이 나를 살피고 있는 눈을 의식합니다. 존재감이 약할수록 그 의존도는 높아집니다. 주위의 눈치를 많이 보는 것이죠.

'인간이 참 악하다'는 말은 '인간이 참 약하다'는 말과 다름없습니다. 그래서 악한 사람일수록 더 약하다고 말하는 것입니다. 경건에 이르는 능력이 약하니 분별을 잘 못하고, 그러니 매사 악해질 수밖에 없습니다.

롯의 악한 사위들이 그래서 참 약합니다. 소돔 백성이 죄다 남색에 빠져 있으니 사위들도 그것을 올바른 선택으로 여깁니다. 그러니 거기서 자신들을 구원해 주려는 롯의 말을 농담으로 여기는 것입니다. 이단에 빠진 사람이 좀처럼 헤어나지 못하는 이유도 이런 인간관계 때문입니다. 인간관계를 우선으로 하다 보면 구원이 이렇게 어렵습니다.

∞ 구원의 나팔소리를 외면한 적이 있습니까? 그 결과로 어떤 심판을 받았습니까?

∞ 나는 지금 누구의 어떤 말에 솔깃해서 귀를 기울이고 있습니까?

∞ 오늘이라도 당장 내 말을 듣고 하나님 앞으로 나아올 '내게 속한 사람'이 있습니까? 그는 누구입니까?

생명을 보존하려면 지체하지 말아야 합니다

———

15 동틀 때에 천사가 롯을 재촉하여 이르되 일어나 여기 있는 네 아내와 두 딸을 이끌어 내라 이 성의 죄악 중에 함께 멸망할까 하노라 16 그러나 롯이 지체하매 그 사람들이 롯의 손과 그 아내의 손과 두 딸의 손을 잡아 인도하여 성 밖에 두니 여호와께서 그에게 자비를 더하심이었더라(창 19:15-16)

롯은 구원 문제를 농담으로 여기는 사위들을 결국 포기할 수밖에 없었습니다. 이제는 딸들과 아내가 남았습니다. 천사들은 동이 트자마자 롯에게 "아내와 두 딸을 이끌어 내라"고 재촉합니다. 한 영혼이라도 살려 보시겠다는 하나님의 눈물겨운 사랑과 의지입니다. '천하보다 귀한 영혼'이라는 말이 새삼스럽게 다가옵니다. 그런데 롯이 지체합니다.

방 안 가득 연기가 차올라도 사람들이 꿈쩍하지 않으니 덩달아 주저앉아 버리듯 롯도 사위들이 자기 말을 농담으로 여기니 긴가민가하고, 믿음이 시들해져서 미적거리고 있습니다. 자기도 제대로 안 믿으면서 누구에게 "소돔을 떠나자"고 강력하게 말할 수 있겠습니까? 이런 롯이 가장으로 있으니 그 집안이 온전할 리 있겠습니까?

그런데 롯이 이토록 미적거리는 이유가 또 있습니다. "소돔 사람은 여호와 앞에 악하며 큰 죄인이었더라"(창 13:13)는 걸 모를 리 없는 롯입니다.

그럼에도 '소알까지 온 땅에 물이 넉넉하니 여호와께서 소돔과 고모라를 멸하시기 전이었으므로 여호와의 동산 같고 애굽 땅과 같아서' 요단의 온 지역을 택하고, 소돔까지 이르렀습니다(창 13:10 11). 롯은 기근이 들어 아브라함을 따라 애굽에 갔을 때 이미 몸과 마음을 애굽에 완전히 빼앗겼던 겁니다. 삼촌 아브라함이 애굽에서 죽을 고비를 넘기든 말든 '세상에 이런 나라도 있구나. 내 고향 갈대아 우르보다 더 멋있고 세련된 곳이네!' 했던 겁니다. 롯의 눈에는 소돔이 마냥 애굽 같았습니다. 그 안목의 정욕을 좇아 소돔에 이른 롯입니다. "도움을 구하러 애굽으로 내려가는 자들은 화 있을진저"(사 31:1) 했어도 그 말씀이 귀에 들릴 리 없습니다. 그 화려함 이면에 썩어 가는 것을 보지 못했기 때문이죠.

그럼에도 하나님께서는 롯을 놓지 않으셨습니다. 그돌라오멜 연합군에 사로잡혀 재물과 양식을 다 빼앗기고 죽을 뻔했을 때(창 14:12) 아브라함을 보내심으로 겨우 목숨을 부지하고 재산도 돌려받았으면 이제 하나님께로 돌아와야 하는 것 아닌가요? 그런데 이 인간이 영 돌아올 줄 모릅니다.

소돔 백성이 되려고 온 힘을 다해서 재산을 모으고, 인정받으려고 법관까지 되었습니다. 지질한 과거를 다 덮을 수 있을 만큼 갖출 것 다 갖추고 이제 겨우 소돔의 시민권을 쟁취했는데 갑자기 떠나라고 하니, 그 말을 받아들이기가 쉬웠겠습니까? 그동안 안간힘을 다해 이루어 놓은 게 있으니 근본적으로 포기가 안 되는 것입니다. 그러나 그에게는 늘 하나님의 사람이 머물러 있었습니다. 그랬기에 갈대아 우르에서도 끄집어내시고, 애굽에서도 끄집어내시고, 소돔에서도 끄집어내십니다. 이것이 하나님의 사랑입니다. 하나님께서 책임지신 것입니다.

중세시대 흑사병이 휩쓸었을 때 어떤 마을은 주민 모두가 몰사를 당했습니다. 가정이 붕괴되고, 공동체가 붕괴되자 가족과 사회를 결집시켜 주던 도덕관념이 다 무너졌습니다. 의사는 환자를 돌보지 않고, 아버지도 자식을 돌보지 않았습니다. 내가 죽게 생겼는데, 누가 누구를 돌보겠습니까. 성적으로 난잡하고, 공동체 의식과 도덕, 윤리의식이 실종됐습니다. 이 재앙 이후 중세 사회에는 신비주의적이고 광신적인 현상이 일어났습니다.

하나님은 때때로 인간의 부패가 극에 달하면 전염병이나 천재지변을 일으키십니다. 그래서 지옥을 맛보게 하시고, 회개하면 회복시켜 주십니다. 그런 과정을 통해 악을 심판하십니다. 소돔 성도 마찬가지였습니다. 소돔의 악을 불로 심판하셨습니다.

세계의 역사는 이러한 심판과 회복이 반복되며 씌어졌습니다. 내가 심판으로 인해 죽을 것만 생각하면 두려워서 못 살지만, 이 회복의 원리를 알고 있으면 두려워할 것이 하나도 없습니다. 바로 이것이 경건의 능력입니다. 그래서 하나님을 아는 경건만이 범사에 유익한 것입니다.

∞ 내가 반드시 벗어나야 할 소돔은 어디(무엇)입니까?

∞ 내게 주신 전염병과 천재지변은 무엇입니까? 그것이 하나님의 심판임이 인정되십니까?

∞ 그 하나님의 심판으로 지옥을 맛본 적이 있습니까? 회개함으로 이제는 모든 것이 회복되었습니까?

생명을 보존하려면 '높은 곳'으로 도망가야 합니다

그 사람들이 그들을 밖으로 이끌어 낸 후에 이르되 도망하여 생명을
보존하라 돌아보거나 들에 머물지 말고 산으로 도망하여 멸망함을
면하라(창 19:17)

하나님께서는 우리가 할 일을 명령으로 주십니다. 그 명령을 따르고,
교훈을 따르면 반드시 구원됩니다. "산으로 도망하라"는 것은 그저 형벌을
피하기 위해 도망가라는 것이 아닙니다. 구원의 초청입니다. 구원은 도망
가는 행위로 이루어지는 것이 아닙니다. 하나님의 초청을 받아들일 때 구
원이 이루어집니다. 생명의 보존이 시작됩니다.

그래서 "돌아보지도 말고, 들에 머물지도 말라"는 명령을 주십니다. 경
건을 유지하고 거룩에 힘쓰라는 것입니다. 내 마음대로 볼 것 다 보고, 쉴
것 다 쉬고, 내 멋대로 살아서는 절대 구원이 이루어지지 않습니다. 늘 하
나님의 말씀에 귀 기울여야 합니다. 그것만이 영원히 살 길입니다.

유다가 망할 때도 그랬습니다. 예수님은 예루살렘 성이 무너질 것을
미리 예언하셨습니다. 이 말씀을 믿었던 성도들은 로마가 진격해 올 때
(AD 68년) 미리 산으로 도망갔고, 그래서 목숨을 구할 수 있었습니다.

그런데 예수님을 믿지도 않고, 예수님의 예언을 비웃거나 '설마' 하고
미적대던 110만여 명의 유대인들은 AD 70년 예루살렘 성이 파괴될 때 처

참한 죽임을 당했습니다.

∞ 아직도 끊지 못하는 나의 집착과 중독은 무엇입니까?
∞ 아직도 되돌아가고 싶은 세상이 있습니까? 그곳은 어디입니까?

끝까지 기다리시는 주님 때문에
생명을 보전할 수 있습니다

―――

18 롯이 그들에게 이르되 내 주여 그리 마옵소서 19 주의 종이 주께
은혜를 입었고 주께서 큰 인자를 내게 베푸사 내 생명을 구원하시오
나 내가 도망하여 산에까지 갈 수 없나이다 두렵건대 재앙을 만나
죽을까 하나이다 20 보소서 저 성읍은 도망하기에 가깝고 작기도 하
오니 나를 그곳으로 도망하게 하소서 이는 작은 성읍이 아니니이까
내 생명이 보존되리이다(창 19:18-20)

그런데 정말 롯은 대단합니다. 어쩌면 이럴 수가 있을까요? 정말 강적입
니다. 아브라함은 갈수록 더 큰 시험을 만나도 고분고분 순종하며 하나님
앞으로 쑥쑥 나아가는데 롯은 세상 욕심 때문에 '출발'조차 못하고 있습니
다. 도망을 가긴 하는데, 자기는 산으로는 못 가겠다고 버팁니다. 재앙 때

문에 죽을까 두렵다는 핑계를 대면서 가까운 성읍으로 가겠다고 합니다. 그 성읍이 작다는 것을 강조하면서 "내가 욕심이 있어서 그런 건 아니다. 다만 산으로 가는 게 내 생각에는 위험해서 그런다"고 핑계까지 댑니다.

여러분은 어떻습니까? 들으라는 하나님 말씀에는 귀 기울이지 않고 날마다 "재앙을 만나 죽을까 두렵나이다" 하지는 않습니까?

저는 5년간 시집살이를 했는데, 늘 두려워서 외출을 할 수가 없었습니다. 새장 문을 열어 놔도 스스로 나갈 수 없는 어린 새 같았습니다. 시어머니와 남편의 눈총이 두려웠습니다. 그러면서도 늘 "난 나가지도 못하고 죽을 것만 같아…" 하고 구시렁거렸습니다. 보다 못한 친언니가 성경 공부라도 할 겸 밖으로 나가 다니라고 하면 "언니는 시집살이 안 해 봐서 몰라. 하루라도 시집살이 해 보고 그런 말을 해" 했습니다. 두려움을 핑계로 집에만 틀어박혀 있는 제가 얼마나 답답했던지 어느 날은 언니가 "그냥 접시물에 코 박고 죽어라" 했습니다. 평생 그 소돔 성에 갇혀서 불평만 하다가 죽으라는 것이죠.

제가 그러했기에 롯을 사로잡고 있는 두려움의 정체가 무엇인지 알 수 있습니다. 내 소유를 잃을 것 같은 두려움 때문에 산으로 피하지 못하는 롯의 심정이 이해가 됩니다. 다만 제가 롯과 다른 점이 있다면 저는 예수를 믿었다는 것입니다. 그 예수를 믿고, 말씀에 의지함으로 경건의 능력이 생겨서 점점 담대할 수 있었다는 것입니다.

이처럼 경건의 능력이 있고 없고는 하늘과 땅 차이입니다. 경건의 능력이 없으면 늘 두려울 수밖에 없습니다. 두려움의 결과는 무엇입니까? 무섭고, 겁나고… 그래서 만날 죽고 싶은 생각밖에 없습니다. 형벌만 따를 뿐입니다. 그러므로 경건의 능력을 쌓기 위한 훈련을 게을리해선 안 됩니다. 어떤 값을 치르고서라도 이 훈련에 매진해야 합니다.

> 21 그가 그에게 이르되 내가 이 일에도 네 소원을 들었은즉 네가
> 말하는 그 성읍을 멸하지 아니하리니 22 그리로 속히 도망하라
> 네가 거기 이르기까지는 내가 아무 일도 행할 수 없노라 하였더라
> 그러므로 그 성읍 이름을 소알이라 불렀더라(창 19:21-22)

롯이 그렇게 징징거려도 하나님은 롯의 기도에 응답하십니다. 정말 기가 막힌 하나님의 사랑입니다. 이처럼 경멸 받아 마땅한 롯도 구원해 주시는데 그 하나님께서 누군들 구원해 주시지 않겠습니까?

그런데 롯이, 우리가 이렇게 고집을 꺾지 않습니다. 끝까지 소알로 가겠다고 합니다. '소알'은 '경멸할 만하다'는 말에서 유래된 단어라고 합니다. 우리가 그렇게 경멸당할 곳을 가고 싶어서 난리를 치는 겁니다.

경멸 받을 만한 식구가 여러분 곁에도 있지 않습니까? "소알로 가고 싶다"며 떼를 부리는 식구 때문에 가슴이 미어집니다. 그러나 하나님께서 롯을 용서하시고 구원해 주신 것처럼 우리 또한 그런 지체들의 구원을 위해 기도해야 합니다. 우리 스스로가 지체들을 경건으로 이끄는 지도자가되어야 합니다.

스티븐 파라가 쓴 《하나님의 사람》이라는 책에 있는 내용입니다.

1940년대에 빌리 그레이엄, 척 탬플턴, 브론 클리포드는 설교가로서 20대 중반부터 세계에 명성을 날린 사람들입니다. 그들의 설교를 들으려고 집회마다 사람들이 꼬리에 꼬리를 물고, 끝도 없는 인파가 몰려들었습니다. 당시 탬플턴은 미국 전역에서 가장 뛰어난 은사를 가진 설교자로, 브론 클리포드는 수세기에 걸쳐서 한 번 나올까 말까 한 유능하고 훌륭한 설교자로 평가되었습니다. 반면에 빌리 그레이엄은 그 둘보다 못하다는 평가를 들었습니다.

그런데 지금 우리는 빌리 그레이엄은 알아도 나머지 두 사람은 잘 알지 못합니다. 왜냐하면 탬플턴은 그 후 얼마 지나지 않아 그리스도를 믿는 신앙인이 되지 않기로 결심을 하고, 더 이상 강단에 서지 않았습니다. 그리고 신문 논설가로, 텔레비전 해설가로 여생을 보냈습니다. 수세기에 한 번 나올까 말까 한 설교가로 칭송 듣던 클리포드는 명망을 떨친 지 10년도 채 못 되어 가족과 사역, 심지어 생명까지 잃었습니다. 음주와 금전 문제, 성적인 쾌락에 빠져서 강단을 떠났고, 아내와 다운증후군을 앓는 두 아들을 버리고 방탕하게 살다가 서른다섯 살에 후미지고 허름한 여인숙에서 세상을 떠났습니다. 그야말로 그를 위해 울어 주는 이도 없고 칭송하거나 노래를 불러 주는 이도 하나 없는 비참한 생을 마감한 것입니다.

그러므로 유명한 목사라고 해서 반드시 경건으로 이끄는 지도자는 아닙니다. 세상적으로 대단하진 않더라도 믿음의 가장도, 교회 안의 소그룹 리더도 경건으로 이끄는 지도자가 될 수 있습니다.

우리들교회의 한 성도가 교회 홈페이지에 이런 글을 올렸습니다.

우리들교회 소그룹 모임의 리더들은 참 특별한 것 같다. 나처럼 순진한 양들이야 '나 하나쯤 빠진들 어쩌하리'라고 생각하지만 그 한 마리 양 때문에 어디라도 쫓아갈 수 있는 사람이 우리들교회 소그룹 모임의 리더들이다. 그들의 레이더망을 피해 도망갈 수 있는 곳은 아마도 달나라 말고는 없어 보인다. 이사 때문에, 몸살 때문에, 로마 같은 남편 때문에 모임에 못 간다고 해도 절대 통하지 않는다. 숨이 넘어간다고 해도 소그룹 모임 마친 후에 숨 끊으라고 할 사람들이다. 아마 핵폭탄이 터져 난리가 나도 소그룹 모임 참석하라고 전화할 사람들이다. 이들에게 이 세상에서 가장 중요한 것은 '내가, 지금, 당장' 소그룹 모임에 참석하는 일이다. 내가 지금까지 소그룹 모임에 잘 붙어 있는 이유는 믿음이 좋아서가 절대 아니다. 소그룹 모임 리더의 그 고집이 나의 왕고집보다 더 세다는 것을 알기에 일찌감치 백기를 들었기 때문이다.

소그룹 모임 리더들은 여기저기 아픈 데가 많을 것 같다. 아무리 앞문 뒷문 다 지키고 문고리 튼튼히 걸어 잠그고 있어도, 조금이라도 빈틈만 생기면 요리조리 빠져나가는 양들의 숫자를 세느라 머리가 아플 것 같다. 한 마리, 두 마리… 빠져나가는 양들의 머리 수가 늘어날수록 고민도 깊어 가고, 어떻게 양들을 다시 데려다 소그룹 모임을 채울지 궁리하느라 흰 머리도 늘어나리라.

오죽하면 소그룹 모임 이름을 '울타리 없는 소그룹'이라고 지었을까! 울타리를 겹겹이 쳐 놓아도 자꾸 뛰쳐나가는 양들 때문에 속이 터지다 못해 아예 울타리를 싹 걷어치운 리더의 애원 섞인 음성이 들리는 것만 같다. "양들이여, 울타리도 없으니 그저 맘 편히 들락날락거리세." 이 애틋한 마음이 눈물겹기까지 하다.

교회에서 무슨 월급을 주는 것도 아닌데, 수고한다는 소리를 듣기는커녕 언젠가 목사님으로부터 소그룹 모임의 리더들이 단체로 야단을 맞았다는 이야길 듣고 깜짝 놀랐다. 위로와 칭찬을 받아야 할 사람들을 그렇게 혼내시다니!

식당에서 리더들에게 국수를 공짜로 주는 것도 아니고, 곱빼기로 더 주는 것도 아니니 국수라도 한 그릇 대접하겠다고 다가오는 그룹원이라도 있으면 얼마나 좋겠는가. 하지만 그러기는커녕 눈이라도 마주칠까 봐 도망가지 않으면 참 다행인 게 우리들 어린양이 아닌가. 하나님을 피해 그렇게도 도망 다니던 내 모습이 그렇지 않은가. 하나님이 나를 보고 얼마나 속이 터지셨을까 싶다. 하나님의 마음을 조금이라도 알 수 있을 것 같다.

아, 이래서 소그룹 모임의 리더를 하는가 보다. 하나님의 마음을 조금이라도 느껴 보려고… 가시면류관을 쓰고 예수님의 마음을 점점 닮아 가려고….

이 글 아래 누군가가 "우리 리더에게도 주님의 모습이 보인다"라는 리플을 달았습니다. 소그룹 모임의 리더도 얼마든지 경건으로 이끄는 지도자가 될 수 있음을 증명해 주는 글입니다.

경건으로 이끌어 주는 지도자 한 사람이 가정과 교회, 직장과 사회를 바꿉니다. 집에서는 부모가 하나님을 대신합니다. 하나님의 축복권을 부모에게 주었습니다. 그러므로 부모는 자녀를 축복할 수 있습니다. 이삭이 야곱을 축복함으로 그 복이 그대로 후손들에게 흘러갔습니다. 부모의 한 마디는 참으로 중요합니다. 이렇듯 양들의 생명을 보존하려면 경건으로 이끄는 지도자가 절대적으로 필요합니다. 흑사병이 오건 메르스가 오건, 지하철에서 불이 나건, 어떤 경우에도 경건에 속해 있으면 구원을 얻습니다. 이걸 믿으시기 바랍니다. 그런데도 롯처럼 경건을 농담으로 여기는 식구들이 많습니다. 위험에서 끄집어내려는데, 그걸 농담으로 여깁니다. 그리고 꾸물거리고 지체합니다. 산으로 빨리 피신해야 하는데 집착과 미련이 남아서 이 핑계 저 핑계 대며 소알로 가고자 떼를 씁니다.

그러나 이런 무례함조차 참고 끝까지 기다리시며, 욕심의 소원마저도 이루어 주시는 주님의 인자를 우리는 기억해야 합니다. 순종이 제사보다 낫습니다. 말씀에 순종함으로, 날마다 말씀을 묵상함으로, 경건의 연습을 하는 우리가 되기를 바랍니다. 그리하여 영과 육의 생명이 영원히 보전되는 우리 모두가 되기를 축원합니다.

∞ 아직도 소알로 가겠다고 떼를 부리고 있습니까?

∞ 그토록 가고 싶은 나의 소알은 어디입니까?

∞ 가정에서, 공동체에서 '경건으로 이끌어 주는 지도자' 역할을 잘 감당하고 있습니까?

우리들 묵상과 적용

저는 가난한 농부의 2남 4녀 중 다섯째 딸로 태어났습니다. 외진 산골 마을에 살았는데 제가 태어날 당시 집에는 전화도 냉장고도 가스레인지도 없었습니다. 어머니는 17세에 얼굴도 모르는 아버지에게 시집을 오셨는데, 아버지는 술만 드시면 무섭게 돌변해서 무자비하게 어머니를 때렸습니다. 게다가 아버지는 20대부터 집안을 돌보지 않고 스님이 되겠다며 절을 드나드시더니 정말로 스님이 되셨습니다.

찌든 가난과 아버지의 폭력 속에서도 어리고 약한 저는 아무것도 할 수 없었습니다. 한밤중에 술에 취한 아버지가 피곤에 지친 어머니를 때려서 어머니가 소리를 질러도 그저 이불을 뒤집어쓰고 울 수밖에 없었습니다. 이런 가난한 환경과 폭력적인 아버지로 인해 저는 심한 무기력증에 시달렸습니다. 삶에 의욕이 없었기에 특별한 이유 없이 죽고 싶다는 생각을 자주 했고, 약속 시간에 늦기 일쑤였으며, 설거지나 청소 같은 간단한 집안일이나 몸을 씻는 일조차 너무 버거웠습니다.

남편은 연애 시절부터 이런 제 모습 때문에 늘 스트레스를 받았습니다. 제가 뭔가 잘못하면 남편은 무작정 화를 냈고, 저는 저를 이해해 주지 못한다고 화를 냈습니다. 7년의 연애 기간 동안 끝없이 싸웠고 그것은 서로에게 수많은 상처를 남겼습니다. 그럼에도 사랑했기에 결혼하면 나아질 것이란 희망으로 부부가 되었으나 우린 결혼 후 더 심각한 상처를 만들어

갔습니다.

결국 저는 우울증을 앓게 되었고, 그러다 다른 남자를 만났습니다. 당시 저는 삶이 너무나 절망스러웠기에 저 자신을 함부로 대했던 것 같습니다. 며칠 안 돼 외도가 발각되어 남편에게 씻을 수 없는 상처를 안겨 주었습니다. 이후 1년 동안 우리 부부는 정신과와 상담소를 다니며 우리 문제를 해결하기 위해 부단히 노력했습니다. 그렇지만 서로의 문제를 알고 이해하는 것만으로는 우리의 상처를 치유할 수 없었습니다. 결국 남편은 제게 이혼을 요구했습니다.

어찌해야 할 바를 모르던 저는 직장 동료에게 도움을 청했고 직장 동료는 제게 "일단 우리들교회에 와서 말씀을 들어 보라"고 했습니다.

우리들교회에서 예배를 드리던 첫날 목사님께서 '선한 싸움과 추한 싸움'에 대해 말씀하시는데 제게 하시는 말씀으로 들려 하염없이 눈물을 흘렸습니다. '내가 추한 싸움을 하고 있구나' 싶으면서 저로 인해 상처 받은 남편에게 한없이 미안했습니다. 또한 "내 죄를 보라"는 말씀을 듣고 제 마음속에 돌같이 굳어 있던 남편에 대한 원망이 눈 녹듯 녹아내리는 것 같았습니다. 남편도 함께 교회에 나왔는데 뭔가 느낀 것이 있는지 그날 이후로 우리 관계는 마법처럼 회복되어 갔습니다.

무엇보다 우리 부부가 회복되는 데는 소그룹 모임의 힘이 컸습니다. 여러 지체들과 진솔하게 나눔으로 우리 문제를 좀 더 객관적으로 볼 수 있었고, 나눔과 처방이 우리 부부를 살리는 귀한 약재료가 되었습니다. 또한 목사님의 설교에 저는 매번 눈물을 쏟았고, 그럴 때마다 마치 묵은 때를 물로 씻어 내듯 마음이 가벼워지고 행복한 기분이 들었습니다.

어느덧 우리들교회에 다니게 된 지 1년이 되었습니다. 1년 전 하나님을 처음 알게 된 이후로 우리 부부는 기적 같은 회복을 경험했습니다. 그렇지만 친정도 시댁도 불교 집안이고, 기독교에 대한 막연한 반감을 가지고 있던 저였기에 아직도 성경 말씀이 어렵게 느껴집니다. 믿음이 자라는 속도도 더딥니다. 최근에는 마음이 점점 편해지니 예배를 소홀히 하기도 합니다. '여기까지만' 하는 얄팍한 마음이 듭니다. 그렇지만 하나님을 알게 된 이상 저는 이 믿음의 끈을 놓지 않을 것입니다. 제힘으로는 안 된다는 것을 뼈저리게 깨달았고 제 모든 것이 하나님의 계획하심 속에 있다는 것을 알았기 때문입니다.

저 자신조차도 사랑하지 못한 저를 하나님은 사랑하셨습니다. 저는 저를 포기하려고 했지만, 하나님은 저를 포기하지 않으셨습니다. "네가 지금 어디에 있느냐"고 물으시는 하나님께 "네, 저는 여기에 있습니다" 하고 늘 자신 있게 말할 수 있는, 하나님과 동행하는 삶을 살고 싶습니다.

말씀으로 기도하기

경건만이 범사에 유익합니다. 경건이란 내 무능함을 인정하고, 내 죄를 고백하며, 하나님 앞에 무릎을 꿇는 것입니다. 이러한 경건을 이루면 금생과 내생에 약속이 주어집니다. 영원한 생명을 약속하십니다. 그래서 오늘 내가 예수 믿으면 죽어도 살아도 할렐루야입니다.

경건으로 이끌어 주는 지도자가 필요합니다(창 19:12-13)

그저 잘 먹고 잘사는 것이 최고인 줄 알아서 세상 일에만 열중했습니다. 그럼에도 불구하고 몸과 마음의 궁핍을 면할 수가 없습니다. 경건만이 범사에 유익하고, 경건만이 영원한 생명을 약속한다는 말씀이 이제야 들립니다. 놀라운 하나님의 사랑이 저에게도 임하여 경건한 삶을 살아갈 수 있도록, 영원한 생명을 누릴 수 있도록 은혜를 더하여 주옵소서.

경건을 농담으로 여기면 생명을 보존할 수 없습니다(창 19:14)

하나님 없이도 가지고 누리는 것이 많아서 영원히 행복할 줄 알았습니다. 믿음이 부족하니 경건에 이르는 능력도 없고, 분별 못하는 인생을 살았습니다. 심판의 소식을 듣고도 그저 농담으로 여기고 비웃었습니다. 하나님의 말씀을 조롱하고 업신여긴 죄를 용서하여 주옵소서.

생명을 보존하려면 지체하지 말아야 합니다(창 19:15-16)

"끊어라" 하시는 하나님의 말씀이 들려도 중독과 집착을 끊지 못하고, "떠나라" 하셔도 애굽과 소돔을 떠나지 못했습니다. 심판의 소식을 미리 알려 주셔도 믿음이 없으니 '설마, 설마' 했습니다. 불기둥이 솟구치고, 광풍이 불어닥쳐 모든 것을 잃고서야 이것이 하나님의 심판임이 인정됩니다. 지옥을 맛보았습니다. 이제라도 회개하오니 주의 은혜로 회복시켜 주옵소서.

생명을 보존하려면 '높은 곳'으로 도망가야 합니다(창 19:17)

경건을 유지하고 거룩에 힘쓰라고 하시지만, 아직도 세상 것들에서 떠나기가 싫습니다. "말씀대로 살고 말씀대로 누리라" 하시는데, 저는 그냥 내 맘대로 살고, 내 맘대로 누리며 살고 싶습니다. 이제라도 하나님의 말씀에 귀 기울이며 살아가는 인생이 되기를 원합니다. 하나님의 구원하심으로 영생을 누릴 수 있도록 붙잡아 주옵소서,

끝까지 기다리시는 주님 때문에 생명을 보전할 수 있습니다

(창 19:18-22)

믿음이 자랄수록 내려놓아야 하는 것이 많으니 그게 두려웠습니다. 그 두려움 때문에 소돔을 떠나지 못했습니다. 오히려 하나님 곁을 떠나고 싶었습니다. 소돔 성에 갇혀 평생 불평만 하다가 경멸 받아 마땅한 인생인데, 그럼에도 끝까지 기다려 주시고, 붙잡아 주시니 감사합니다. 주님 품 안에서 생명을 잘 보전하며 살아갈 수 있도록 갈 길을 지켜 주옵소서.

영혼의 기도

아버지 하나님, 경멸하고 싶은 식구들이 제 옆에 있습니다. 아마 저 또한 그들로부터 경멸당하고 있는지도 모르겠습니다. 악한 세상에서 그들의 생명을 구원하라고 하시니 그들을 영원한 생명으로 이끌려고 노력하지만, 도리어 그들로부터 시도 때도 없이 경멸을 당합니다. 제 말을 업신여기고 조롱하는 식구들 때문에 가슴이 아픕니다. 그런데 사위에게는 나가라고 재촉하면서 정작 자기는 떠나지 못하고 지체하고 있는 롯을 보면서 문제의 답을 알았습니다. 그렇습니다. 문제는 제 자신입니다.

주님, 저도 나름대로 믿음이 있는데, 그러나 높은 산으로 가기는 정말 싫었습니다. 눈앞에 좋은 것들이 이토록 많은데, 가진 것 누리는 것이 이렇게 많은데, 이걸 두고 산으로 가는 게 참 싫었습니다. 그래서 차라리 소알로 왔는데, 막상 오고 보니 경멸당할 일밖에 없다는 것을 이제야 알았습니다.

인자 위에 인자를 더하셔서 저를 심판에서 구원해 주신 주님, 다시 한 번 그 무한하신 사랑으로 저를 붙잡아 주옵소서. 영원한 생명을 누릴 수 있도록 경건에 경건을 더하여 주옵소서. 주님께서 허락하신 그 축복권으로 제게 맡기신 모든 영혼을 경건으로 이끌고자 합니다. 지체들을 경건으로 이끄는 그 한 사람이 제 자신이 되게 하옵소서.

경건한 가정, 경건한 교회, 경건한 사회를 이끌어가는 데 부족함이 없도록 은혜를 더하여 주옵소서. 예수님 이름으로 기도합니다. 아멘.

chapter _ 12

●

●

●

천국 가는 것이 부끄러운 죄인입니다. 그러나 천국은

부끄럽다고 마다할 곳이 아닙니다. 천국을 누리려면 부끄러운

구원이라도 받아야 합니다. 갖은 수치와 수모를 겪는다 해도

구원은 반드시 받아야 합니다.

부끄러운 구원 ————————

언젠가 대중목욕탕에 갔을 때, 어떤 사람이 저를 알아봐서 굉장히 부끄러웠던 적이 있습니다. 그런데 만약에 목욕탕에 불이 나서 급하게 뛰쳐나가야 한다면 그건 또 얼마나 창피할까요? 만일 그런 일이 실제로 일어나서 수건 한 장 달랑 들고 알몸으로 뛰쳐나가야 한다면 어디부터 가려야 할까요? 참 난감하지 않을 수 없습니다. 알몸인 채로 뛰쳐나가는 게 수치스러워서 목욕탕에서 빠져나오지 못하는 사람도 있을까요? 아무리 부끄러워도 목숨을 부지하려면 목욕탕에서 뛰쳐나와야 합니다. 생명이 달린 문제니까요.

구원도 아무리 수치스럽고, 갖은 수모를 겪는다 해도 반드시 받아야 합니다. 그럼에도 우리는 왜 그 구원받기를 망설일까요?

심판의 때를 모르기에 구원을 소망하지 않습니다

———

23 롯이 소알에 들어갈 때에 해가 돋았더라 24 여호와께서 하늘 곧 여호와께로부터 유황과 불을 소돔과 고모라에 비같이 내리사 25 그 성들과 온 들과 성에 거주하는 모든 백성과 땅에 난 것을 다 엎어 멸하셨더라(창 19:23-25)

심판 후에는 반드시 환한 구원의 역사가 일어납니다. 물 심판, 불 심판이 일어나도 그것으로 세상이 끝난 것이 아닙니다. 구원의 역사가 이어집니다. "해가 돋았더라"고 합니다. 밝은 구원의 역사가 시작된 것입니다. 그런데 그 해가 돋은 곳이 소돔 땅이 아니라 소알 땅이라고 합니다. 성경은 왜 이렇게 기록하고 있을까요? 같은 해가 돋았을지언정 소돔에는 이제 그 해를 볼 사람이 한 명도 없기 때문입니다. 소돔에 완전한 심판이 이루어졌다는 말입니다.

그러나 롯은 구원되었습니다. 자기 의지로 구원된 것이 아니라 천사가 강권하여 구원되었습니다. 하루아침에 모든 것이 잿더미가 되는 심판에서 전적인 하나님의 강권하심으로 참으로 부끄럽게 구원이 되었기에 롯으로

서는 인정하고 싶지 않았을 수도 있습니다.

'여호와께서' 유황과 불을 소돔과 고모라에 비같이 내리셨다고 합니다. 이것은 결코 자연재해가 아닙니다. 하나님이 직접 내리신 재앙입니다. 그러니 잿더미로 변한 거기서 롯이 무슨 재주로 살아날 수 있겠습니까? 그러므로 우리는 망하는 사건이 오면 하나님께서 모든 것을 둘러엎으신다는 것과, 그럼에도 그 환난 가운데서 우리를 살리시는 분이 하나님임을 인정해야 합니다.

역청이 많은 이 지역은 이때의 불 심판으로 인해 지층이 낮아졌습니다. 지중해 수면보다 392미터나 낮아져서 죽음의 바다, 즉 사해(死海)가 되었습니다. 해수면보다 고도가 낮아서 더 이상 물이 빠져나갈 수 없게 되었습니다. 더 이상 오갈 데 없는 것, 이것보다 더 큰 심판은 없습니다.

예수님은 말세의 징조에 대해 말씀하시며, "기근과 지진이 있으리니 이 모든 것은 재난의 시작"이라고 했습니다(마 24:7-8). 여기서 기근과 지진은 재난의 시작이지만, 소돔의 심판은 완전한 심판, 재난의 마지막이었습니다. 다시는 살아날 수 없는 심판이었습니다. 그 정도로 소돔의 죄악이 심했던 것입니다.

창세기부터 요한계시록까지 성경은 심판을 예고하고 있습니다. 그러므로 하나님의 말씀을 듣는 것이 심판을 예비하는 것입니다. 늘 장차 받을 환난에 대한 말씀을 듣고 있으면 정말 심판이 와도 놀라지 않을 것입니다. 그러니 교회에 와서 심판의 예고를 듣는 것이 인생에 유익한 것입니다. 날마다 말씀을 묵상하는 것이 인생 최고의 유익입니다.

성경은 지속적으로 심판을 말하고 있습니다. 그 심판의 클라이맥스는 십자가입니다. 그런데 그 십자가 없이는 절대로 부활이 없습니다. 십자가 지는 심판을 당해야만 부활이 있다는 것입니다. 이것이 성경의 골자예요. 그런데 우리는 늘 교회에 와서 '망하지 않는다, 안전하다, 평안하다, 내가 못할 일이 아무것도 없다'는 말만 듣고 싶어 합니다. 그러다 정말 망하는 심판의 사건이 오면 "다 잘된다고 했는데, 왜 이런 일이 닥치나? 하나님이 계시다면 도대체 왜 이래?" 하며 하나님을 원망합니다.

그래서 미리 심판의 예고를 듣는 예배의 자리에 앉아만 있어도 그것이 축복입니다. 심판이 와도 들은 것이 있기에 하나님을 원망하지는 않을 것이기 때문입니다. 전혀 들은 것이 없는 사람은 심판이 와도 그것이 심판인 줄도 모르고 심판을 당하게 됩니다. 너무 억울해서 눈도 감지 못하고 지옥으로 떨어집니다. 소돔 사람들이 그랬습니다. 심판이 코앞에 닥쳤는데도 전혀 알지 못하고 오히려 패악질만 했습니다.

오래전 한 성도의 부친이 돌아가셔서 우리들교회 장으로 장례를 치렀습니다. 그런데 상주 중 다른 교회에 다니는 한 형제가 제가 인도하는 예배에 참여하지 않더군요. 단지 우리들교회를 다니지 않는다는 이유로 같이 예배드리기를 거부한 겁니다. 믿는 사람이나 안 믿는 사람이나 참 어쩔 수 없다는 생각이 들었습니다.

그분의 노모가 제게 이렇게 말했습니다.

"아이가 중학생 시절 교회 열심히 다니면 공부 안 할까 봐 교회 나가는 걸 핍박했어요. 그렇게 공부시켜서 원하는 S대에 갔는데 그 뒤론 교회 다녀도 대화가 전혀 안 되는 겁니다. 내가 그렇게 살았기 때문입니다."

같은 교회 다니지 않는다는 이유로 하나님을 예배하는 자리에 참석하지 않는 그 똑똑한 아들을 보면서 하나님의 심정을 절감했습니다. 롯을 이끌어 내고자 하는 그 마음이 너무나 체휼이 되었습니다.

어느 누구도 심판의 때를 알 수 없습니다. 마지막 날에 예수님을 영접하는 것도 아무나 할 수 있는 게 아닙니다. 부끄러운 구원조차 받지 못할 사람들이 너무나 많습니다. 그래서 우리는 듣든지 안 듣든지 끊임없이 예배로 초청해야 합니다.

여호와의 동산 같던 소돔도 하루아침에 이렇게 잿더미로 변했습니다. 그 잿더미에 묻혀 있어야 할 롯이 하나님의 인자로 그곳에서 구원되었습니다. 롯이 잘나서 구원된 게 아닙니다. 이것이야말로 하나님께서 인자를 더하신 사건입니다.

∞ 날마다 말씀을 묵상함으로 심판을 예고하는 소식을 잘 듣고 있습니까?

∞ 심판의 날에 나를 이끌어 준 사람은 누구입니까? 내가 이끌어 주어야 할 사람은 누구입니까?

∞ 하나님의 전적인 강권으로 살아난 적이 있습니까?

부끄러운 구원도 있습니다

롯의 아내는 뒤를 돌아보았으므로 소금 기둥이 되었더라(창 19:26)

롯의 아내가 뒤를 돌아보았다고 합니다. 하나님께서 분명히 "돌아보거나 들에 머물지 말고 산으로 도망하여 멸망함을 면하라"(17절)고 하셨건만, 롯의 아내는 뒤를 돌아보고 말았습니다.

하나님의 말씀을 농담으로 여겼던 사위들이 심판 받는 것을 지켜보고, '전우의 시체를 넘고 넘어' 불 심판을 피해 겨우 빠져나오는가 했는데, 막판에 하나님의 말씀을 거역함으로 소금기둥이 되고 말았습니다. 단순히 뒤를 돌아보았을 뿐인데, 왜 이런 형벌을 내리신 걸까요?

한글성경에는 '뒤를 돌아보았다'로 단순히 번역되어 있지만, 원뜻은 '뒤를 주시하며 열심히, 골똘히 보았다'입니다. 원어 '나바트'^{navat}는 그냥 한번 뒤를 돌아본 것이 아니라 골똘히 돌아보았다는 뜻입니다. 롯의 아내는 왜 골똘히 돌아보았을까요? 불덩이가 쏟아져 내리는 그 난리 통에 무슨 미련이 남아서, 뒤를 그렇게 열심히 돌아본 것일까요?

"사위들이 죽는 꼴을 보았으면서도 정신을 못 차렸나 봐? 뒤돌아보긴 왜 뒤돌아봐!" 하고 롯의 아내를 비난하겠습니까? 그런데 여러분 같으면 수십 년 모은 재산이 하루아침에 잿더미가 되고 있는데, 금은보화를 쟁여 둔 금고를 두고 왔는데, 그걸 그냥 내버려두고 가라면 발걸음이 쉽게 떨어지겠습니까? 롯의 아내가 이해되지 않나요? 1996년 노벨 문학상 수상자인 폴란드의 여류 시인 비스와바 쉼보르스카가 '롯의 부인'이라는 제목으로 발표한시 한 편을 소개합니다.

아마도 호기심 때문에 뒤를 돌아봤을 것이다
어쩌면 호기심 말고 다른 이유 때문일 수도 있었다
은그릇에 미련이 남아서
샌들의 가죽 끈을 고쳐 매다가 나도 몰래 그만

내 남편, 롯의 완고한 뒤통수를 더 이상 쳐다볼 수가 없어서
내가 죽는다 해도 남편은 절대로 동요하지 않을 거라는
갑작스런 확신 때문에
과격하지 않은 가벼운 반항심이 솟구쳐 올라
추격자의 발소리에 귀를 기울이다가
적막 속에서 문득 신이 마음을 바꿀지도 모른다는 희망이 샘솟았기에

우리의 두 딸이 언덕 꼭대기에서 사라져 버렸으므로
문득 스스로가 늙었다는 생각이 들어서, 거리를 확인하고 싶어서
방랑의 덧없음과 쏟아지는 졸음 탓에
대지 위에 꾸러미를 내려놓다가 뒤를 돌아보았다

몰래 도망친다는 사실이 부끄러워서
소리치고 싶고, 되돌아가고 싶은 욕망 때문에
혹은 돌풍이 불어와 내 머리를 헝클고, 내 드레스 자락을 걷어 올리
던 바로 그 순간에
그들이 소돔의 성벽에서 우리를 지켜보면서
계속해서 청천벽력처럼 요란한 웃음을 터뜨리고 있을 것만 같았기에

아마도 분노 때문에 뒤를 돌아보았을지도
어쩌면 그들에게 피할 수 없는 파멸을 안겨 주기 위해서
아무튼 위에서 열거한 구구한 이유 때문에 나는 뒤를 돌아보았다

내 의지와는 상관없이 뒤를 돌아보았다

롯의 아내가 뒤를 돌아본 이유는 이렇듯 구구절절 많을 수 있습니다. 우리에게도 이렇게 돌아볼 수밖에 없는 이유가 구구절절 많지 않나요? 이런 사연이 집집마다 있지 않나요? 다 사연이 있고 이유가 있는 것입니다.

이 시를 읽고 나서 저는 과연 무엇을 뒤돌아보았는지 생각해 보았습니

다. 저는 나름 믿음도 있었지만, 남편이 하루아침에 가고 나니 서글프고 처량해서 감당할 수 없는 감정을 느낀 적이 있습니다. 남편이 일찍 제 곁을 떠날 수밖에 없었던 사건을 구속사로 해석은 되었지만, 그럼에도 불구하고 '돌아앉으면' 저도 가녀린 여자에 불과했습니다. 30대 나이에 졸지에 과부가 된, 불행한 여자에 불과했습니다. 더구나 어린 두 아이들까지 딸린….

남편이 천국 가기 전만 해도 집안에는 도우미도 있고, 기사도 있고, 이래저래 살림을 돌봐주는 사람들이 많았습니다. 주민등록등본 한 장도 떼어다 주는 사람이 있었습니다. 남들이 모든 사사로운 일을 다해 주니 저는 오직 큐티에만 열중할 수 있었습니다. 아니, 오죽하면 할 일이 없어서 큐티에 집중했겠습니까?

그런데 예고도 없이 남편이 하루아침에 세상을 떠나니 곁에 있던 사람들도 하루아침에 떠나 버렸습니다. 엘리베이터도 없는 5층 아파트를 무거운 짐을 들고 낑낑거리며 오를 때면 정말 서글펐습니다. 당시는 배달 같은 걸 해 주던 때가 아니어서 뭐든 제가 해야 했습니다. 운전도 할 줄 몰랐으니 하루아침에 버스를 타고 다녀야 했습니다. 정말 별것도 아닌 그런 일들 때문에 갑자기 초라해져서 서글펐습니다. '정말 이렇게 살아야 하나' 뒤돌아보지 않을 수 없었습니다.

제가 그때 "외로워, 외로워" 하며 골똘히 뒤돌아보았더라면 큐티고 뭐고 다 내던지고, 돈 버리고, 애들까지 버리고, 아무렇게나 살았을지도 모릅니다. 그랬다면 오늘날 QTM^{큐티선교회}도, 우리들교회도 없었을지 모릅니다.

젊은 날 과부가 된 저를 하나님께서 전적으로 지켜 주셨습니다. 들은 말씀이 있으니 뒤돌아보고만 싶은 유혹을 뿌리칠 수 있었습니다. 제게 겨자씨만 한 믿음이라도 있어서 별것 아닌 일로 비참하고 처참했던 그 시절을 견딜 수 있었습니다.

어쩌면 롯의 아내는 "한 번만 뒤돌아볼게요" 했을지도 모릅니다. 하지만 이 단 한 번의 선택이 영원한 망함을 가져왔습니다. 주식이고, 도박이고, 간음이고 "이번이 마지막이야" 하는 사람은 절대 다시 일어설 수 없습니다. 그 '이번'이 정말 마지막이 됩니다. "마지막으로 한 번만, 한 번만" 하다가 쫄딱 망합니다. 다시는 돌아올 수 없는 길을 가게 됩니다. 다시는 재기할 수 없고, 다시는 살아날 수 없는 길로 갑니다. 그러므로 망한 세상은 돌아보지 말아야 합니다.

100퍼센트 망하는 사람들의 특징이 "딱 이번 한 번만!" 하고 뒤를 돌아보는 것입니다. 하나님께서 뒤돌아보지 말라고 하셨건만, 그래서 "그러겠다"고 맹세까지 하고도, 뒤를 돌아보는 사람들이 있습니다. 부끄러운 구원조차 받지 못하고 망하는 것입니다. 하나님의 말씀대로 살지 않는 인생의 끝은 결국 심판입니다.

하나님께서는 롯과 그의 아내에게 수도 없이 유예 기간을 주셨습니다. "너 이러면 살려 줄게. 제발 구원받아야 된다. 제발 그러면 안 돼. 이제는 주식, 도박, 술, 여자를 끊어야 해" 이러면서 마지막까지 기회를 주셨습니다. 그러나 그 마지막 순간에 롯의 아내는 뒤를 돌아보므로 결국 구원을 받지 못했습니다. 그나마 롯은 뒤돌아보지 않았기에 '나 혼자 살아남는' 부끄러운 구원을 받았습니다.

롯과 그의 아내를 보면 하나님의 심판과 구원은 한 몸인 아내와 남편 사이라도 구별되어 적용된다는 것을 알 수 있습니다. 평생을 붙어살아도 하나님께서는 한 사람은 구원으로 이끄시고 한 사람은 심판하실 수 있습니다.

∞ '이번이 마지막이야' 하면서 아직도 끊지 못한 나의 집착과 중독은 무엇입니까?

∞ 아직도 미련이 남아 뒤돌아보고 싶은 것은 무엇입니까?

∞ 함께 구원받지 못한 가족이 있습니까? 혼자 구원받은 것이 부끄럽지는 않습니까?

기도의 결과를 살펴야 합니다

27 아브라함이 그 아침에 일찍이 일어나 여호와 앞에 서 있던 곳에
이르러 28 소돔과 고모라와 그 온 지역을 향하여 눈을 들어 연기가
옹기 가마의 연기같이 치솟음을 보았더라(창 19:27-28)

아브라함은 소돔에 내려지는 심판을 남의 일로 여기지 않았습니다. 그러므로 '그 아침에 일찍이 일어나', '소돔과 고모라와 그 온 지역을 향하여

눈을 들어' 보았습니다. 어제 저녁에 소돔을 심판하신다고 말씀하셨는데 아침에 눈을 떠 보니 잿더미가 되었습니다. 정말 하루아침에, 자고 일어났더니 소돔 성이 흔적도 없이 사라졌습니다. 그러니 얼마나 놀랐겠습니까?

아브라함은 나름대로 자신의 기도에 대한 하나님의 응답이 궁금했을 것입니다. 그래서 그 아침에 일찍이 일어나서 소돔이 어찌 됐는지 보러 나간 겁니다. 그는 하나님을 신뢰했기에 자신의 기도가 반드시 응답될 것이라는 기대를 안고 갔는데, 폭삭 망한 것을 보니 참으로 기가 막혔을 것입니다. 한편으로 하나님이 참으로 두려운 분이라고 생각했을 것입니다. 그 화려했던 소돔 성을 하루아침에 잿더미로 만드신 하나님의 능력으로 인해 두려워 떨었을 것입니다.

하나님의 심판은 반드시 옵니다. 그런데 교만한 사람들은 그 말씀을 안 믿습니다. 그러다 어느 날 망하고 암에 걸리는 사건이 와도 "내가 뭘 잘못 했다고 이런 일이…" 하고 하나님을 원망합니다. "하나님의 말씀은 정말 진리구나, 하나님은 정말 살아 계시구나!" 해야 하는데 "어찌 내게 이런 일이!" 하고 탄식하고 원망합니다.

아브라함은 소돔을 멸하신다는 주님의 심판 계획을 모르지 않았습니다. 오히려 심판을 멈추어 달라고 창자가 끊어지는 중보기도를 했습니다. 하지만 소돔은 결국 심판을 받고 말았습니다. 아브라함으로서는 기도 응답이 되지 않았다고 낙담할 수도 있었습니다. 그러나 아브라함은 깨달은 것이 있습니다. 기도는 했지만 자기가 할 수 없는 일이 있다는 걸 알았습니다. 이 깨달음이 바로 기도 응답입니다. 하늘에서 돈벼락이 떨어지지 않아도, 죽은 사람이 다시 살아나지 않아도, 깨달은 것이 있다면 그보다 복된 기도 응답이 없는 것입니다. 우리는 응답 받기 위해 기도합니다. 응답이 목적 아닌가요? 그러므로 우리는 기도하면 반드시 그 기도의 결과를 살펴야 합니다. '눈을 들어' 보아야 합니다.

그런데 이기적인 기도, 내 유익만 추구하는 기도를 하다 보면 기도의 결과를 살필 겨를이 없습니다. 땅에 속해 있다 보니 그저 땅만 바라봅니다. "주세요, 주세요" 하다가 응답이 없으면 이내 포기하고 또 다른 걸 달라고 기도합니다. 하나님께서 왜 그것을 주시지 않는지 돌이켜 보지 않습니다. 늘 "주세요, 주세요" 밖에 모르니까 나중엔 내가 뭘 달라 했는지조차 기억하지 못합니다. 늘 이루어진 것이 없다고 생각하니 감사도 없습니다.

이기적인 기도를 하는 사람들은 열심히 기도하는 것 같지만 하나님의 명령도 듣지 아니하고, 교훈도 받지 아니하면서 기도만 열심히 해댑니다. 결국 '부지런히 모든 행위를 더럽게 하기 때문에'(습 3:7) 순종을 빙자하여 악을 행하면서 밤낮 기도 응답이 없다면서 감사하지 않습니다. 육적인 것에만 감사하니 부끄러운 구원마저도 얻지 못합니다. 하지만 이타적인 기도를 하는 사람은 늘 감사할 것밖에 없습니다. '하나님은 언제나 100퍼센트 옳으시다'는 것을 알기에 죽어도 감사하고 살아도 감사하고, 떨어져도 감사하고 망해도 감사합니다. 모든 것이 기도의 응답임을 신뢰합니다. 100퍼센트 응답 받는 기도를 하는 것입니다. 내 삶의 모든 것이 기도의 응답이라는 것을 알고 은혜의 풍성함을 찬미해야 합니다.

하나님이 그 지역의 성을 멸하실 때 곧 롯이 거주하는 성을 엎으
실 때에 하나님이 아브라함을 생각하사 롯을 그 엎으시는 중에서
내보내셨더라(창 19:29)

아브라함을 생각해서 롯을 구원하셨다고 합니다. 하나님은 나를 생각
하사 멸할 사람도 나 때문에 구원하실 줄 믿습니다. 내 마음의 진실됨을
하나님이 아시는 것입니다.

아내의 수고와 헌신으로 부끄러운 구원을 얻은 한 남자 집사님의 간증
을 소개합니다.

저는 예수님을 믿는 어머니와 믿지 않는 아버지 밑에서 자랐습니
다. 아버지는 교회를 경계 대상 1호로 삼고 어머니가 교회 나가는
것을 핍박했습니다. 그러다 중2 때 부모님이 이혼해서 가족이 뿔
뿔이 흩어졌습니다. 이혼해서 천년만년 잘살 것 같았지만 한 분은
중풍, 한 분은 암으로 급작스럽게 돌아가셨습니다. 그러한 이유로
저는 이혼하는 사람들을 경멸했고, 절대로 하나님을 찾지 않았습
니다.

그러던 중 사랑하는 여자가 생겨 결혼을 하려니 불신자라는 이유
로 여자 쪽 집안에서 결혼을 반대하는 벽에 부딪쳤습니다. 오직
결혼을 위한 방편으로 교회에 가겠다고 해서 결혼을 했습니다. 형
식상 주일에만 교회에 가는, 바리새인보다도 못한 신앙생활을 하

며 돈을 좇아 열심히 살았지만 2002년에 무리한 사업 투자로 완전히 망하는 사건을 겪었습니다. 그럼에도 하나님을 진심으로 믿지 않았습니다. 오히려 그때부터 모든 일을 잊기 위해 게임에 빠졌습니다. 네 살배기 아들도 집사람도 하나님도 저를 막을 순 없었고, 드디어 돈 벌기 쉬운 '밤의 일'까지 하면서 악의 소굴로 빠져들게 되었습니다. 급기야 세상의 물질과 욕심과 방탕의 자유함을 좇아 새로운 인생을 살겠다고 2008년 2월, 이혼을 결심했습니다. 그리고 심한 독설과 폭력까지도 서슴지 않고 아내에게, 또 자식에게 보여 줄 수 있는 모든 악을 내뿜고 집을 나왔습니다. 처음 한 달간 집사람은 거의 제정신이 아닌 것처럼 보였지만 그 어떤 것도 나를 막을 수는 없었습니다. 집사람의 자살미수 소식에도 모른 척했습니다.

그러자 하루가 멀다 하고 연락하던 집사람의 연락이 뜸해졌습니다. '이제야 사태 파악을 하는구나' 하는 생각에 마음이 한결 편해졌습니다. 저는 이혼 서류도 정리하지 않은 채 다른 여자와 살림을 차리고 살았습니다. 그러던 중 아내로부터 간간이 날아오는 문자와 편지는 제 눈을 의심케 했습니다. 이전의 집사람 말투가 아닌 하늘나라 말씀 같았습니다. 내용은 "당신 덕분에 하나님을 만나게 되었다… 고맙다… 당신이 나 때문에 그동안 참 수고 많았다… 감사하다…." 도대체 알아들을 수 없는 문자를 보내왔습니다. '잘못 보낸 것이 아닌가' 하는 생각마저 들었습니다. 살림을 차린 여자가 이혼을 재촉해서 집사람을 설득하려고 만났는데, 집사람은 180도 달라진 모습이었습니다.

"우리들교회에 다니면서 내 죄를 보게 됐다"는 등 "그동안 잘해 주지 못해서 미안하다"는 등 여전히 헛소리만 했습니다. 그렇지만 그렇게 변한 모습과 말투에 설득당해서 '그래! 이번이 마지막이다'는 마음으로 6개월 만에 집으로 돌아왔습니다. 그런데 전에는 집에서 게임을 못하게 하던 집사람이 게임도 하라고 하고, 살림을 차린 여자를 만나 모든 것을 참아 가며 다독거리고 설득했습니다. 아내가 완전히 달라진 것을 느꼈지만, 저는 여전히 하고 싶은 대로 하며 지냈습니다.

그러나 단 한 가지 "주일에 우리들교회만 가자"는 부탁을 '뭐 그까짓 정도야' 하는 마음으로 들어주었습니다. 우리들교회로 처음 따라갔을 때의 기억은 별로 없지만, 졸다가 김양재 목사님의 '까마귀, 비둘기' 말씀에 놀라서 깬 기억이 있습니다.

집에서 하루 18~20시간 게임만 하면서 '이래도 같이 살자는 말이 나오나 보자' 하는 마음으로 제멋대로 살았지만 집사람은 저를 칭찬하면서 수요예배와 소그룹 모임까지 아주 자연스럽게 데리고 갔습니다. 그런데 그런 자리가 조금도 불편하지 않았습니다. 게임 중독에 바람피우고 가출한 저를 꾸짖거나 나무라는 사람이 아무도 없었던 것입니다. 그러는 사이 저는 조금씩 변해 갔습니다.

교회에 가면 목사님이 "남편이 머리니 섬기라" 하고, 목장에 가면

"와 줘서 고맙다" 칭찬하니 기분 나쁘지 않아서 꾸준히 나갔습니다. 그러던 중 잠시 반항은 했지만 결국 교회의 양육훈련을 받게 됐습니다. 첫 시간에는 옆 컴퓨터에 게임을 켜 놓은 채 과제를 했습니다. 그런데 어찌된 일인지 7년 동안 미친 듯이 해 오던 게임이 저절로 싫어졌습니다. 하나님이 아니라면 저로선 도저히 있을 수 없는 일이었습니다.

양육훈련을 통해 저의 잘못된 습관이나 가치관마저도 바꾸시는 하나님의 능력을 알게 되었습니다. 그리고 지금까지 살아온 제 삶을 한 편의 영화처럼 자세히 볼 수 있었습니다. 말씀은 저를 변화시키고 제 자신의 죄를 똑바로 볼 수 있게 해 주었습니다. 저 때문에 집사람이 그동안 마음고생한 것을 생각하면 지금도 눈물이 납니다. 하나님의 은혜란 이런 것이 아닌가 생각합니다. 지금은 비록 경건의 모양만 있지만, 더욱 훈련에 매진하겠습니다. 이제는 믿지 않는 사람의 영혼을 구원하고, 그들을 양육하여 경건으로 이끄는 지도자가 되고자 양육교사 훈련을 받고자 합니다.

어떻게 사람이 이렇게 변할 수 있을까요? 그렇게 아내에게 독을 품고 살고, 아이가 있어도 집을 나가 딴 여자와 살림까지 차렸잖아요.

그러니 복음이 얼마나 위대합니까? 복음이 들어가니 부인에게 '미안하다'고 하잖아요. 그런데 왜 지금도 부부끼리 싸우고 지지고 볶고 사십니까? 무조건 하나님 전에 데려오면 하나님께서 다 해결해 주실 텐데요.

제가 목회를 하는 가장 큰 이유 중 하나가 가정 중수입니다. 부부가 한 몸이 되고, 집안이 화목해야 집안 살림도 나아집니다. 딴살림 차려서 언제 돈을 모으겠습니까? 조금 벌어도 둘이 한마음이 되어야 합니다. 롯은 결국 부인하고도 한마음이 못 됐잖아요. 돈 많이 벌어서 행복하게 살겠다고 소돔에 갔는데, 그 결과가 어찌 되었습니까? 사위도 롯의 말을 농담으로 여기고, 부인도 한마음이 안 되어 결국 생이별을 하고 말았습니다.

이 집사님의 간증은 이렇게 마무리됩니다.

> 제가 간증을 하게 된 계기는 양육교사님의 권유도 있었지만, 우리들교회 모든 형제자매들과 전 세계 곳곳에서 우리들교회 홈페이지를 방문하시는 모든 분에게 약속하고 싶어서입니다. 이 글을 보시는 분들 앞에서 하나님이 저에게 주신 십자가를 담대히 지고 가겠다는 것을, 우리의 죄를 위해서 십자가에 못 박혀 죽으심으로 보여 주신 예수님의 사랑으로 맹세합니다. 아직은 믿음이 초등부 수준이지만 앞으로 저의 숨은 죄를 찾으며, 어려운 사람을 돕고 섬기는 인생이 되기를 간절히 소망합니다.

그렇습니다. 이 한 사람의 변화로 말미암아 가정이 변하고, 교회가 바뀌게 될 것입니다. 사람은 변하지 않는다고 하지만, 복음이 들어가면 이 세상에 변하지 않을 사람이 없습니다.

아브라함의 기도 덕분에 롯이 부끄러운 구원이나마 얻은 것처럼 기도해 준 아내와 남편 덕분에, 부모 덕분에, 오늘 우리가 부끄러운 구원이라도 얻게 된 것을, 예수 믿게 된 것을 감사해야 합니다. 기도의 결과를 신뢰해야 합니다.

∞ 내 가족, 내 지체들에게 내려진 심판을 남의 일로 여기고 있지는 않습니까?

∞ 지금 나의 가장 큰 기도 제목은 무엇입니까?

∞ 그것은 오직 나의 유익을 구하는 기도입니까? 이타적인 중보기도입니까?

∞ 나의 구원을 위해 기도하고, 수고해 준 사람은 누구입니까?

저는 불신가정에서 태어났습니다. 미션 스쿨은 다녔지만 교회와는 상관이 없는 사람이었습니다. 공부가 우상이던 어머니는 공부 잘하는 저를 편애했습니다. 이런 어머니의 편애 속에서 저는 나약하고 결단력이 부족한 사람이 되어 갔습니다.

대학 졸업 후 저는 중학교 교사가 되었고, 결혼을 했습니다. 의욕적으로 교사 생활을 시작했지만 워낙 노는 것을 좋아했던 저는 4년 후 카드 도박에 빠져 돈을 잃게 되었고, 잃은 돈을 만회하려고 대출까지 받으며 도박을 계속 했습니다. 뒷일은 생각하지 않고 아내 몰래 받기 시작한 대출은 그 액수가 점점 불어나서 원금은커녕 이자만 갚기에도 벅찼습니다. 신용카드로 돌려막기도 하고 사금융에서 높은 이자로 빌리기도 했습니다. 눈을 멀쩡히 뜨고도 심판의 때를 몰라 부끄러운 구원조차 받지 못한 소돔과 고모라 사람들처럼 급기야 아내 몰래 아파트 전세 계약서를 담보로 4500만 원을 빌리기까지 했습니다.

소돔 땅이 불 심판으로 지층이 낮아지고 물이 빠져나갈 곳이 없어 죽음의 바다가 되어 버린 것처럼 제힘으로 해 보려다 결국 모든 것을 소진하고 말았습니다. 더 이상 돈을 빌릴 데도 없고 갚을 수도 없는 상태에 이르렀습니다.

그렇게 십 수 년 죄를 저지르다 보니 항상 불안해서 술에 의지하지 않고는 잠을 이룰 수가 없었습니다. 저지른 죄가 많아 더 이상 돌이킬 수가 없어 이혼, 감옥, 자살 등 극한 상황까지 생각했습니다. 도박을 즐기고 술에 취한 채 인사불성이 되어 집에 들어오면 아내는 제 주머니에 있는 수표, 현금, CD기 전표를 보고 다그쳤습니다. 그때마다 도박을 다시 하고 있다는 사실을 말할 수가 없어서 거짓말을 일삼았습니다. 결국 폭언이 오갔고 육탄전을 벌이기도 했습니다.

2007년 1월, 더 이상 버틸 수 없었던 저는 결국 도박으로 어마어마한 빚을 진 사실을 고백했습니다. 아내는 그 말을 듣고 삶의 희망을 완전히 잃은 듯 심히 우울해했습니다. 그러다 아내는 친구의 인도로 우리들교회에 다니기 시작했습니다. 주일예배, 수요예배, 소그룹 모임 예배에 빠지지 않고 다녔습니다. 아내는 저에게 "그동안 당신을 이해하지 못했고, 당신에 대한 복수심으로 쇼핑에 빠졌고, 아이들도 제대로 돌보지 못했다"고 회개하면서, "그럼에도 함께 살아 줘서 고맙다"고 했습니다. 또한 "잘되는 것만 축복이 아니다. 이것은 구원의 사건이다. 물질 고난이 가장 낮은 고난이니 개인 회생을 시작해서 5년만 고생하면 된다"고 오히려 저를 격려해 주었습니다.

이렇게 변화되는 아내의 모습을 보고 교회에 안 다닐 수가 없었습니다. 처음에는 모두가 나를 쳐다보는 것 같아 고개를 들 수 없었지만, 열심히 예배에 참석하며 세례, 일대일 교육, 양육교사 과정까지 마쳤습니다. 이렇게 양육을 받는 중에도 아파트는 채권자에게 넘어가 결국 월세를 얻어 이사했습니다. 제가 저지른 죄가 크기에 죽어 마땅하지만 하나님은 심판을 연기하고 살 길을 열어 주셨습니다. 직장을 지켜 주셨고, 작은 집이지만 가족이 흩어지지 않고 함께 살 수 있게 하셨습니다. 제 잘못으로 아이들과 아내가 물질 고난을 겪고 있지만, 아내는 궁핍한 생활로 인한 괴로움을 잘 참고 현실을 피하지 않으며 십자가를 잘 지고 있습니다.

얼마 전에는 21세인 큰딸이 30세 청년과 결혼시켜 달라고 졸랐습니다. 한창 공부하고 재미있게 놀 나이에 결혼하겠다고 하니 저는 할 말을 잃었습니다. 믿음 없는 딸이 부끄러운 구원도 얻지 못할까 봐 걱정이 되어 교회에 다니면 결혼시켜 주겠다고 강권해서 세례도 받게 했습니다.

그러나 기도하면서도 하나님을 신뢰하지 않았기에 딸은 교회에 나오다 말다 했습니다. 그러다 갑자기 결혼 날을 잡겠다는 딸의 통보에 정신이 번쩍 들었습니다. 그래서 저의 부끄러운 과거를 아이들에게 솔직하게 말했습니다. 또 사돈을 만나 저의 죄를 오픈했습니다. 돈이 아닌 말씀으로 혼수를 해 줘야겠다고 생각하고 딸과 사윗감에게 결혼 조건으로 생명을 보존하고 구원을 얻기 위해 예배 참석, 양육훈련, 소그룹 모임 참석을 당부했습니다. 아이들은 농담으로 여기지 않고 받아들였습니다. 이제 딸에게 해 줄 수 있는 것은 창세 전에 하나님이 택한 자녀로 살아갈 수 있도록 우리 부부가 주 안에서 하나 됨을 보여 주는 일이라 생각합니다.

소돔의 쾌락을 잊지 못하여 지체한 롯처럼 번번이 아내를 실망시켰지만 하나님께서는 끝까지 포기하지 않고 공동체에 붙어 있게 하셨습니다. 지난날과 죄를 돌아보면 괴로운데, 곰곰이 돌아보다 죽은 롯의 아내가 되지 않기 위해 이제는 앞만 보고 하나님께 나아가길 결단합니다.

말씀으로 기도하기

우리는 죄인입니다. 천국에 가서 영원한 삶을 누리겠다고 하나님 앞에 서는 것이 부끄러울 정도입니다. 그러나 천국은 부끄럽다고 마다할 곳이 아닙니다. 갖은 조롱과 수치와 수모를 겪더라도 천국을 향한 발걸음을 멈추지 말아야 합니다. 부끄러운 구원이라도 받아야 천국을 누릴 수 있습니다. 생명을 보존할 수 있습니다.

심판의 때를 모르기에 구원을 소망하지 않습니다(창 19:23-25)

말씀이 들리지 않으니 경고의 나팔소리를 듣지 못했습니다. 눈을 멀쩡하게 뜬 채 재앙을 겪었습니다. 하루아침에 모든 것이 잿더미가 되었습니다. 그 심판의 날에 그나마 전적인 하나님의 강권하심으로 목숨만은 부지할 수 있게 해 주시니 감사합니다. 가진 것 다 잃고 목숨만 건진 것이 참으로 부끄럽지만, 그 같은 부끄러운 구원이라도 받게 해 주시니 감사합니다.

부끄러운 구원도 있습니다(창 19:26)

숱한 경고에도 불구하고 늘 "이번이 마지막이야" 했습니다. 그러면서 끊지 못한 집착과 중독이 여전합니다. 오직 주만 바라보고 나아가야 함에도 마음은 콩밭에 가 있었습니다. 말씀을 거역함으로 소금기둥이 되지 않도록 붙잡아 주옵소서. 하나님보다, 가족보다 더 좋은 것이 많았습니다.

그래서 저 한 몸 잘 먹고 잘 살겠다고 가족을 내팽개친 부끄러운 인생입니다. 불쌍히 여겨 주옵소서.

≡≡≡ 기도의 결과를 살펴야 합니다(창 19:27-29)

홍수가 나고 가뭄이 들어도, 재난 사고가 나도 나만 괜찮으면 되었습니다. 남의 일로 여겼습니다. 누구를 위하여 기도한 적도 없습니다. 기도를 해도 오직 나의 유익만을 구했습니다. "주세요, 주세요" 하다 응답이 없으면 이내 포기하고 또 다른 걸 달라고 기도했습니다. 주시지 않으면 그 이유를 돌이켜 보지도 않고 원망만 했습니다. 이제라도 기도의 결과를 살피고, 응답이 없어도 깨닫는 것이 있기를 원합니다.

영혼의 기도

아버지 하나님, 롯이 얼마나 부끄러운 구원을 얻었는지 알았습니다. 사위는 롯의 심판 예고를 농담으로 여기고, 부인은 소금기둥이 되었습니다. 저 또한 롯과 다르지 않습니다. 혼자서 예수 열심히 믿었지만, 남은 가족의 실상은 소금기둥이나 다름없었습니다. 아브라함은 롯의 구원을 위해 그렇게 기도하고 수고하며 기다렸지만, 저에겐 그런 기도와 수고와 헌신과 기다림의 인내가 없었습니다. 믿음 없는 가족을 책망하며, 하루에도 수십 번 그들의 구원을 포기하고 단념했습니다. 오히려 "너 때문에 못 살겠다"고 생색을 냈습니다.

롯의 구원을 위해 애통하게 기도하던 아브라함이 사랑과 믿음으로 자신의 기도 결과를 살폈습니다. 저 또한 아브라함의 사랑과 믿음을 품고 내 가족의 구원을 기다릴 수 있도록 은혜 내려 주옵소서. 가족까지 다 잃고 홀로 부끄러운 구원을 받지 않도록 은혜를 더해 주옵소서.

심판이 와서 다 무너질 지경인 줄 알았으면 뒤를 돌아보지 말아야 하는데, 롯의 아내처럼 아예 다시 돌아가고 싶어서 견딜 수가 없습니다. 세상의 맛에 빠져 헤어날 수 없는 저희의 부족함을 주님께서 아시오니, 주님의 강권하심으로 붙잡아 주옵소서. 부끄러운 구원이라도 좋사오니 부모를, 자녀를, 배우자를 구원으로 이끌며 온 가족이 천국을 누리며 살게 하옵소서. 예수님 이름으로 기도합니다. 아멘.

chapter _ 13

아무런 값도 치르지 않고 거저 얻은 구원입니다.

비록 부끄러운 구원을 받았지만 이제라도 남은 자들의

구원을 위해 날마다 애통해하는 인생이 되기를 원합니다.

영적 계보를 잘 이어 가기를 소원합니다.

부끄러운 구원, 그 후 ──────

목욕탕에 불이 나면 발가벗은 채라도 뛰쳐나와야 합니다. 그래야 부끄러운 구원이나마 얻었을 수 있습니다. 더 나아가 호텔에서 불륜 중에 불이 나는 바람에 벗은 채로 뛰쳐나왔다면 더 부끄러운 구원이 되겠지요. 그렇게 구원은 되었다 하더라도 부끄러운 구원, 그 후가 참 궁금하지 않습니까?

막판까지 소돔 성에서 미적대던 롯입니다. 산으로 가라고 하시는데 굳이 소알로 가겠다고 고집부린 롯입니다. 하나님께서는 그런 억지에도 불구하고 롯을 구원해 주셨습니다. 그렇게 부끄러운 구원을 받은 롯은 그 뒤 어찌 되었을까요? 과연 잘 먹고 잘 살았는지 그 후의 인생이 자못 궁금합니다.

여전히 두렵습니다

———

롯이 소알에 거주하기를 두려워하여 두 딸과 함께 소알에서 나
와 산에 올라가 거주하되 그 두 딸과 함께 굴에 거주하였더니
(창 19:30)

롯이 소알에 거주하기를 두려워했다고 합니다. 그래서 다시 산으로 올
라가 굴에 거주하였습니다. 결국 소알이 안식처가 아님을 깨달은 것입니
다. 온전한 사랑이 두려움을 내쫓는다는데(요일 4:18), 온전치 못하니 두려
움만 따랐습니다. 두려우니 계속 환경 탓만 했습니다. 하나님께서 가라고
하면 산이고 바다고 진작 가야 하는데, 산으로 올라가면 먹고 자는 것이 대
책 없고 두려워 소알로 가겠다고 떼를 부리던 롯입니다. 그렇게 자기가 원
해서 갔으면 이제 소알에서 자리 잡고 사명을 감당해야 하지 않겠습니까?

그런데 막상 소알로 피신 와서 보니 소알이나 소돔이나 다 '그 밥에 그
나물'이었습니다. 소알 사람들 사는 꼴을 보니 '여기도 얼마 못 가 곧 심판
을 받겠구나' 싶었습니다. 불바다가 된 소돔에서 탈출하는 것도 너무나 힘
들었는데, 그 꼴을 또 당할까 봐 두려웠습니다.

그제야 '진즉 산으로 갈걸' 하고 후회하며 두 딸을 데리고 산으로 올라
갔습니다. 뒤늦게 순종한답시고 이제야 산으로 올라가서, 거룩한 곳에서
저 혼자 살겠다고 합니다. 그러나 이건 아닙니다. 타이밍이 안 맞는 겁니다.

롯이 처음에 "산에 가기 싫다. 소알로 가야겠다" 한 것도 하나님의 뜻대로 거룩하게 살기 싫어서였습니다. 그리고 얼마 못 가 변덕을 부려 산으로 간 것도 하나님 뜻대로 거룩하게 살기 싫어서입니다. 너무 속보이지 않습니까? 산은 똑같은 산이지만 때에 따라서 선이 악이 될 수 있습니다. 그래서 우리는 그때그때 하나님의 음성을 들어야 하고, '묻자와 가로되'를 해야 합니다. 가라 할 때 안 가다가 뒤늦게 "하나님이 가랬잖아요~" 하고 나서면 안 됩니다. 때는 이미 늦습니다.

게다가 롯은 굴에 거주했습니다. 천막을 치고 사는 것도 아니고, 어두운 굴로 들어갔습니다. 뒤늦게 말씀을 따른답시고 산으로 올라가서는, 두려움이 여전해서 세상과 인연을 끊기로 작정한 모양입니다. 그런데 이 또한 잘못된 선택입니다.

주일예배, 수요예배, 기도회나 교회의 각종 훈련과 모임에 빠지지 말라고 하면 "아니, 세상과 인연을 끊으란 소리냐?" 하고 반문합니다. 우리가 세상과 인연을 끊고, 세상 사람들과 아무런 관계도 맺지 않고 살기를 원하셨다면 하나님께서는 우리를 이 세상에 보내지도 않으셨을 것입니다. 세상에 나가 빛과 소금이 되기 위해 예배를 잘 드려야 하는 것입니다.

구원받은 우리에겐 세상에 나가서 복음을 전하고 하나님 품을 떠난 자들을 돌아오게 할 사명이 있습니다. 하지만 롯은 그토록 부끄러운 구원을 받고도 그 사명을 인식하지 못했습니다. 혼자만 망하지 않고 잘 먹고 잘 살면 그것으로 족했습니다. 인생의 목적이 행복이었습니다. 거룩에 힘쓸 여지가 전혀 없었습니다. 자기 죄를 알 수가 없었습니다. 그러니 자꾸 환경

탓만 했습니다. 급기야 하나님의 시선을 피해, 사람들의 시선을 피해 굴속으로 숨어들었습니다. 그러나 숨는다고 죄가 사라지는 것이 아닙니다.

인생 최고의 순간은 내 죄를 자각하는 때입니다. 내 주제를 깨닫듯 내 죄를 깨닫는 것입니다. 내 주제를 알아야 무슨 일에서든 성공할 수 있습니다. 결혼을 해도, 사업을 해도, 하다못해 치고 박는 싸움박질을 해도 먼저 내 주제를 알아야 합니다. 내 주제를 알지 못하고 함부로 덤벼들다가는 어떤 망신을 당할지 모릅니다. 내 주제를 모르고 돈을 펑펑 쓰거나 배우자를 선택한다면 그 결과는 불을 보듯 뻔합니다. 파탄이 날 수밖에요. 그 내 주제, 우리의 주제는 바로 '죄인'입니다. 내 죄를 모르는 인생은 결국 파탄 날 수밖에 없어요. 내가 죄인임을 알아야 거룩을 향해 나아갈 수 있습니다.

그렇다면 롯더러 어쩌라는 것입니까? 산으로 올라간 것이 잘못된 것이라면 과연 어떤 결정을 해야 하나요? 소알로 다시 돌아가란 말인가요? 하지만 산보다 소알보다 더 좋은 곳이 있잖아요. 그곳이 어디인가요? 바로 아브라함이 있는 곳 아닙니까? 아브라함의 품으로 돌아가는 것입니다!

롯에게 최고의 선택은 아브라함을 찾아가는 것입니다. 그런데 롯이 그 생각을 못했습니다. 부끄러운 구원을 얻은 사람의 결론이 이렇습니다. 갈 곳, 안 갈 곳, 만날 사람, 안 만나야 할 사람을 분별하지 못합니다.

소돔에서 그렇게 혼쭐이 나서 떠나왔으면서 소돔에 물든 몸과 마음이 여전했습니다. 미련과 집착이 여전했습니다. 동굴에 숨어 있으니 그의 손을 잡아 줄 사람조차 없었습니다. 나날이 두려움으로, 또 다른 죄악으로 걷잡을 수 없이 빠져들어 갈 수밖에 없는 것입니다.

눈 딱 감고 아브라함을 찾아가야 하는데, 그러지 못했습니다. 호텔에서 건 목욕탕에서건 거기서 탈출하여 겨우 목숨이라도 건졌으면 감사해야 합니다. 수치와 조롱을 피하지 말고, "당신들은 나처럼 살지 말라"고 외치는 사명을 감당해야 하는데, "신문에 나왔어, 난 못 살아", "호텔에서 나온 것 다 찍혔어" 이러면서 부끄럽다고 숨는 게 우리입니다. 수치를 당했어도 그 수치를 극복하고, 그 수치를 오픈하며 같은 수치를 겪고 있는 사람들의 약재료가 되어야 하는데, 수치심을 극복하지 못해서 스스로 목숨을 끊는 경우가 허다합니다. 겨우 구원받은 생명인데, 구원을 무색하게 하는 잘못된 결정을 하는 것입니다.

여러분은 지금 어디에 숨어 있습니까? 아직도 굴에 거하십니까? 빨리 밝은 곳으로 나오셔야 합니다. 그래서 내 죄를 드러내 놓아야 합니다. 그 문제를 해결하지 않으면 또 넘어질 수밖에 없습니다. 내 모든 걸 내려놓기 위해 나의 아브라함에게 가야 합니다. 지금 가야 합니다.

∞ 내 인생에서 가장 두려운 것이 무엇입니까? 그 두려움을 극복하기 위해 어떤 노력을 하고 있습니까?

∞ 하나님의 시선을 피해 내가 지금 숨어 있는 곳은 어디입니까?

∞ 아직도 드러내지 못한 나의 죄는 무엇입니까?

∞ 나의 수치가 다른 사람을 살리는 약재료가 되고 있습니까?

여전히 깨닫지 못합니다

———

31 큰딸이 작은딸에게 이르되 우리 아버지는 늙으셨고 온 세상의
도리를 따라 우리의 배필 될 사람이 이 땅에는 없으니 32 우리가
우리 아버지에게 술을 마시게 하고 동침하여 우리 아버지로 말미
암아 후손을 이어가자 하고(창 19:31-32)

롯의 딸들이 "소돔에는 우리의 배필 될 사람이 없다"고 말합니다. 당연
하지 않나요? 소돔 사람들이 다 죽었잖아요. 재혼하려고 해도 남자가 있
어야 하죠. 총각은커녕 남자 씨가 말랐을 것입니다. 소돔 사람들 중에 배
필 될 만한 사람이 있을 리 만무합니다. 게다가 소알에 남자가 있다 한들
타락한 소돔 땅에서 온 과부를 탐탁하게 여길 남자가 있겠습니까? 그토록
문란한 곳에서 왔으니 남자관계가 복잡할 것이라고 오해했을 것이고, 당
연히 소알 남자들은 롯의 딸들을 고운 시선으로 바라볼 수 없었을 것입니
다. 그러니 지금 롯의 딸들에게는 배필을 구하는 것이 그들 인생의 가장
큰 문제입니다.

그런데 이 딸들이 무엇을 계획합니까? "우리 아버지로 말미암아 후손
을 이어 가자" 합니다. 후손을 잇기 위해 아버지와 동침하자는 것입니다.
아무리 자손을 얻기 위한 목적이라지만, 이게 제정신으로 하는 소리입니
까? 대를 잇는다는 명분으로 창조 질서를 어기고, 소돔의 문란하고 악한

삶의 방식을 후손들에게 그대로 물려주자는 것입니다. 영적 상속자를 낳는 것이 아니라 악의 후손을 잇겠다는 것입니다. 이런 대화를 롯의 딸, 소돔의 딸들은 아무렇지도 않게 나눕니다. 이것만 봐도 이들이 얼마나 성적으로 타락했는지 짐작할 수 있습니다. 소돔의 음란한 삶이 그대로 드러납니다. 소돔을 떠났다고 해서 버릇이 바뀌고 습관이 바뀌는 게 아닙니다. 산속으로 들어가 산다고 하루아침에 거룩해지는 것도 아닙니다.

딸들이 이런 방법을 스스럼없이 생각해 낸 데는 아버지 롯의 영향도 클 것입니다. 롯이 삶으로 보여 준 그대로 딸들이 행했을 터입니다. 33절에 롯이 만취해서 딸들이 그 곁에 누워 관계를 맺고 일어나도 잠에서 깨어나지 않은 걸 보면, 아마도 그는 평소 술을 만취하도록 먹는 버릇이 있지 않았나 싶습니다. 평소에 술 취한 채 딸들에게 행한 일들이 얼마나 옳았겠습니까? 게다가 그 딸들의 엄마는 가장의 말에 순종하지 않고 뒤를 돌아보다 소금기둥이 되었잖아요. 사위들은 장인의 말을 농담으로 여겼습니다. 이만하면 콩가루 집안 아닌가요? 그 부모에 그 딸들입니다. 그러니 문제아는 없고, 문제 부모만 있을 뿐입니다.

누가 이 딸들에게 돌을 던지겠습니까? 내 자녀는 어떻습니까? 이 딸들보다 나은 게 있습니까? 우리 아이들 또한 소돔에 살며 밤낮 "예수가 밥 먹여 주냐?" 하는 부모의 말을 듣고 자랐습니다. 우리가 자식들에게 보여 준 것이 그뿐입니다. "학벌이 최고다, 돈이 최고다" 하고 가르쳤습니다. 그러니 공부를 해도 친아버지와 동침해서 아들을 낳은 롯의 딸들처럼 수단과 방법을 가리지 않고 돈을 벌려 하고 명예를 취하려 합니다. 하나님은 온데간데없고 그저 돈이 우상입니다. 선한 것이 없습니다.

> 그 밤에 그들이 아버지에게 술을 마시게 하고 큰딸이 들어가서 그
> 아버지와 동침하니라 그러나 그 아버지는 그 딸이 눕고 일어나는
> 것을 깨닫지 못하였더라(창 19:33)

롯의 딸들이 '그 밤에' 일을 벌이기 시작했습니다. 밤의 인생이 따로 없습니다. 롯은 딸들이 따라 주는 술에 만취해 깊은 잠에 빠지고, 큰딸은 그 아버지와 동침합니다. 롯이 큰딸과 동침한 것이 아니라 큰딸에게 동침을 당한 것입니다. 마치 롯에겐 아무런 잘못이 없어 보입니다. 롯이 자발적으로 하지는 않았잖아요. 그리고 술에 취해 잠들었으니 자기는 모르는 일이잖아요.

그러나 롯이 어떤 아버지입니까? 천사들을 보호하겠답시고 딸들을 소돔 백성에게 내어 주려던 아버지 아닙니까? 이런 일이 벌어져도 죄의식도 없고, 가책을 느끼지도 못하는 사람입니다. 딴에는 잘 먹고 잘 살려고, 자식들 공부 잘 시키려고 소돔으로 갔을망정 결국엔 사위도 아내도 딸들도 다 망쳐 버렸습니다. 어리석고 미련하니 롯 인생의 결론은 '폭망', 즉 '폭삭 망함'입니다. 그러니 선한 것이 하나도 없었습니다.

> 34 이튿날 큰딸이 작은딸에게 이르되 어제 밤에는 내가 우리 아버
> 지와 동침하였으니 오늘 밤에도 우리가 아버지에게 술을 마시게

하고 네가 들어가 동침하고 우리가 아버지로 말미암아 후손을 이

어가자 하고 35 그 밤에도 그들이 아버지에게 술을 마시게 하고 작

은딸이 일어나 아버지와 동침하니라 그러나 아버지는 그 딸이 눕

고 일어나는 것을 깨닫지 못하였더라(창 19:34-35)

큰딸과 동침을 하고도 그것이 잘못된 일인지 깨닫지 못하는 롯입니다. 내 죄를 모르니 "나는 몰랐어. 난 당한 거야" 하고 딸들에게 그 죄를 덮어 씌울 것입니다. 그러나 '깨닫지 못했다'는 것이 결코 면죄부가 될 수 없습니다. 물론 술에 취해 곯아떨어졌기에 낌새를 전혀 느끼지 못했을 수는 있습니다. 그러나 중요한 것은 '깨닫지 못했다'는 것입니다. 밤새 딸과 아버지가 동침하는 사단이 났는데 그것이 잘못된 일인지 깨닫지 못했다는 것입니다. 술에 취해 딸에게 동침을 당해도, 집구석이 콩가루가 되어 가도 깨닫는 바가 전혀 없는 것입니다.

깨닫지 못하면 자신이 토한 것을 또다시 먹는 개처럼 미련한 짓을 되풀이할 수밖에 없습니다(잠 26:11). 보세요. 이번에는 작은딸로부터 동침을 당하잖아요. 토한 것을 다시 먹는 개와 다를 바가 없습니다. 그럼에도 여전히 롯은 깨닫지 못했다고 합니다.

이 사건 이후로 성경은 롯이 무슨 말을 했는지, 그 입장이 어떠했는지에 대해 침묵합니다. 이때부터 롯은 말을 잃은 모양입니다. 입이 있어도 무슨 말을 하겠습니까? 어쩌면 롯도 인생의 마지막 때에 자기 죄를 보았기에 할 말을 잃은 것이 아니었을까요?

아무튼 딸을 겁탈한 의붓아버지 이야기는 들었어도 친아버지를 겁탈한 딸 이야기, 그것도 큰딸과 작은딸이 합세하여 의도적으로 친아버지를 겁탈한 사건은 그야말로 전무후무한 일입니다. 있을 수도 없는 일이 일어난 것입니다. 인간이 이렇게 사악합니다. 선한 것이 없고 기대할 것이 하나도 없습니다.

∞ 교회를 다녀도 여전히 버리지 못한 나의 나쁜 습관, 나쁜 버릇은 무엇입니까?

∞ 자신이 토한 것을 다시 먹는 미련한 개처럼 내가 되풀이하고 있는 죄는 무엇입니까?

영원한 수치의 주인공이 되었습니다

———

36 롯의 두 딸이 아버지로 말미암아 임신하고 37 큰딸은 아들을 낳아 이름을 모압이라 하였으니 오늘날 모압의 조상이요 38 작은딸도 아들을 낳아 이름을 벤암미라 하였으니 오늘날 암몬 자손의 조상이었더라(창 19:36-38)

여전히 두려운 모습으로 여전히 깨닫지 못하니 그다음은 어떻게 되었겠습니까? 롯의 인생은 영원히 수치를 당할 수밖에 없었습니다. 롯이 큰

딸과의 사이에 얻은 아들 모압은 그모스 신을 섬기는 모압 족속의 조상이 되었고, 작은딸과의 사이에서 얻은 아들은 몰렉 신을 섬기는 암몬 족속의 조상이 되었습니다. 모압과 암몬 두 민족 공히 평생 이스라엘을 적대해서 괴롭힌 민족입니다. 예수님을 적대하고, 하나님의 저주를 자초한 민족입니다.

롯은 소돔에서는 구원받았지만, 그 후로 성경에 기록된 아브라함의 인생에서 더 이상 그의 흔적을 남기지 못했습니다. 여기서 끝입니다. 막판에 콩가루 집안이 되어서 수치스런 족보만 남겼습니다. 진정한 예수님의 영적 계보가 아니라, 예수님을 대적하는 이 땅의 계보, 육적 수치의 족보로 영원히 기억되고 있습니다. 진정한 비극이란 이런 것입니다.

그 악한 소돔에서는 그나마 순결을 지켰는데, 구원받은 후 혼자 살면서 가장 큰 죄악을 짓고 말았습니다. 그래서 사람들이 옆에 있는 것, 공동체가 있는 것이 얼마나 중요한지 모릅니다. 그나마 사람들이 곁에 있으면 눈치라도 보았을 텐데, 굴속에서 딸들과 살다 보니 보는 눈도 없고, 그래서 갖은 죄를 다 지었을 것입니다. 결국 두 딸들과의 사이에서 아들까지 낳는 수치를 당했습니다. 그 수치를 이 땅에 남겨 두고 갔습니다. 지옥이 따로 있겠습니까? 친딸들과 관계해서 친아들을 낳았으니 이게 형벌이 아니고 무엇이겠습니까? 그래서 저는 롯이 지옥에 가서 벌을 받은 게 아니라, 이 땅에서 모든 벌을 다 받았다고 생각합니다.

그렇다면 과연 롯의 구원은 어떻게 되었을까요? 소돔에서 탈출했으니 구원을 받은 것인가요? 아니면 막판에 이런 수치를 당했으니 구원이 물

건너간 것인가요? 도대체 그의 구원은 어찌 되었을까요?

　∞ 내 죄로 말미암아 수치를 당한 적이 있습니까? 그것은 어떤 것입니까?
　∞ 내 평생 지울 수 없는 나의 수치는 무엇입니까?

그럼에도 섬김의 복으로 구원을 받게 하셨습니다

———

> 주의 종이 주께 은혜를 입었고 주께서 큰 인자를 내게 베푸사 내
> 생명을 구원하시오나 내가 도망하여 산에까지 갈 수 없나이다
> 두렵건대 재앙을 만나 죽을까 하나이다(창 19:19)하나님이 그 지
> 역의 성을 멸하실 때 곧 롯이 거주하는 성을 엎으실 때에 하나님
> 이 아브라함을 생각하사 롯을 그 엎으시는 중에서 내보내셨더라
>
> (창 19:29)

　29절에 "하나님이 아브라함을 생각하사" 롯을 구하셨다고 합니다. 아브
라함의 간절한 기도로 롯이 구원받았다는 징표는 도대체 무엇일까요?
　19절에서 롯은 "주의 종이 주께 은혜를 입었다"고 말합니다. "입었다"
는 과거형 시제입니다. '이미' 얻었다는 것입니다. 그렇다면 롯은 도대체
언제, 무슨 일로 인해 은혜를 얻은 것일까요? 그것은 바로 19장 초반부에

나오는 '롯이 천사를 대접한 사건'을 가리킵니다. 롯은 자기가 아브라함의 기도로 인해서 천사들을 대접할 수 있는 은혜와 인자를 얻었다고 합니다. "그 은혜와 인자가 없으면 내가 어떻게 천사를 대접하고 무교병을 굽고 그들을 위해 딸들을 대신 내어 주려 했겠어요? 내가 어떻게 그런 충성을 보일 수 있었겠어요" 하는 것이죠. 자신이 천사를 섬기고 대접한 것 때문에 구원을 받은 게 아니라, 이미 은혜와 인자를 얻었기 때문에 천사를 대접할 수 있었다는 것입니다. "너희는 그 은혜에 의하여 믿음으로 말미암아 구원을 받았으니 이것은 너희에게서 난 것이 아니요 하나님의 선물이라"(엡 2:8)는 말씀처럼 구원은 믿음으로 말미암아 얻게 되는 하나님의 선물입니다. 롯 역시 그의 대접으로 말미암은 것이 아니고, '그 은혜에 의하여 믿음으로 말미암아' 구원을 얻은 것입니다.

하지만 대접함이 구원의 직접적인 요인이 아니라고 해서 이를 과소평가해서는 안 됩니다. 천사들도 롯의 대접이 흡족해서 이의를 달지 않았습니다. 그래서 그를 끝까지 구원해 내려고 노력했습니다. 여기서 우리가 반드시 새겨야 할 것이 있습니다.

이때는 아직 영적 상속자인 이삭이 태어나지 않았을 때입니다. 성경은 이삭이 나기 전 창세기 18장, 19장에서 아브라함과 롯의 섬김과 대접에 대해 지면을 많이 할애하고 있습니다. 영적 상속자가 이 땅에 오기까지 섬김과 대접이 얼마나 중요한지 말씀하고 있습니다. 그러므로 영혼 구원과 섬김과 대접은 불가분의 관계입니다.

아브라함에게는 롯의 구원이 평생의 기도 제목이었습니다. 아들처럼 데리고 있던 롯이 그의 곁을 떠남으로 영적 상속자를 달라고 기도했고, 롯이 심판 받는다고 했을 때도 그의 구원을 위해 창자가 끊어질 듯 중보기도를 했습니다. 그 아브라함의 기도로 말미암아 은혜를 얻고, 구원을 얻었기에 롯은 천사를 대접했습니다. 그 구원의 징표로 섬김의 복을 주신 것입니다. 내가 자발적으로 대접하고, 자발적으로 헌신하는가, 이것만으로도 구원의 징표를 엿볼 수 있습니다. 그 욕심 많던 롯이 이렇게 섬김의 기회를 가졌다는 것은 그의 인생 최고의 축복입니다.

돌이켜 보니 제 남편도 저의 기도로 인하여 섬기고 대접할 기회를 가졌습니다. 천국 가기 전에 부흥회도 참석하고, 예배도 드렸습니다. 빳빳한 지폐만 보면 헌금하겠다고 챙겼던 것도 복이고, 병원비 깎아 주며 가난한 사람을 섬긴 것도 복이고, 영아원 섬긴 것도 복이고, 가난한 친정과 친척들을 정기적으로 대접한 것도 복이었습니다. 아내인 저를 그렇게 무시한 걸 생각하면 도저히 그럴 수 없는 사람인데 말입니다. 한때는 무의촌에 들어가서 섬기겠다고도 했고, 친척에게 큰돈을 내놓은 것도 인자를 더하신 사건이었습니다. 게다가 결코 억지로, 누가 시켜서 그 일을 하지 않았습니다. 제가 부탁한다고 냉큼 들어줄 사람도 아니었습니다. 오직 자원함으로 했습니다.

롯이 아브라함에게는 재물을 안 줘도 천사는 대접했잖아요? 남편 역시 제게는 돈을 안 줘도 친정 식구들은 대접했습니다. 정말 똑같은 것 같습니다. 인생이 언제 끝날지 모르는데, 오늘 내가 누군가를 섬길 수 있다는 것이 복 중의 복입니다.

∞ 내 구원의 징표가 대접으로, 섬김으로 나타나고 있습니까?

∞ 내게 주신 재물과 시간, 사랑으로 내게 맡기신 영혼을 잘 섬기고 대접
하고 있습니까?

∞ 그 섬김이 인생 최고의 기쁨으로 여겨집니까?

상한 심령으로 구원에 이르렀습니다

———

소돔의 심판은 회개를 거절하면 누구나 똑같이 그렇게 당하리라는 것
을 모델로 보여 주신 사건입니다. 마태복음 10장 15절에서 예수님은 "내가
진실로 너희에게 이르노니 심판 날에 소돔과 고모라 땅이 그 성보다 견디
기 쉬우리라"고 말씀하셨습니다. 그 성이란 예수님을 영접도 않고 듣지도
아니한 성(마 10:14)을 말합니다. 우리가 예수님의 말씀을 듣지도 않고 영접
도 아니한다면 소돔과 고모라보다 더 심한 심판을 받는다는 것입니다.

그런데 롯은 그런 심판에서 구원을 받았습니다. 그동안 아브라함에게
행한 행동이나 소돔에서 세상 쾌락에 빠져 살아온 행위를 보면 너무나 형
편없는 인간인데, 생명까지 구원받고도 말씀을 깨닫지 못해 급기야 딸들
과 관계하여 대를 잇는 수치스런 삶을 산 인간인데, 롯은 구원을 받았습니
다. 왜 이런 일이 가능합니까?

이처럼 불완전한 인간이어도 소돔에서 하나님의 기준을 따라 살려고

조금이나마 노력한 사람은 롯 한 사람밖에 없었습니다. 베드로후서 2장 7절에서 "무법한 자들의 음란한 행실로 말미암아 고통당하는 의로운 롯을 건지셨으니"라고 했습니다. 그가 '고통당했다'는 것입니다. 8절에서는 "이 의인이 그들 중에 거하여 날마다 저 불법한 행실을 보고 들음으로 그 의로운 심령이 상함이라"고 했습니다. 롯이 소돔 사람들의 불법한 행실을 보고 '의로운 심령이 상했다'는 겁니다. 날마다 불법한 행실을 보고 마음 아파한 롯의 고통을 하나님께서 기억해 주신 것입니다. 그런 의로운 심령을 가진 롯이었기에 소돔에서 구원된 단 한 명의 의인으로 하나님께서 인정해 주신 것입니다.

그러므로 우리는 행위로 사람을 판단해서는 안 됩니다. 온 세상이, 온 가족이, 온 교회가 다 음란하고 악한데 누가 누구를 판단하겠습니까? 비록 지질한 인생을 살아도 악하고 음란한 온 세상과 온 가족과 온 교회를 바라보며 애통해하는 그 한 사람이 바로 의인입니다.

베드로후서 2장 10-14절에는 롯이 살던 시대 사람들의 특징을 이렇게 언급하고 있습니다. '육체를 따라 더러운 정욕 가운데서 행하며, 주관하는 이를 멸시하고, 영광 있는 자들을 비방하고, 잡혀 죽기 위하여 난 이성 없는 짐승 같고, 낮에 즐기고 노는 것을 기쁘게 여기며, 속임수로 즐기고 놀며, 음심이 가득한 눈을 가지고 범죄하기를 그치지 아니하고, 굳세지 못한 영혼들을 유혹하며, 탐욕에 연단된 마음을 가진 자들'이라면서 "저주의 자식"이라고 단정합니다. 이런 사람들과 어울려 살던 롯입니다. 그들을 보며 마음은 아파했을망정 그 누구도 변화시키지 못하고, 그 자신도 그곳을 벗어나지 못했습니다. 이것이 롯의 슬픔입니다.

게다가 그의 소생들은 영적 상속자가 되지 못했습니다. 롯은 죽을 때까지 산속 굴에서 나오지 못했기에 딸들에 의해 동침을 당했습니다. 그렇게 해서 대를 이었을망정 그 자녀들은 영적 상속자가 되지 못했습니다. 그래서 롯의 구원이 부끄러운 구원인 것입니다.

그러므로 나만 구원받고 좋아할 게 아니라 내 자식, 내 모든 권속들이 구원받아야 합니다. 그러기 위해서는 내가 먼저 산속 굴에서 나와야 합니다.

저도 믿지 않는 부잣집으로 시집가서 믿음생활 때문에 마음 아픈 일을 많이 겪었지만 그곳을 떠나올 수는 없었습니다. 시댁을 변화시킬 수도 없었습니다. 고통당하는 것밖에 할 수 있는 게 하나도 없었습니다. 그럼에도 하나님이 의롭게 여겨 주셨습니다.

행여 '내 남편이 죽어도 안 변하니 이제 그만 같이 살고 싶다, 이혼이나 해야겠다'고 생각한 적은 없으십니까? 절대 그래선 안 됩니다. 남편과 결혼하기로 선택한 건 나 자신이잖아요.

롯도 소돔을 선택했습니다. 그곳이 여호와의 동산같이 아름답고 애굽처럼 풍요로워 보였기에 제 발로 찾아갔습니다. 그런데 막상 가서 보니 사람들이 죄다 죄악에 빠져 살고 있었습니다. 아버지나 다름없는 삼촌 아브라함으로부터 부족하나마 양육을 받은 롯이잖아요. 선과 악을 분별하는 안목은 있었거든요. 그러니 '여기가 이럴 줄은 몰랐다' 하면서 날마다 마음이 상했을 것입니다. 너무나 괴로웠겠죠. 심판의 때가 가까워 옴을 느꼈을 것입니다. 허무한 마음으로 성문을 서성거린 것도 이 때문입니다.

그런 그에게 하나님의 천사가 찾아오니 얼마나 반가웠겠습니까? 저도 집 안에 갇힌 채 아무도 만나지 못하고 있다가 믿음의 사람, 말 통하는 사람을 한 사람이라도 만나면 너무나 반갑고 기뻤습니다. 그 반갑고 기쁜 마음으로 롯이 천사를 대접한 것입니다. 롯이나 저나 이렇게라도 한 가지 남은 모습이 있었기에 하나님께서 인정해 주신 것 아니겠습니까?

롯은 이미 소돔의 불법 때문에 고통을 받았고, 딸 때문에 수치를 당했고, 이 땅에서 죄의 대가도 다 치렀습니다. 사위들이 죽고, 아내가 소금기둥이 되고, 딸들과 동침을 하고… 그래서 저는 롯이 구원받았다는 말씀이 믿어집니다. 이해가 됩니다. 비록 말씀대로 살지는 못했지만 지체들을 위하여, 공동체를 위하여 애통해한 롯입니다.

소돔 사람들이 죄다 변하지 않아도, 내 식구가 변하지 않아도 내가 해야 할 일은 오직 그들 때문에 고통당하는 것입니다. 그들을 위해 애통해하는 것입니다. 시어머니가 안 변해도, 내가 그를 위해 아무것도 할 수 없음을 보면서 날마다 애통해해야 합니다. 그들이 변하지 않는다고 애통해하지도 않고, 이 편한 세상에 안주하게 되면 나의 구원조차도 장담하지 못합니다.

내가 비록 그들을 변화시키지 못해도, 애통해할 수는 있잖아요. 변하지 않는 남편의 뜻을 따르고, 자녀의 뜻을 따라 세상으로 가 버리면 안 됩니다. 구원 때문에 그 남편 앞에서 눈물 흘리고 애통해하는 걸 보여야 합니다. "여보, 함께 교회 가 주시면 안 되나요?" 하고 묻고 또 묻고, 주일 하루만이라도 애통한 마음을 보여 주어야 합니다. 불신결혼 하겠다는 아들딸 붙잡고 "불신결혼은 정말 해서는 안 되는 것"이라고 눈물을 흘려야 합니다. 남편 때문에, 자식 때문에, 내 부모형제 때문에 애통해하지 않으면서 지금 여러분은 그 누구를 위해서 애통해하고 있습니까?

∞ 지금 나를 가장 힘들게 하는 것은 무엇입니까?

∞ 내 자녀와 배우자, 부모형제가 예수님을 믿지 않는 것이 애통합니까?
    상한 심령을 보고 날마다 마음 아파하고 있습니까?

∞ 그들과 적당히 타협함으로 그들의 구원을 가로막고 있지는 않습니까?

우리들 묵상과 적용

저는 한 지방의 불신가정에서 태어났습니다. 6학년 때 서울로 전학해 누나와 함께 살면서 경제적으로 무능한 아버지를 속으로 원망했습니다. 그리고 주위 사람들을 불신하고 정죄했습니다. 그럼에도 큰 어려움 없이 원하는 대학에 들어갔고 대기업에도 취업했습니다. 제겐 탄탄대로가 열린 줄 알았습니다.

그러나 입사한 첫해부터 직속 상사의 실수로 인사고과에 불이익을 당했습니다. 저는 상사의 부족한 점과 잘못된 의사결정 등을 들춰내며 저의 옳음을 인정받고자 했습니다. 상사와의 갈등으로 부서를 옮겨도, 회사를 옮겨도, 더 강한 막대기 같은 상사가 기다리고 있었습니다. "어떤 환경에서도 나의 죄성을 깨닫는 것이 거룩한 삶이다"라고 하셨는데, 나의 죄성을 깨닫지 못하니 교만하고 악해서 인간관계도 제대로 맺지 못했습니다. 그러던 중 집안의 반대로 결혼을 전제로 사귀던 여자와도 헤어지게 되었습니다.

그리고 도망치듯 믿음 있는 아내를 만나 결혼을 했습니다. 아내는 함께 교회 가기를 원했지만 저는 "보이지 않는 하나님을 나한테 믿으라고 강요하지 말라"고 했습니다. 그러나 둘째로 주신 아들 쌍둥이 중 한 명을 백일도 안 되어 천국으로 보내는 사건이 임했습니다. 그때 처음으로 '내가 할 수 있는 것이 하나도 없다'는 생각이 들었습니다. 그렇지만 아이의 죽음이 해석되지 않아 자책감과 늘 채워지지 않는 목마름으로 괴로웠습니다.

중소 벤처기업인 회사가 상장하는 데 기여했음에도 불구하고, 권고사직을 당하는 사건도 불어닥쳤습니다. 자존심이 상하고 억울해서 죽을 것만 같았습니다. 그럼에도 여전히 저의 죄를 자각하지 못했습니다.

계속 하는 일마다 되는 일이 없었습니다. 경제적으로도 힘들어지자 현실을 도피하고자 게임 중독에 빠졌습니다. 눈 딱 감고 아브라함을 찾아가야 하는데, 아무리 천사가 이끌어 주어도 개가 토한 것을 다시 먹는 것처럼 여전히 깨닫지 못하여 동굴 속에 숨어 있었습니다. 인도해 줄 사람도 없으니 또 다른 죄악으로 걷잡을 수 없이 빠져들어 갔습니다.

가장으로서 책임을 피할 수는 없다는 두려움과 무기력증에 빠져 마음이 곤고해지고 자신감이 바닥까지 갔을 무렵, 그동안 방송과 책을 통해 알고 있던 우리들교회 소그룹 모임을 탐방하게 되었습니다. 별로 기대하지 않고 갔던 그곳에서 마치 하나님이 방문하신 것처럼 저를 극진하게 섬겨 주시는 리더에게 코가 꿰이게 되었습니다. 말수가 적다고 아내한테 볼멘소리를 들었는데, 소그룹 모임에 나가면서부터 말수도 늘었습니다. 지체들의 얘기를 들으면서 내 죄를 보기 시작했고, 사람들에게 관심도 생겼습니다. 그리고 악한 방식으로 수단과 방법을 가리지 않으며 돈을 벌고 성공하려 했던 제 모습을 보게 되었습니다.

그러나 우리들교회에 다니면서도 계속 한 직장에 정착하지 못했습니다. 하나님의 뜻대로 거룩하게 살고 싶지 않은 악이 여전히 있었습니다. 하나님의 음성을 듣고 '묻자와 가로되'의 인생을 살아야 하는데 교만함으로 어디를 가도 낮아지지 못하고 사람들과 관계를 맺지 못했습니다. 아내에게도 입으로만 사랑을 외치면서, 속으로는 날마다 여기저기로 피해 가는 인생을 살았습니다. 아직도 "나는 몰랐다"고 발뺌하며 삽니다. 동굴에서 나와 오픈하지 않으면 또 넘어질 수밖에 없는 연약함을 고백합니다.

평생 어두운 굴속에서 살았을 인생인데, 날마다 상한 심령으로 저의 구원을 위해 기도해 준 아내를 돌보아 주심으로 저를 구원해 주신 하나님께 감사드립니다.

말씀으로 기도하기

부끄러운 구원을 받았기에 여전히 두렵습니다. 두렵고 부끄럽다고 숨어들기만 하면 말씀으로부터 멀어질 수밖에 없습니다. 여전히 말씀이 들리지 않기에 깨달음도 없습니다. 구원을 받아도 내 죄를 모른 채 살면 족보에 영원한 수치를 남길 수 있습니다. 비록 부끄러운 구원을 얻었어도 남은 자들의 구원을 위해 날마다 애통해야 합니다. 수치로 얼룩진 육적 족보가 아니라 은혜의 영적 계보를 이어 가야 합니다.

여전히 두렵습니다(창 19:30)

하나님 말씀대로 살지 못하니 여전히 두렵기만 합니다. 하나님 눈치 보는 것도 두렵고, 세상 눈치 보는 것도 두렵습니다. 또 언제 심판이 닥쳐올지 두렵습니다. 또다시 망해서 사람들의 조롱거리가 될까 봐 여전히 두렵습니다. 이제라도 하나님 품안에서 살기를 원합니다. 말씀이 들리게 하시고, 오직 하나님만 의지하며 살아가는 은혜를 허락하옵소서.

여전히 깨닫지 못합니다(창 19:31-35)

소돔을 떠났어도 소돔의 버릇과 습관이 여전합니다. 하나님을 믿는다 하면서도 거룩에 힘쓰지 않았습니다. 교회를 다녀도 여전히 세상 유혹에 빠져 삽니다. 여전히 잘 먹고 잘사는 것이 인생의 목적이고 목표입니다.

밤새 딸과 동침했음에도 깨닫지 못하는 롯처럼 말씀을 들어도, 사건이 닥쳐도 깨달음이 없습니다. 토한 것을 또다시 주워 먹는 개처럼 미련한 저를 불쌍히 여겨 주옵소서.

영원한 수치의 주인공이 되었습니다(창 19:36-38)

혼자 잘 먹고 잘살겠다며 가족을 버렸습니다. 공동체를 외면했습니다. 세상을 즐기느라 갖은 죄를 다 지었습니다. 그나마 참견하는 가족과 지체들이 곁에 있었더라면 눈치라도 보며 살았을 텐데, 누구 눈에도 띄지 않는 어둠의 세상에서 정욕대로 살며, 영원히 수치스런 육적 족보만 남겼습니다. 이제라도 예수님의 영적 계보를 잇기 원합니다.

그럼에도 섬김의 복으로 구원을 받게 하셨습니다(창 19:19, 29)

가족들이 예수님을 믿지 않아도 별로 애통함이 없었습니다. 공부 잘하고 돈 잘 벌어 오는데, 마음 아파할 일이 뭐가 있었겠습니까? 그러니 그들의 구원을 가로막은 죄인입니다. 아브라함을 생각하사 롯을 구해 주셨던 것처럼 저의 간절한 기도로 제게 맡기신 영혼들이 구원받을 수 있도록 은혜를 더해 주옵소서. 믿음이 부족해도 제게 맡기신 영혼을 잘 섬김으로 말미암아 은혜의 영적 계보를 잘 이어 갈 수 있도록 은혜를 더하여 주옵소서.

영혼의 기도

아버지 하나님, 오늘도 저 소돔 땅이 여호와의 동산 같아서 그곳을 하염없이 바라봅니다. 소돔이 좋아서 불신결혼을 하고, 소알이 좋아서 세상 것에 취해 살았습니다. 그 악의 소굴 소돔에서 날마다 무법한 행실을 일삼는 사람들을 보고 롯의 마음이 얼마나 아팠겠습니까? 그래서 심판이 임하기 직전 해질녘, 소돔의 성문 앞을 서성이며 천사를 기다렸던 롯이 아닙니까? 왜 롯을 의인이라고 하는지 이제야 알았습니다.

비록 망설이다 아내를 잃고, 부끄러운 구원을 얻은 롯이지만, 소돔 백성을 위해 상한 심령으로 기도했던 롯을 붙잡아 주시니 감사합니다. 비록 굴속에 숨어들어 마지막 순간까지 수치스런 족보를 기록해야 했지만 저희는 그런 롯이 얼마나 위대해 보이는지 모릅니다. 롯의 상한 심령이 저희에게도 임하게 하옵소서.

하나님, 그러나 롯과 같은 수치의 족보를 남기지 않도록 저희를 붙잡아 주옵소서. 지금이라도 끊을 것 끊게 하시고, 동굴로 들어가지 않게 하옵소서. 딸들과 동침할 수밖에 없었던 롯을 불쌍히 여기신 것처럼 아직도 악하고 음란한 소돔과 동굴에서 헤어나지 못하는 저희를 불쌍히 여겨 주옵소서.

저희로부터 눈길을 떼지 말아 주옵소서. 우리가 가야 할 길을 끝까지 지켜 주시고 동행하여 주옵소서. 끝까지 붙들어 구원해 주시고 '의로운 롯'이라 칭해 주신 것처럼 저희를 보살펴 주옵소서. 구원 때문에 웃고 구원 때문에 우는 저희가 되도록 역사해 주옵소서. 예수님 이름으로 기도합니다. 아멘.